# 数字

## 知识产权

## 理论与实践

王春晖 戚 湧 董玉鹏◎著

人民邮电出版社

北 京

**图书在版编目（ＣＩＰ）数据**

数字知识产权理论与实践 / 王春晖，戚湧，董玉鹏
著. -- 北京 ：人民邮电出版社，2024.7
ISBN 978-7-115-64102-1

Ⅰ．①数… Ⅱ．①王… ②戚… ③董… Ⅲ．①信息经
济－知识产权－研究－中国 Ⅳ．①D923.49

中国国家版本馆CIP数据核字（2024）第070637号

## 内 容 提 要

　　本书从数字经济与数字产权的视角出发，探讨数字经济对传统工业领域及当前知识产权制度的
影响及带来的挑战。结合具体案例，探讨数字经济与著作权、专利权、商标权等传统知识产权保护
客体在确权及司法保护中的融合及引发的新问题。从知识产权运营、管理、保护及纠纷解决、制止
不正当竞争等方面，探讨数字经济给传统知识产权的运作机制带来的影响。提出对数字经济下知识
产权人才培养、知识产权公共服务平台建设，以及数字知识产权联盟的构想。同时，从国际化的视
角，提出在数字经济环境下，需要对国际治理及国际贸易进行深度变革。

　　本书适合各级政府数字经济相关主管部门行政管理人员，数字经济及其核心产业相关企业高级
管理人员，数字产业相关的生产性服务业从业人员，高等院校、科研院所数字技术相关专业教学科
研人员，以及本科生和研究生阅读。

◆ 著　　　　　王春晖　戚　湧　董玉鹏
　　责任编辑　赵　娟
　　责任印制　马振武

◆ 人民邮电出版社出版发行　　北京市丰台区成寿寺路 11 号
　　邮编　100164　　电子邮件　315@ptpress.com.cn
　　网址　https://www.ptpress.com.cn
　　固安县铭成印刷有限公司印刷

◆ 开本：720×960　1/16
　　印张：21　　　　　　　　　2024 年 7 月第 1 版
　　字数：288 千字　　　　　　2025 年 7 月河北第 2 次印刷

定价：109.90 元
读者服务热线：**(010)53913866**　印装质量热线：**(010)81055316**
反盗版热线：**(010)81055315**

# 前　言

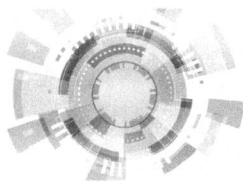

　　知识产权制度是人类文明发展进步的重要成果，也是科学技术发展到一定阶段的必然结果。人类社会经历了农业革命、工业革命，正在经历信息革命。信息革命带来了生产力发展的一次"质的飞跃"，而这次"飞跃"的主要特征之一就是数字技术带来的变革性影响。数字经济的发展速度与农业经济和工业经济相比呈现出指数级增长，伴随而来的是数字知识产权制度的形成与快速发展。一百年来，知识产权制度伴随技术的发展而不断发展演化，知识产权客体维度已从商标权、专利权和著作权逐步扩展到集成电路布图设计、数据要素等新技术、新产业、新业态和新模式。

　　全球进入数字时代，人类社会经济受到科技发展带来的巨大影响。当经济活动中的知识和信息搭上强大的算力、算法和传播力的快车，人类的经济活动已经超越了传统工业经济的范畴。特别是近十年来，云计算、数据科学、人工智能（Artificial Intelligence，AI）、区块链和大模型等新技术的出现和快速发展，使传统的工业经济发生深刻变革，人类社会已逐渐进入数字经济时代。在数字经济时代，数据作为知识和信息的载体和关键生产要素，借助数智技术、算力、算法等极大地促进了社会经济的发展和变革，体现出越来越显著的经济价值和社会价值。数据使传统工业更加高效、成本更低；数据资源催生了新的价值产出，使产品和服务更加人性化；数据资源创造了全新的技术和商业模式，特别是生成式人工智能（Artificial Intelligence Generated Content，AIGC）的创新越来越依赖高质量的海量数据。

　　2021 年 9 月 13 日，世界知识产权组织（World Intellectual Property Organization，WIPO）召开"知识产权和前沿技术产权组织对话会"，旨在进一步研讨数据对国际知识产权生态产生的影响，以及如何平衡保护数据权益与鼓励数据共享。与会的世界各地知识产权专家及学者普遍认为，在日益数字化的世界中，数据正在成为经济体系的核心特征，给知识产权制度带来深刻的影响。

当前，中国正在培育和发展新质生产力。本书正是在这样的时代背景下组织撰写的，本书具有以下 3 个特点：第一，立足我国的知识产权生态，重点探讨数字经济与我国知识产权制度的融合与发展；第二，具有前瞻性，提出针对数字知识产权制度的新设想；第三，具有国际视野，旨在为数字经济时代全球的知识产权制度发展提供可行的方案。

数字经济给知识产权制度带来的是变革性的发展。对于我国来说，虽然历史上曾出现过商标、字号等知识产权保护制度的萌芽，但是现行的知识产权制度基本上还是"舶来品"。当代知识产权制度滥觞于西方工业化国家，我国当时并未参与制度建设。然而，经历改革开放 40 多年来的发展，我国无论在经济总量还是科学技术水平上，已经逐渐走在世界前列。随着当前数字经济的发展，我国应该在知识产权的发展和革新中发挥更大的作用，贡献更多的力量。

本书是一本探讨数字知识产权的专著，分为五篇，共十七章，从各个角度探讨了数字经济与当前知识产权生态的融合状态与趋势，并前瞻性地提出数字知识产权新体制和模式的设想：第一篇为总则篇，从数字经济与数字产权的视角出发，探讨数字经济对传统工业领域及当前知识产权制度的影响及带来的挑战；第二篇为客体类型篇，从数字经济的角度出发，结合近年来的具体案例，探讨了数字经济与著作权、专利权、商标权等传统知识产权保护客体在确权及司法保护中的融合及引发的新问题；第三篇为实施过程篇，主要从知识产权运营、管理、保护及纠纷解决、制止不正当竞争等方面，探讨数字经济给传统知识产权的运作机制带来的影响；第四篇为组织保障篇，主要提出我国对数字经济知识产权人才培养、知识产权公共服务平台建设，以及数字知识产权联盟的构想；第五篇为涉外事务篇，从国际化的视角提出，在数字经济的环境中，需要对国际治理及国际贸易进行的变革。

在本书的构思及创作过程中，受到了国内多位专家和学者的大力帮助，针对本书涉及的内容进行了多次研讨，联合国科学与技术促进发展委员会主席彼得·梅杰就数据知识产权相关问题与王春晖教授进行过很多细节方面的讨论。

中国科学技术协会网络与数据法治决策咨询首席专家、南京邮电大学信息产业发展战略研究院教授、浙江大学网络空间安全学院双聘教授、浙大宁波理工学院启新学者讲座教授王春晖提出了本书的创作思路，确定了整体结构和框架，并撰写了第一章到第四章以及第八章。江苏国际知识产权学院院长、南京理工大学知识产权学院教授戚湧撰写了第五章到第七章。中国科学技术协会网络与数据法治决策咨询团成员、浙大宁波理工学院教授董玉鹏撰写了第九章到第十七章。此外，在本书的写作过程中，南京理工大学博士后邓雨亭参与了本书部分章节的校对，北京市盈科律师事务所韩兴谦律师对部分章节进行了校对，并为本书部分章节撰写了案例，在此表示衷心的感谢。同时，感谢人民邮电出版社编辑对本书出版的大力支持。

书中难免存在疏漏之处，敬请广大读者不吝赐教，给予指正。

2024 年 3 月

# 目 录

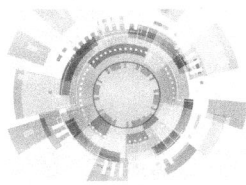

## 总则篇

## 客体类型篇

## 实施过程篇

## 组织保障篇

# 涉外事务篇

# 总则篇

　　新一轮科技革命和产业变革席卷全球，数据价值化加速推进。当前，人类社会正从农业文明、工业文明迈入信息文明新时代，数字技术与实体经济集成融合是信息文明新时代的显著特征。本篇主要论述第四次工业革命、数字经济与数字产权之间的关系，阐述数字经济对现有知识产权制度的挑战，阐明数字知识产权的概念和内涵。

　　数字经济核心产业包括数字产品制造业、数字产品服务业、数字技术应用业、数字要素驱动业和数字化效率提升业，这些均与知识产权有着密切的关联。知识产权理论经过数百年的积累沉淀，与经济社会创新发展进度保持一致。然而，在数字经济推动的开放创新理论范式下，知识产权理论与制度建设发展到了重要节点。数字经济高质量发展需要知识产权制度予以保障。

知识产权制度在数字经济蓬勃发展的背景下面临诸多挑战，主要包括新型法律关系客体复杂化、数字权益保护技术化与效率需求冲突、互联网平台治理责任难以界定、知识产权与反垄断规则的适用难题等。

因此，有必要对现有知识产权制度加以改革，构建新型知识产权制度体系，使其更适用于数字经济发展与社会治理。理想的数字知识产权制度体系至少应包括：数字知识成果确权、数字知识产权运用、数字知识产权管理、数字知识产权服务和数字知识产权保护。

第一章

# 导论

## 第一节　数字经济与数字产权概述

### 一、全球数字经济发展现状

在数字化进程加速推进的背景下，实体世界与数字世界通过互联网实现日益紧密的融合，物联网技术的运用与发展推动了包括人工智能在内的一系列技术突破，这一过程重塑了人类的交流与互动方式。德国政府在 2011 年提出"工业 4.0"理念，成为人类社会步入第四次工业革命的显著标志。这表明未来工业生产将在智能化技术的支撑下，实现高度灵活化和规模化的生产，同时产品和服务的个性化也将更加鲜明。如果说人类历史上的工业革命分别实现了机械化生产、电气化生产和信息化生产，那么以数字技术为焦点的第四次工业革命则将实现智能化和数据化生产。

"数字经济"这一术语最早出现于 20 世纪 90 年代。1995 年，经济合作与发展组织（Organization for Economic Co-operation and Development，OECD）详细阐述了数字经济的发展趋势，认为在互联网革命的推动下，人类的发展将由原子加工过程转变为信息加工处理过程。1996 年，美国学者唐·塔普斯科特（Don Tapscott）出版《数字经济：网络智能时代的前景与风险》（*The Digital Economy：Promise and Peril in the Age of Networked Intelligence*），数字经济开始受到关注。2002 年，美国学者金范秀（Beomsoo Kim）将数字经济定义为一种特殊的经济形态，其本质为"商品和服务以信息化形式进行交易"。随着经济社会的不断发展和技术持续创新，很长一段时间内，全球对"数字经济"的概念都没有统一的定义，只是停留在基于数字运算和信息通信技术的互联网经济活动的笼统界定上。

2016 年，G20[1] 杭州峰会进一步明晰了数字经济的定义：这一经济形态以数字化知识与信息为核心生产要素，以信息网络为关键基础设施，以信息通信技术的有效利用为提升生产效率和优化经济结构的关键动力。2022 年，国务院印发的《"十四五"数字经济发展规划》对数字经济进行了全面的阐释，指出数字经济是继农业经济和工业经济之后的新兴经济形态，其核心在于数据资源的利用，以信息网络为基础架构，并以信息通信技术的综合应用和全要素数字化转型为推动，促进社会公平与效率的统一。

数字经济深刻地改变了生产模式、生活方式及治理结构，对全球经济政治格局及科技发展产生了显著影响。20 世纪 40 年代，微电子技术领域取得重大突破，为数字经济的萌芽创造了条件。20 世纪 60 年代，美国学者弗里兹·马克卢普（Fritz Machlup）提出了信息经济的概念，引导了数字经济的发展方向。20 世纪 90 年代，数字技术持续发展，影响力从信息产业延伸至其他产业，催生了电子商务这一新型商业模式。数字经济在社会转型中发挥着重大作用，当前，全球正围绕数字经济关键领域加快部署。以 5G 和人工智能为代表的技术和产品创新快速演进，并加速与垂直行业深度融合，不断拓展应用场景。

数字经济正在推动产业转型升级，形成全新的经济形态。一方面，互联网、物联网和人工智能等数字技术的应用培育新的产业业态，形成新经

---

1　G20（Group of Twenty，二十国集团）。

济、新动能；另一方面，数字经济改造传统工业及服务业生产方式、销售渠道和消费模式，从而促进产业升级[1]。2022年，在数字经济总量方面，全球51个主要经济体的数字经济规模为41.4万亿美元，2021年同比规模为38.6万亿美元，2022年比2021年增长2.8万亿美元，数字经济发展活力持续释放。在数字经济占比方面，2022年，全球51个主要经济体数字经济占GDP比重为46.1%，2021年同比口径为44.3%，同比提高1.8%，数字经济在国民经济中的地位稳步提升。在数字经济增速方面，2022年全球51个主要经济体数字经济同比名义增长7.4%，高于同期GDP名义增速4.2%，有效支撑了全球经济持续复苏。从数字经济规模来看，美国位居世界第一，数字经济规模达到17.2万亿美元；中国位居世界第二，数字经济规模为7.5万亿美元；德国位居第三，数字经济规模为2.9万亿美元。从数字经济占比来看，英国、德国和美国的数字经济在国民经济中占据主导地位，占GDP比重超过65%。从数字经济增速来看，沙特阿拉伯、挪威和俄罗斯的数字经济增长速度位列全球前三位，增速均在20%以上[2]。

## 二、数字经济的本质与特征

数字经济目前是全球增长速度最快、创新最为活跃、影响范围最广的经济领域。它正在扮演全球经济复苏与增长的主要推动力量，并在拓展经济发展新领域、推动传统产业改造升级、促进经济的持续发展、提高社会管理和服务质量、激励创新等方面发挥着至关重要的作用[3]。数字经济代表新的经济形态，其本质是实体经济与数字技术二者的深度融合，通过高度复杂集成的技术体系形成新动能，推动实体经济不断发展[4]。基于上述论断，数字经

1 唐林.数字经济下的知识产权战略[J].互联网经济,2020(3):30-33.
2 中国信息通信研究院.全球数字经济白皮书（2023年）.2024.
3 王春晖.加快数字化发展，建设数字中国[J].经营管理者,2021(5):1.
4 田秀娟，李睿.数字技术赋能实体经济转型发展——基于熊彼特内生增长理论的分析框架[J].管理世界,2022(5):56-74.

济呈现以下特征：**一是以现代信息通信网络作为重要载体；二是以数据作为关键生产要素；三是以数字技术的有效使用作为效率提升和经济结构优化的重要推动力。**数字经济按照其产业结构可以分为数字产业化和产业数字化两大部分，打造数字经济新优势必须协同推进数字产业化和产业数字化[1]。

数字经济随着互联网和信息技术的发展而兴起。数字化信息对提升传统生产要素的产出效率起到了关键作用，因此，在数字时代，知识和信息成为关键的生产要素。从这个角度看，数字经济是知识经济和信息经济的延伸。在传统经济模式下，信息传输主要依靠书籍、期刊和其他纸质媒介等实体。而在数字经济模式中，信息则通过网络以数字形式进行流动和传播。

数据作为一种新兴的生产力，构成了数字化、网络化和智能化发展的根基，并迅速渗透至生产、分配、流通、消费及社会服务管理等众多领域，从而对生产模式、生活模式及社会治理方法产生了深远的影响。《中华人民共和国数据安全法》（以下简称"《数据安全法》"）首次在法律文本中阐释了"数据要素"的概念框架。根据《数据安全法》第七条规定，国家致力于维护个人和组织在数据方面的合法权益，提倡合规、合理且高效的数据使用，以确保数据的合法流通和有序自由流动，并以此推动以数据为核心要素的数字经济的繁荣发展。以上立法确立了以数据为关键要素的数字经济发展的三大法律制度：一是明确了"与数据有关的权益"，而不仅仅是"数据权益"；二是在确立相关主体与数据有关权益的基础上，明确了国家鼓励依法合理有效利用数据；三是明确提出要保障数据依法有序自由流动。2022 年 12 月，《中共中央　国务院关于构建数据基础制度更好发挥数据要素作用的意见》确立了数据要素市场的四大规则体系：数据产权、流通交易、收益分配、安全治理。这四大规则体系的基础是数据安全治理体系，数据产权、流通交易、收益分配制度是在数据安全治理体系基础上确立的三大支柱，顶层是数字经济。

---

1　王春晖. 数字经济立法新趋势 [J]. 人民法治,2021(10):3.

数字经济展现出一种明显的层次性构造。有研究者将其细分为 3 个层次：最内层为核心数字产业（信息技术 / 信息和通信技术），涵盖计算机硬件、软件开发、信息服务、通信技术等领域，这些构成了数字技术研发与生产的基础设施，例如半导体产业；中间层为狭义上的数字经济，它包括基于数据、信息通信网络及数字技术应用的新型商业模式，其中最为人所熟知的是平台经济和数字服务，以及位于狭义与广义数字经济之间的共享经济和零工经济；最外层是广义数字经济，它扩展到了与传统制造业和服务业的数字化相关的电子商务领域，并纳入了新兴的物联网（Internet of Things, IoT）、"工业 4.0"、智能交通系统、精准农业及算法经济等，体现了数字经济在经济社会发展各个方面的广泛渗透和转型。这 3 个层次中，最内层是数字经济发展的底层建筑，决定了狭义数字经济和广义数字经济发展的深度和广度；反之，后者的发展需求会牵引最内层的发展方向。

### 三、我国数字经济发展的未来图景

我国数字经济的未来图景至少包括以下内容：建设互联网、企业间电子商务、商品和服务的数字化交付、有形商品零售、数字时代的消费者、数字时代的工人以及未来的挑战等。

《"十四五"数字经济发展规划》中进一步阐述了以数据为核心要素、以数字技术与实体经济深度结合为主线的发展战略，强调了加强数字基础设施的构建，优化数字经济的管理体系，推进数字产业化与产业数字化的同步发展，助力传统产业的改造升级，并孕育新的产业形态、商业模式，从而加强、改善和扩展中国的数字经济，为打造数字中国提供坚实的支撑。

# 第二节  数字时代关键概念之考量

## 一、数字经济与数字治理规范

数字经济是由数字技术支撑的新经济，具有数字化、信息化、智能化和网络化的特征。数字经济促进了经济结构转型升级，带动了产业创新和发展。数字治理是指利用数字技术来改进政府决策、公共服务和社会治理等事务，促进了政府决策创新、服务效率提高和社会治理现代化。数字社会规范是数字时代背景下的一套规范，涉及法律、道德和文化等多个方面，用于维护公共秩序、促进社会和谐、保障个人隐私权利和数据安全。

数字经济以数据为核心生产要素，以数字技术为主要推动力，以现代信息网络为关键载体。这种新型的经济形态正在快速重构，实现了飞速发展。数字产业化进程加速，新兴业态快速成长，不仅激发了消费需求，还扩大了就业机会。另外，产业数字化的步伐也在加快，互联网、大数据和人工智能等数字技术与制造业的深度融合，为传统产业注入了新的活力。"十四五"时期，我国提出经济社会发展要以推动高质量发展为主题，而数字经济正在成为驱动我国经济高质量发展的重要引擎。党的二十大报告明确指出，加快建设数字中国，应加快发展数字经济，促进数字经济和实体经济深度融合，打造具有国际竞争力的数字产业集群，并且将数据安全列为国家安全体系的重要一环。

知识来源于信息，知识是对信息的理解、认知和把握，知识是基于某一角度的信息整合形成的一种观点。数据是以文本、数字、图形、声音和视频等格式对事实进行表现，对事实进行获取、存储和表达。数据分为结构化数据（例如关系型数据库的行和列）、半结构化数据（日志、报表和资源库等）、非结构化数据（电子邮件、文档等）和二进制数据（图像、音频和视频等）。

知识、信息和数据之间是相互联系的。数据经过不断解析和加工，产生了信息。信息的具体表现形式是数据客观记录事物的属性。数据经过加工处理成为信息；而信息需要经过数字化转变为数据才能存储和传输[1]。由数据到信息再到知识的演进并未终结，当把社会因素考虑进来后，就产生了制度形态的表达形式。从发生学角度来看，解析加工后的数据经过系统化凝练后产生的知识，经过类型化、产权化步骤成为私权利，即知识产权。同时，数据、信息和知识也具有满足社会公众需要的公共资源属性，在制度层面需要获得共享的保障。私权利与公共利益之间的博弈，需要在制度设计上进行时间、空间和权利以外的规定[2]。知识、信息与数据的权益关系如图 1-1 所示。

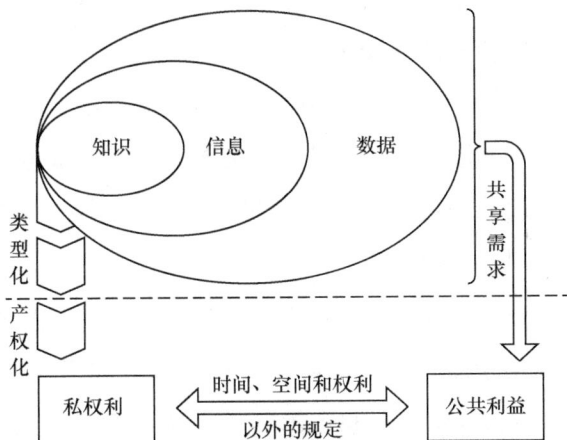

**图 1-1　知识、信息与数据的权益关系**

在数字经济快速发展和传统产业转型升级的大环境下，2020 年 4 月，《中共中央　国务院关于构建更加完善的要素市场化配置体制机制的意见》（以下简称"《意见》"）印发，这标志着数据作为一种新的生产要素，被国家纳入经济体系。《意见》提出，政府需要促进数据的开放共享，提升社会数据

---

1　宋冬林, 孙尚斌, 范欣. 数据在我国当代经济领域发挥作用的政治经济学分析 [J]. 学术交流, 2021(10):60-77+192.

2　刘瑛. 信用视角下的数据安全法律规制 [J]. 暨南学报 ( 哲学社会科学版 ),2022,44(1):79-93.

资产的价值，统一和保护数据资源，同时引导和支持大数据交易市场的建立。数据要素市场是一个跨领域的整体，其发展依赖于数据的驱动和引领作用，需要与其他要素市场紧密相连。我们应关注两个关键问题：一是完善数据要素市场的分类和管理体系，提高各行业中原有要素的价值转化效率，从而促进生产效率的提升；二是发掘数据本身带来的新价值，推动传统要素市场的数字化转型。

在国家立法层面，我国颁布了《中华人民共和国网络安全法》（以下简称"《网络安全法》"）《数据安全法》《中华人民共和国电子商务法》《中华人民共和国密码法》《中华人民共和国电子签名法》等数字领域的法律。其中，《数据安全法》重点突出"数据安全与发展"并重的数据法治原则，统筹数据开发利用、隐私保护和公共安全，建立数据交易流通、跨境传输和安全保护等基础法律制度。《中华人民共和国个人信息保护法》（以下简称"《个人信息保护法》"）坚持问题导向性与立法前瞻性相结合，聚焦广大人民群众关切的个人信息保护领域的突出问题，旨在构建数据私权至上的个人信息保护法律制度，严格限制过度处理个人信息。

政策层面上，已有针对数字经济、互联网金融、人工智能、大数据和云计算等领域的立法规划出台。《中华人民共和国国民经济和社会发展第十四个五年规划和 2035 年远景目标纲要》强调，需优化立法机制，强化在关键领域、新兴领域及涉外领域的立法工作，同时进行法规的修订和废止。2021 年 1 月，中共中央印发的《法治中国建设规划（2020—2025 年）》也明确提出，需要加强信息技术领域的立法工作，及时研究数字经济、互联网金融、人工智能、大数据、云计算等领域的法律制度。

互联网不但改变了人类的生活方式和社会经济发展模式，而且对各国的法律制度和治理方式构成了挑战。因此，知识产权制度被赋予了鲜明的时代技术特征。知识产权的无形性质与网络空间的虚拟性相吻合，对社会经济发展具有巨大的推动作用。数字科技为知识产权保护提供了新的机遇，知识产权的内涵和外延也将发生变化[1]。

## 二、数字经济与数据要素

以数据为核心要素的数字经济的迅猛发展，引领人类社会从工业经济时代迈向数字经济时代。相较于工业经济，数字经济代表了一种全新的经济模式，这种模式以数据为关键生产要素，以现代信息通信网络为重要支撑，以数字技术的有效利用为提升效率和优化经济结构的关键推动力[2]。

数字转型将对知识产权制度产生重大影响。由数据驱动的先进数字技术是数字经济中生产销售的主导力量[3]。既有的知识产权制度是否能有效解决技术创新带来的权益归属与运用问题，有待进一步讨论[4]。其所面临的主要问题是现有知识产权制度在数字时代是否具备足够的激励手段促进创新。

随着数字经济的地位不断凸显，各国也对数字经济的创新发展高度重视。例如，美国主要在关键领域（例如数据治理、人工智能等领域）发布政策。

2015 年至 2016 年间，美国政府相继推出了《数字经济议程》及《在数字经济中实现增长与创新》等战略计划，明确提出保持竞争力的核心在于数字经济的发展，并在 2017 至 2019 年间逐步实施这些计划。欧洲联盟委员会在 2015 年发布了《数字单一市场战略》，并在此后持续深化该战略，出台了《建立一个共同的欧盟数据空间》和《数字单一市场版权指令》等政策，并在 2020 年 2 月颁布了由 3 个政策文件组成的"数字新政"。

日本政府正在积极推动交通、医疗保健和养老等关键领域的数字化转型，

---

1 王俊豪, 周晟佳. 中国数字产业发展的现状、特征及其溢出效应 [J]. 数量经济技术经济研究 ,2021, 38(3):103-119.

2 王春晖. 构建新型基础设施是繁荣数字经济的基石 [N]. 人民邮电报 ,2020-03-09(03).

3 黄鹏, 陈靓. 数字经济全球化下的世界经济运行机制与规则构建 : 基于要素流动理论的视角 [J]. 世界经济研究 ,2021(3):3-13+134.

4 陈伟光, 钟列炀. 全球数字经济治理 : 要素构成、机制分析与难点突破 [J]. 国际经济评论 ,2022(2): 60-87+6.

目的是建立一个符合日本国情的新型社会结构。在 2016 年第五期《科学技术基本计划（2016—2020）》和《科学技术创新综合战略 2016》中，日本首次提出构建"社会 5.0"这一超智能社会的理念。并且，日本从战略规划、制度建设、人才培育等多方面入手，推进"社会 5.0"和"互联工业"的发展，并发布了《下一代人工智能推进战略》《科技创新综合战略 2017》和《集成创新战略》等一系列政策文件，为推动"社会 5.0"发展提供指导。

我国也出台了多项政策。2015 年，在"十三五"规划中，提出"实施国家大数据战略，推进数据资源开放共享"。2017 年，党的十九大报告提出，加强应用基础研究，拓展实施国家重大科技项目，突出关键共性技术、前沿引领技术、现代工程技术、颠覆性技术创新，助力我国成为科技强国、质量强国、航天强国、网络强国、交通强国、数字中国和智慧社会。2019 年 11 月，随着《国家数字经济创新发展试验区实施方案》的印发，河北、浙江、福建、广东、重庆和四川等地启动国家数字经济创新发展试验区创建工作。该政策明确将数据视为一种新兴的生产要素，并提出加快发展数据要素市场、推动政府数据开放共享、提高社会数据资源的价值、加强数据资源的整合与安全保护。2020 年 4 月，《意见》进一步明确了五大要素市场：土地要素、劳动力要素、资本要素、技术要素和数据要素，其中"数据要素"被首次列为五大要素市场之一。

数据作为一种关键的生产力要素，在数字化、网络化和智能化的发展进程中扮演着基石的角色。它已经广泛融入生产、分配、流通、消费及社会服务管理等众多领域，对生产模式、生活方式以及社会治理方法产生了深远的影响。数据的商品化和社会化推动了数据生产要素市场的形成，这不仅是数字经济时代的特征，也是数字生产力发展和技术进步的关键指标。数据要素市场应遵循自身的发展规律，在探索中逐步成长，在实践中不断优化，以构建与数据生产力相匹配的新型生产关系。

### 三、数据要素与新质生产力

近年来，我国深入推进数字经济的战略转型，数据要素被赋予了新的战略地位，成为推动经济社会发展的关键因素。在《"十四五"数字经济发展规划》中，明确提出要加强数据要素市场建设，推动数据资源开放共享，促进数据价值的深度挖掘和应用。同时，我国正积极推动传统产业与新兴产业深度融合，通过数据要素赋能加速传统产业转型升级。在制造业、农业、服务业等领域，数据要素的应用已经成为提高生产效率、优化资源配置、创新商业模式的重要手段。随着大数据、云计算、人工智能等技术的快速发展，数据要素的价值将进一步凸显。

人类社会的历史进程也是社会生产力从低级到高级、从落后到先进的过程。新质生产力以科技创新推动产业升级，以产业升级构筑新竞争优势，从简单追求数量和增速的发展，转向以质量和效益为首要发展目标的先进生产力质态。新质生产力代表生产力的跃迁，以新一代信息通信技术为代表的新质技术创新驱动，特别是在5G、人工智能、工业互联网、物联网、工业机器人等新质技术创新驱动下形成的新技术、新模式、新产业、新领域、新动能，是加快形成新质生产力的基础[1]。

在数字时代的浪潮下，新质生产力的发展已成为推动社会进步和经济增长的关键力量。同时，新质生产力对数据要素资源优化配置提出了更高要求，这既是技术进步的必然趋势，也是经济社会发展的内在需求。数据要素在推动经济发展中扮演着至关重要的角色，是新质生产力发展的关键驱动力。在数字时代，数据要素的流动和共享打破了传统经济模式下的信息不对称壁垒，使资源配置更加精准、高效，促进了产业链、供应链的协同创新和优化升级，提高了整个经济体系的运行效率。通过对数据的深度挖掘和分析，能够发现经济结构中存在的问题和不足，为政策制定提供更加科学、精准的依

---

1 王春晖. 发挥科技创新主导作用 加快发展新质生产力 [N]. 人民邮电报,2024-03-12:6.

据。同时，数据要素的应用还能够推动传统产业向数字化、智能化方向转型升级，并培育新的经济增长点，推动经济高质量发展。

数据要素正以其独特的价值和作用，深刻影响着新质生产力的形成与发展。为此，我国出台了一系列重要政策文件，进一步推动了数据要素的应用与发展。其中，《中共中央 国务院关于构建数据基础制度更好发挥数据要素作用的意见》从数据产权、流通交易、收益分配、安全治理 4 个方面系统布局了构建数据基础制度与发挥数据要素作用的关键路径和战略举措，这是准确把握工业经济向数字经济转型发展趋势，率先在全球提出的重大数据要素理论创新，也是推进网络强国、数字中国建设的重大战略举措[1]。此外，《数字中国建设整体布局规划》也为数据要素在新质生产力发展中的作用提供了明确指引。该规划提出，要夯实数字基础设施和数据资源体系"两大基础"，推进数字技术与经济、政治、文化、社会、生态文明建设"五位一体"深度融合，进一步推动数据要素在经济社会各领域的广泛应用。

新质生产力的核心在于创新和技术进步。知识产权体系为创新者提供了坚实保障，从而激发全社会的科技创新热情。科技创新驱动下的新质生产力将重新架构传统生产力的三要素。首先，传统生产力的三要素中，劳动者是起主导作用的要素，发展新质生产力需要提升高技能人力要素资源的质量和供给。其次，劳动资料的核心是生产工具，这是区分不同质态生产力的重要标志，发展新质生产力需要科技含量高，尤其是具有颠覆性和前沿技术的生产工具，以推动生产方式发生系统性变革。最后，劳动对象是衡量新质生产力发展水平的重要标志，以数字化、网络化、智能化为基本特征的劳动对象，能有效推动传统产业转型升级，赋能新兴产业打造核心竞争力，催生新产业、新模式、新动能[2]。

---

1 王春晖 . 为构建数据要素市场生态体系提供法治保障 [J]. 中国网信 ,2024(2):65-68.
2 王春晖 . 发挥科技创新主导作用 加快发展新质生产力 [N]. 人民邮电报 ,2024-03-12:6.

## 四、数字经济与数字知识产权

**数字经济的生产要素是知识和信息，而知识产权保护的对象就是智力成果，主要表现为知识和信息。**因此，知识产权客体就是数字经济的基本要素，它们之间有一种天然联系。数字经济核心产业最主要的资产是智力成果与数据资源的外化表现形式，因此知识产权是数字经济核心产业的重要竞争力之一[1]。

**数据要素作为数字经济发展的重要驱动力，其对生产效率的"乘数效应"日益显著，已逐步转变为最具现代意义的生产要素。**数据的快速增长和大规模集聚蕴含了巨大的潜力。推动技术创新、商业模式、产业生态和制度变革的协同发展，有效利用数据要素，将为经济社会的数字化转型注入强大活力。强化对新领域、新业态，尤其是数据相关的知识产权保护，旨在激发数据要素的潜力，促进数据强国和网络强国建设，加速打造数字经济、数字社会、数字中国，从而在法律制度层面满足数字化转型对生产模式、生活方式及治理方式全面变革的内在要求。

**数字经济以数据资源为核心，包括数字化知识和数据资源的全面范围。**其基础在于数据资源一系列的处理流程，例如识别、选择、过滤、存储以及应用，这些流程均高度依赖科技进步和计算能力的增强，涵盖了云计算、人工智能、区块链及物联网等技术。企业在新技术研发方面常常需要面对高额成本的挑战，倘若缺乏知识产权的有力保护，竞争对手可能会通过模仿、窃取或复制这些创新技术，从而谋取利益，这将削弱企业的创新积极性，减缓技术革新的速度，并对数字经济的发展产生不利影响。数据作为数字经济中至关重要的生产要素，对其知识产权的保护和应用始终受到社会各界的广泛关注。2022年3月，国务院颁布《"十四五"数字经济发展规划》，明确指出在"十四五"时期，数字经济将步入一个深入应用、规范发展和共享共惠的新阶段。从施行的《个人信息保护法》《网络安全法》《数据安全法》，到

---

1 刘红豆.闫文军.构建知识产权大保护格局为数字经济发展保驾护航[N].晶报,2021-06-02:A06.

修订后加强数字平台反垄断监管的《中华人民共和国反垄断法》（以下简称"《反垄断法》"），都凸显了数据产权专门立法的紧迫性。

为了应对数字经济时代相关产业自主发展的新要求，有关部门积极推进知识产权法律法规与政策制度的调整。2020年12月，中共中央印发的《法治社会建设实施纲要（2020—2025年）》指出，加强信息技术领域立法，及时跟进研究数字经济相关法律制度。在相关政策的指导下，多部知识产权基础性法律接连修改通过。2020年10月，第十三届全国人民代表大会常务委员会表决通过修改后的《中华人民共和国专利法》（以下简称"《专利法》"），新修订的《专利法》加大对侵权行为的惩罚力度，将法定赔偿额上限提高至500万元、下限提高至3万元。2020年11月，第十三届全国人民代表大会常务委员会表决通过了关于修改《中华人民共和国著作权法》（以下简称"《著作权法》"）的决定，新修改的《著作权法》进一步明确了涉及数字技术应用的相关法律规则，扩大了著作权的保护客体和控制范围，为新技术的发展预留空间，并加强了与《视听表演北京条约》等国际条约的衔接。2021年2月，《关于平台经济领域的反垄断指南》发布，对垄断协议的形式、市场支配地位的认定、不公平价格行为、限定交易、搭售或者附加不合理交易条件等进行了明确界定，为平台经济领域的反垄断提供了实操标准。

**创新的技术是需要保护的，保护知识产权就是保护创新，数字经济为知识产权制度改革提出了新的命题。**互联网追求自由共享，而知识产权是保护权利人合法权益的私权，因此如何制定政策、寻找其中的平衡点是解决问题的有效途径。数字经济时代创新主体的界定，例如人工智能自动生成的文章是否构成作品，在国内外存在广泛争议。数字经济时代的侵权执法存在一定的难度，由于数字产品复制成本较低、传播速度快，因此其侵权范围较为广泛，如何构建一套完善的保护体系有待进一步研究[1]。

---

1　郑佳宁.数字财产权论纲[J].东方法学,2022(2):106–119.

党的二十大报告强调，为了"加快发展数字经济，促进数字经济和实体经济深度融合"，必须"加强知识产权法治保障，形成支持全面创新的基础制度"。《知识产权强国建设纲要（2021—2035年）》明确提出了"研究构建数据知识产权保护规则"。2023年，《数字中国建设整体布局规划》也指出"强化数字中国关键能力"，必须"加强知识产权保护，健全知识产权转化收益分配机制"。然而，在数字经济背景下，新型知识产权客体涌现、权利链条增加、产权边界扩张等变化使利益纠纷风险加剧；个人、企业和社会之间的新型知识成果权益分配产生偏差；知识产权制度垄断性保护与数字经济共享价值理念也存在冲突。因此，构建结构化的数字知识产权治理和保护体系，是构建以国内大循环为主体、国内国际双循环相互促进的新发展格局的需要，也是高质量发展数字经济的重要手段。

## 第三节　数字经济对现有知识产权制度的挑战

### 一、数字经济与传统知识产权制度理念与设计上的冲突

数字经济与知识产权有着紧密联系。数字经济对知识产权保护的观念和规则产生了影响，数字技术为知识产权保护带来了便利，数字经济创新成果也离不开知识产权制度的保护。但是，互联网的发展也催生了新的知识产权问题、侵权可能性和执法挑战，例如网络抢注、商标侵权等。数字经济的本质是创新，核心是融合，以数字化的知识和信息为关键生产要素，以数字技术创新为核心驱动力，以信息网络为重要载体。而知识产权旨在激励创新，促进运用，助力以创新为驱动力的产业高质量发展。随着数字经济的迅猛发展，知识产权面临诸多挑战。

数字经济对知识产权的挑战，首先是观念上的。数字经济在观念上面临公平与效率的挑战。数字产业需要市场公平，知识产权保护应强化公平竞争

的市场环境。同时，数字经济缩短了创新和应用周期，知识产权保护也应提升保护效率。特别是对于数字作品而言，其一旦在互联网上传播，不特定第三人几乎可以无成本地下载和复制，权利人的权利可能因判决效率低而得不到及时维护。同时，数字经济的发展对知识产权客体也造成了实质性影响。数字经济运行过程中产生的数据、信息和知识，是否能纳入知识产权保护范围，需要厘清创新知识成果的权利边界[1]。

基于上述理念的差异，产生了知识产权的保护范围与数字化环境快速变化之间的矛盾，以及数字经济发展对知识产权制度的新挑战等问题。

**首先，知识产权保护范围狭窄。**传统知识产权制度体系建立在物质财产保护的基础上，例如专利、版权、商标和专有技术等，而对数字技术的知识产权保护范围比较狭窄，无法有效保护数字知识产权，需要针对数字经济环境中的特殊知识产权制度进一步做出规范。

**其次，数字知识产权应对能力不足。**一些企业和个人缺乏应对数字知识产权的能力，在掌握先进数字技术的同时，需要厘清知识产权的相关法律政策，确保充分保护其自主创新权利，加强知识产权的交流与合作，提高数字知识产权保护的能力。

**最后，数字经济发展对知识产权制度构成了创新需求的挑战。**随着信息技术进一步发展和普及，知识产权制度的传统模式面临着创新压力与挑战，需要进一步强化数字时代的知识产权制度创新和数字技术应用创新，以更好地适应数字经济时代的高质量发展。

知识产权的制度创新和技术创新是适应数字经济高速发展的基本路径，需要进一步强化知识产权创新与保护并重，拓宽数字经济环境中的知识产权创新理念与保护范围，提高数字化知识产权的创新能力，发挥知识产权制度创新的积极作用，为数字经济的发展提供全面有力的支撑。知识产权制度的

---

1　闫文军. 数字经济背景下的知识产权保护 [N]. 中国知识产权报,2020-12-25.

产生，正是依靠保护与激励并存的模式，未来数字知识产权的发展要依靠质量变革、效率变革、动力变革的创新推动发展新模式。为促进创新发展，需要培育新型研究开发机构与企业创新联合体等创新主体，以构建涉及多领域参与、网络协同、遵循市场规律的创新生态体系。

## 二、数字技术演进与知识产权制度变革

数字经济时代可以被理解为一个以知识产权为核心的新时代，即"数字知识产权经济时代"。在这个时代，科技创新和发明变得至关重要，知识产权的开发和对科技创新的知识产权保护日益成为国家和企业获取竞争优势的重要手段。人类社会经历了从农业社会到工业社会，再到信息革命推动下的数字社会的转变，在这一过程中，知识产权理论与制度不断应对当时的新技术和社会产生的新问题与新冲突。在数字经济的背景下，知识产权保护的新对象不断出现，产业边界持续拓展，权利链条更加复杂，这可能导致利益冲突和风险的增加。在数字内容领域，人工智能生成的作品、大数据、短视频和网络直播等新兴形态的可版权性及合理使用标准引起了关注。

以人工智能、区块链、云计算、大数据、物联网、虚拟现实和5G为代表的数字技术加速创新，与金融、农业、交通、零售和制造等实体产业深度融合。与此同时，这些数字技术发展及数字经济应用带来了新的立法、监管和合规问题，尤其是对传统知识产权法律制度和保护实践带来了前所未有的挑战。

随着数字经济的发展，知识产权保护领域从有形市场拓展到无形市场，数字经济时代，知识产权保护的重点领域和重点行为发生了变化。以专利布局为例，目前常见的需要提交专利申请的产业除传统的机械工程领域、化学和医药领域，还包括信息通信技术领域和生物技术领域。同时，著作权保护和运营的重心也以传播代替复制成为知识变现的主要环节。知识产权制度正是依靠权利保护与利益激励并存的模式，才能够实现促进经济社会发展的作

用。也就是说，要想产生激励价值，必须对权利人的智力成果进行垄断性保护。但是，在数字环境下，互联网的构建者、运营者和用户相关活动的出发点，是分享与传播信息进而获得收益。所以，必须统筹考虑知识产权垄断性与数字经济开放性之间的矛盾。

互联网本身具有高度自发性、自治性和自由度。在数字时代，互联网被广泛地运用到各个行业领域后，自治性受到了很大的约束。互联网自治性与其内部规则及由此建立起来的秩序有关。这种规则和秩序与网络技术的发展和应用层面有密切的联系。人工智能、大数据、云计算、区块链、物联网和5G等技术将互联网推向了一个全新的发展阶段。互联网的上半场是信息技术时代，下半场则是数字技术时代。在知识产权领域，数字化、网络化和智能化技术的应用虽然有助于保护知识产权，但也带来了一系列问题。我国正在推动数字经济与实体经济的深度融合，推动构建具有国际影响力的数字产业集群，推动和提升工业领域的产业数字化集群，实现经济社会的腾飞。然而，数字知识产权侵权现象频发的情况并没有得到有效遏制。为此，应当加快构建知识产权现代化治理体系，推动现有知识产权制度的变革，高效助推创新驱动发展战略的实施。

### 三、数字经济领域知识成果权益的重新平衡

在数字经济背景下，知识产权保护的新客体不断出现，数字经济的创新成果需要转化为各种形式的知识产权。例如，基因工程、计算机软件和商业方法等领域往往会产生更多的专利，而人工智能生成物、大数据、用户生成内容（User Generated Content，UGC）短视频、直播、虚拟歌手等新业态则往往与著作权有着紧密的联系。数字经济强调分享价值理念，这与知识产权制度的设计初衷有冲突之处。知识产权的一个显著特点是把智力创造成果作为特定信息所具有的垄断性。相较于物权客体，知识产权客体与数据信息皆不属于物质实体，但具有类似的权利外观，需要通过法律机制确定权利

边界。数字经济时代,技术创新的周期被不断缩短,市场竞争加剧,智力创新成果保护的方法和效率产生了冲突。例如,在著作权领域,视听作品呈现短小化、快速化趋势,传统版权领域的"先授权再使用"模式难以应对海量互联网数字作品交易和流通的需求。

在服务于数字经济发展的新的稳定秩序及相关制度还未建立起来的前提下,《反垄断法》承担了过重的使命[1]。基于数字产业发展的特点和需求,应谨慎使用《反垄断法》。现有法律为数据集合提供了较为有效的保护[2]。处于非公开状态的数据集合,可以通过《中华人民共和国反不正当竞争法》(以下简称"《反不正当竞争法》")中的商业秘密保护模式来保护。对于收集者有独创性贡献的数据集合,可以参照《著作权法》中对汇编作品的规定来保护。对于既公开又不构成作品的数据集合,现有法律框架没有提供直接的保护方式,司法实践上可以依据《反不正当竞争法》第二条的原则性条款,主张侵权者违反商业道德,但该条款有一定的模糊性,因此应通过特殊立法,为数据知识产权构建更具体的保护规则。

**知识产权法律体系旨在既协调和保障创新驱动发展战略的落实,又为数字经济环境下创新成果及其商业化提供坚实的法律保护。**然而,对专有权的过度保护可能会导致市场垄断和权力滥用,进而阻碍技术进步成果的普及与应用。随着法律体系的不断完善,对网络信息传播的限制增多,传播效率因而降低,互联网的潜能未能被完全释放。因此,在数字信息领域,必须平衡好信息提供方、信息技术服务提供商及信息服务接受者之间的权益。

自 2000 年全国人大常委会通过《关于维护互联网安全的决定》以来,

---

1　王宇松.论重塑经济法权利体系对营商环境改善的影响——以资本财产权为视角 [J].湖北社会科学 ,2020(2):115-124.

2　孔祥俊.商业数据权:数字时代的新型工业产权——工业产权的归入与权属界定三原则 [J].比较法研究 ,2022(1):83-100.

我国不断针对互联网相关的知识产权问题加强立法工作。我国在知识产权法律领域颁布和实施了《著作权法》《中华人民共和国商标法》（以下简称"《商标法》"）《专利法》及《反不正当竞争法》等多项法律，以此规范网络知识产权问题。2022年3月，《最高人民法院关于适用〈中华人民共和国反不正当竞争法〉若干问题的解释》取消了征求意见稿中有关商业数据竞争法律规则的争议条款，与《中华人民共和国民法典》（以下简称"《民法典》"）保持一致，为数据权益的发展预留了充足的空间。

总之，数字时代涌现新技术、新业态，其知识产权保护与技术创新的平衡关系亟待构建。在实现数字经济领域知识成果权益的重新平衡过程中，应坚持以知识产权治理为优先考虑要素，同时加强技术的开发和创新，促进技术、经济与社会之间的良性发展。

# 本章小结

数字经济时代，知识产品的传播途径发生了很大的变化，知识产权保护的新客体不断涌现，侵犯知识产权的行为越来越隐蔽，给知识产权制度带来了新挑战。技术创新和应用周期不断缩短，对知识产权保护的效率提出了更高的要求。知识产权保护涉及的数据要素流通、知识产品传播及国际话语体系影响力构建，亟须从技术革新、模式创新角度加强知识产权建设，推动数字内容产业提升社会效益和经济效益。知识产权作为数字经济的根基，是推动数字经济高质量发展的新引擎，是实现创新驱动发展的有力保障，更是激励数字经济持续创新的关键因素。我国要在当前日趋复杂的国际形势下打造具有国际竞争力的数字经济产业，推动数字经济与实体经济相互融通。创新驱动，离不开知识产权的保驾护航。

数字经济是一种社会化水平更高的基础性、创新性的经济模式，对未来国家间经济竞争有着重要的影响。2022年，数字经济规模位于前三位的国家依次是美国、中国和德国，其中，中国的数字经济规模达 50.2 万亿元，占 GDP 比重达 41.5%，并保持了 10.3% 的高位增长速度，成为推动全球数字经济创新的重要引擎。

我国对"数据"的定义是"以电子或其他方式对信息的记录"。在数据要素市场环境中，数据产权的属性可概括为 4 个主要特点：数据产权具备经济属性；数据产权具有可分离性；数据产权的流动性是独立的；数据作为财产具备可复制性。与传统要素例如土地、劳动力、资本和技术相比，数据要素的独特之处在于其具备"非竞争性"特征。数据要素的生产几乎是无限的，特别是其具有可无限复制性，使得边际成本几乎为零，从而在根本上颠覆了传统稀缺性生产要素的局限。目前，我国数字化生产力的发展已领先于数字化生产关系，而工业时代所形成的生产关系已无法满足数字生产力时代的需求。因此，我们必须在数字产业化，以及产业数字化的过程中，不断创新数字化生产关系，以适应数字化生产力的迅猛发展[1]。

数字经济以使用数字化的知识和信息作为关键生产要素。知识产权的客体就是智力成果，其外在表现是知识和信息。因此，知识产权与数字经济之间有着天然的联系。数字经济的核心产业最主要的资产正是企业所拥有的知识产权，而知识产权是数字经济核心产业的重要竞争力之一。数据是数据处理者在运营中以电子或其他方式收集和产生的信息记录，不存在所有权相关的占有、使用、收益和处分等问题。现代数据产权的核心要点是推动数据持有权和使用权等相关权利有序分离，确保数据在安全治理基础上能够充分利用和交易流通。

随着数字经济时代的到来，全球经济增长面临新的换挡期。数字经济是我国经济高质量发展的新引擎，而知识产权则是助力科技自立自强的基础性制度，是激励数字经济持续创新的关键。为加快形成新发展格局、推动实现

---

1　叶曜坤 . 王春晖：发挥科技创新主导作用 加快发展新质生产力 [N]. 人民邮电报 ,2024-03-12:6.

高质量发展，需要从"要素驱动"和"投资驱动"向"创新驱动"和"知识产权驱动"转变，让创新和知识产权成为经济增长的新驱动力，通过构建知识产权"大保护"工作格局，培育经济新动能。

相较于早期工业时代的知识产权架构，数字经济时代的快速发展催生了新的知识产权保护需求，这些需求涉及新兴领域，例如人工智能生成物、大数据、短视频内容、网络直播等。在此背景下，网络平台在知识产权保护方面扮演了关键角色，因为数字信息的收集、处理、归档、存储和应用通常依赖这些平台。因此，需要持续地明确和划定网络平台在知识产权保护中的权利与义务边界。更重要的是，数字经济的发展缩短了从创新到应用的周期，这对知识产权保护的工作效率和响应速度提出了更高的要求。

知识产权对数字经济的促进与推动作用主要体现在：将智力成果固化为权益，确定数字权益的归属，廓清数字权利的范围界限，保持开放创新和良性发展。知识产权通过多重保护手段优势互补，实现行政保护和司法保护各个环节的有效衔接，赋予数字技术创新成果财产权，明确创新主体对创新成果拥有合法权益。通过保护创新者的合法权益，激发其创新热情，实现创新投入与创新回报的良性循环。通过许可转让规则和市场竞争规则，使知识产权顺利转化[1]。

知识产权制度具有重要的激励和纽带作用，未来要提高其使用绩效，需要知识产权工作从简单化的数量增加、规模扩张向实质性转化运用、提质增效转变，从政府外部推动升级为市场内部驱动。要提高对数字经济时代知识产权保护重要性的认识，牢牢把握数字经济的特点，做好知识产权保护的全面谋划。

---

1　刘红豆.闫文军.构建知识产权大保护格局为数字经济发展保驾护航[N].晶报,2021-06-02:A06.

第二章

# 数字知识产权总论

## 第一节　数字知识产权理论溯源

### 一、传统范式下的知识产权理论发展

知识产权的诞生和发展与科技进步和商品经济的成长紧密相连，与工业革命的发展息息相关。从 18 世纪的《安娜女王法案》、1790 年美国的《专利法》到 1847 年法国颁布的《制造标记和商标的法律》，知识产权的框架不断完善。工业革命不仅颠覆了传统的社会生产模式，也使知识产权这一类无形资产的价值日益凸显，进一步激发了投资新机遇和产品创新。知识产权为新技术的提供者授予一定期间的专有使用权，让他们在一定条件下享受其创造成果的独占权，确保其收益与创造价值相吻合。知识产权也有助于消除创新投资中的不确定性，促进技术与资本的深度融合，为社会经济成长和转型提供坚实的制度保障。

然而，由于发明活动的异质性、研究环境的多样性、技术扩散的复杂性，例如，创造者和使用者的个人利益和自由利益在网络层面的性质，改变了现有知识产权制度规则和结构依据关键因素的方式。可以预见，随着信息时代的进步，知识产权将继续推动这些前沿领域的发展。

知识产权制度强调知识产权专属性和排他性的基本功能。知识产权体系的构建以授予独占性权利为基础，保障了企业在技术领域的领先地位，进而使其能够获取超额收益，并有能力将这些收益重新投入新产品或新技术的研制中，推动了技术的持续发展。在此体系下，企业通过智力成果的生产或投资获得回报，这是封闭式创新模式的核心。然而，知识产权制度重点在于挖掘内部创新的潜能收益，却未充分考量外部创新的持续性及社会公共利益。在开放式创新成为主流的今天，知识产权制度不仅要维持个人创新的积极性，还应促进社会创新的持续进步和技术成果的流通。

信息技术作为数字经济发展的核心要素，是推进我国经济增长与创新发展的新动力。为了在数字经济环境中有效完善知识产权保护体系，必须意识到数字经济固有的秩序与现行的知识产权保护制度之间存在的矛盾。知识产权法律框架不仅包括明文规定的法律，还涵盖行政规定、司法判例等，这些因素共同决定了权利界限，进而影响创新者的积极性。知识创新是一个逐渐演进的过程，它不可避免地涉及对已有产品和相关知识的应用。创新活动的各个环节是相互依赖和紧密相连的，如果不能明确界定产权范围，可能会导致知识服务能力的降低，并影响创新活动的整体效率。

## 二、开放创新范式下的知识产权困境

在封闭式创新模式中，知识产权被视为私权利的范畴，其核心在于将外部成本转化为内部收益，以此作为激发创新的动力。开放式创新视角下，知识产权的属性更接近于公共资源，它通过向公众开放知识产品，促进社会整体创新效率的提升。开放式创新对于知识产权体系中的各个参与者提出了新的挑战：在治理模式上，亟须探讨如何鼓励更广泛的社会公众投身于创新过程，确保知识服务的普及性；对市场实体而言，关键在于有效地把握和管理知识产权，减少知识传播可能带来的商业风险；对于监管机构而言，维持一个有序的知识交易市场、创造健康的知识流通生态是首要任务。

在数字时代，网络平台推动了知识共享理念的快速扩展，多数使用者都能在互联网上免费获取知识。然而，对知识创作者来说，他们可能失去对成果的控制，个人权益遭受损害。一旦信息提供者向获取者揭示了信息的本质，后者便能够不付出成本地掌握这些信息。其他竞争者如果有效使用这些知识，可能会侵蚀原有市场份额，形成所谓的"信息矛盾"。因此，为了减少知识外泄的风险，权利所有者倾向于将发布的知识范围限制在更狭窄的范围内 [1]。

在开源软件运动的框架下，通用公共许可证（General Public License，GPL）明确了企业需对其授权的技术做到公开透明。尽管如此，某些公司通过发展专属的衍生技术来规避原有的免费技术，或者通过激烈的法律斗争对付对手，这些做法严重破坏了技术共享的生态。实际上，开源运动促使使用者摒弃了对衍生品的知识产权要求，但并未妥善解决知识产权拥有者与其他相关方之间的权益分配问题，进而未能充分关注开放知识可能遭遇的法律挑战。

在涉及标准必要专利的问题上，知识产权的实施情况并不令人满意。尽管多数标准制定组织宣称遵循"公平、合理、无歧视"（Fair, Reasonable, and Non-Discriminatory，FRAND）的原则，但现实中关于标准的诉讼案件频发，显示出这一要求的界定并不清晰。从理论层面来看，FRAND 原则规定了知识产权持有者应当提供公平、合理且无差别待遇的许可。在具体操作中，该原则仍面临着众多解释的可能性。知识产权持有者可能会针对不同的许可对象制定不同的"合理"许可费用，甚至可能利用其对技术标准的必要专利进行要挟。标准的制定机构实际上并没有能力有效评估许可费用的合理性。因此，许可交易和法律诉讼之间的互动变得更为频繁和复杂，这增加

1 陈永伟. 用区块链破解开放式创新中的知识产权难题 [J]. 知识产权，2018(3):72-79.

了专利许可的复杂度。大量的资源被消耗在专利必要性的审查及许可费率合理性的判断上，但知识转移的效率提升并不明显。

## 三、新型数字知识产权体系构建的必要性

法律作为一种社会调整工具，需要不断适应社会变迁，以实现不同利益间的和谐 [1]。在数字时代，知识产权体系应当与开放的数字经济共同发展，以最大限度地推动外部创新资源的生产和利用。知识产权的法律构建目标是在刺激创新与促进共享之间达到均衡。过低的知识产权保护标准将不利于激发私人领域的创新投资，而保护标准过高则可能限制市场竞争，并抑制知识的传播，减少公众获取创新成果的途径 [2]。

当前，中国知识产权法已经完成体系化的构建，《著作权法》《专利法》《商标法》等知识产权法律和《与贸易有关的知识产权协定》[3] 等国际公约规定的内容保持一致，但对于实现国家创新发展战略而言仍有不足。知识产权法律改造应促进形成保护专有权利和促进知识传播的二元平衡 [4]。

数字经济发展对知识产权制度提出了更高的要求，应将其视作驱动知识产权领域创新思维、与时俱进的重要力量。数字时代的知识产权法需要从传统的形式逻辑范式向复杂性思维和辩证逻辑范式转变、从高度确定的法教义学向具体场景下动态逻辑转变，以及从价值中立的纯粹技术性规则向价值非中立的伦理属性规则转变。

除此之外，权利范围和现行法律如何适用、管辖权、合同效力和执行等问题在网络空间变得更加复杂，需要以适当的方式解决。为保障数字经济发展，知识产权法进行新一轮的利益平衡，给予后创新者更广阔的利用空间，

---

1  罗斯科·庞德. 法理学 [M]. 廖德宇，译. 北京：法律出版社，2007.

2  冯晓青，周贺微. 公共领域视野下知识产权制度之正当性 [J]. 现代法学，2019, 41(3):127-137.

3  《与贸易有关的知识产权协定》：Agreement on Trade Related Aspects of Intellectual Property Rights，即 TRIPS 协定。

4  吴汉东. 中国知识产权法律变迁的基本面向 [J]. 中国社会科学，2018(8):108-125.

确保创新资源公平地在社会中流转。

## 第二节　数字经济核心产业涉及的知识产权

### 一、数字经济核心产业与知识产权的关联

数字经济已经成为全球经济中日益重要的部分，并引发了一场革命性的变革。我国在数字经济核心产业的专利发展上主要展现出 4 个特点。

**第一，数字经济核心产业的发明专利数量增长迅速。**2016—2022 年，我国数字经济核心产业的发明专利授权量每年的平均增速达到 18.1%，这个数字是同期我国总发明专利授权量每年平均增速的 1.5 倍。**第二，国内企业在数字经济领域的创新活力十分旺盛。**到 2022 年年底，在国内数字经济核心产业的有效发明专利中，有 70.9% 由企业所持有。**第三，个别地区在数字经济领域的创新上具有明显的优势。**到 2022 年年底，长三角、粤港澳大湾区和京津冀地区的数字经济核心产业发明专利有效量占国内总量的 71.3%，这对推动这些地区的经济转型和高质量发展起到了重要的作用。**第四，越来越多的外资企业开始在中国进行数字经济的专利布局。**截至 2022 年年底，全球 95 个国家和地区在华拥有的数字经济核心产业发明专利数量达到 32.7 万件，其中数字产品制造业所占比重高达 62.7%。同时，我国在数字经济的关键核心技术领域也展现出了良好的发展势头。新兴技术领域的专利储备得到了进一步加强，为我国经济社会的数字化转型提供了有力的支撑。

在我国，数字技术正处于快速发展阶段，这与数字经济、数字社会、数字政府的全面推进紧密相连，为知识产权战略在数字技术领域的实施带来了新的挑战和机遇。鉴于 G20 杭州峰会所倡导的《二十国集团数字经济发展与合作倡议》，以及《国家信息化发展战略纲要》和《关于促进互联网金融健康发展的指导意见》等政策文件，我国对数字经济范畴进行了界定。根

据 2021 年发布的《数字经济及其核心产业统计分类（2021）》，数字经济产业的范围被细分为数字产品制造业、数字产品服务业、数字技术应用业、数字要素驱动业和数字化效率提升业这五大类别。这五大类别又进一步细分为 32 个中类和 156 个小类。其中，前 4 个大类构成了数字产业化的核心部分，是数字经济的核心产业，主要提供数字技术、产品、服务、基础设施和解决方案，以及那些几乎完全依赖数字技术和数据要素的经济活动。第 5 个大类，即产业数字化部分，指的是运用数字技术和数据资源来提高传统产业的产出并提升效率，体现了数字技术与实体经济的深度整合。

## 二、数字经济产业

### （一）技术数字产品制造业

制造业作为实体经济的核心领域，在我国规模庞大，覆盖广泛，但其发展水平存在显著的不均衡性。这一特点意味着智能制造的推广不仅需要在我国的关键技术和核心领域实现突破，还必须扩展到整个制造业领域。数字产品制造业涉及制造支持数字信息处理的终端设备、相关的电子元器件及采用高度数字技术的智能设备。数字产品制造业涵盖了计算机制造、通信及雷达设备制造、数字媒体设备制造、智能设备制造、电子元器件及设备制造以及其他数字产品制造业 6 个种类。

当前，全球制造业的布局正在发生变化，我国正处于转型发展的关键时期。为了推进包括传统制造业在内的产业转型和升级，我国出台并施行了一系列战略计划和政策指导，不断提高制造业的数字化程度，并推进工业互联网这一前沿产业的发展。例如，国务院印发了《关于深化制造业与互联网融合发展的指导意见》等文件，全面描述了制造业数字化转型的战略布局；工业和信息化部、财政部等相关部门也发布了《智能制造发展规划（2016—2020 年）》《工业互联网发展行动计划（2018—2020 年）》等文件，描述了制造业数字化转型的目标和关键任务。这些政策文件为技术研发、成果转化、重点领域突破以及金融、财税、人才、基础设施、质量基础、信息安全和服务平台等多个方面提供了支持与保障，从而有效推进制造业的数字化转型。

知识产权作为建设创新型国家的政策支撑和制度保障，是摆脱"资源耗费型"与"技术依赖型"传统发展方式的战略布局，是实现"创新驱动发展"的战略安排，是保障我国经济安全、文化主权和科技发展主动权的战略举措。然而，目前我国制造业领域的知识产权数量虽多，但质量不够高，企业拥有和掌握的高端制造关键核心技术数量不够多，而且将知识产权作为竞争工具或战略资源加以持续运用和经营的能力相对较低，知识产权实施方式和手段比较单一，知识产权实施范围和覆盖广度不够，转化应用效率与能力尚有欠缺，知识产权较少用来进行战略交换、布局、转化为标准等。深入研究制造业领域如何实施知识产权战略、如何有效运用知识产权，对于增强制造业企业的自主创新和风险应对能力、建设制造强国具有重要的现实意义。

**（二）数字产品服务业**

数字产品服务业包含数字产品批发、数字产品零售、数字产品租赁、数字产品维修和其他数字产品服务业 5 个中类。互联网服务业创新模式与知识产权保护方法之间存在正相关关系。未来，数字化变革将从需求侧向供给侧转移，重心将从消费互联网向产业互联网转移。需求侧数字化变革将促进供给侧加快数字化转型，供给侧数字化转型问题将会随着用户对服务的数量、质量和效率等要求的提升而逐渐得到提高，从而形成需求与供给协同的行业转型升级的良性局面，促进行业高质量发展。与此同时，降低技术成本将加速数字化转型。随着 5G、云计算、大数据和人工智能等数字技术发展，数字产品服务业展现出更加广阔的发展前景。相应地，知识产权在数字产品服务业中也越来越重要。

知识产权的创造、运用、保护等对于国家、产业、企业来说，都将发挥越来越重要的作用。成熟的市场能够使数字平台企业既拥有规模效应，又形成竞争效应，从而加快企业服务创新的迭代速度。成果转化是数字经济产品落地和产生效益的重要环节，知识产权不仅能为成果转化提供合法的权益保障，还能提供高标准的服务。"十四五"规划强调加强知识产权保护、提高科技成果转移转化成效，对加快数字科技成果转化具有重大的外部影响。应进一步强化知识产权的运用和保护作用，为实现数字经济成果的有效转化提供重要的支撑力量。

### （三）数字技术应用业

数字技术应用业包括软件开发、电信／广播电视和卫星传输服务、互联网相关服务、信息技术服务和其他数字技术应用业 5 个中类，其中又包含25 个小类。

软件开发有 3 种业务模式：一是全新开发一个软件；二是购买或引用第三方软件，在此基础上根据需求方的要求做个性开发；三是在开发方已有产权的标准软件的基础上根据需求方的要求做个性定制开发。在全新开发一个软件的情况下，有必要明确项目的技术成果及源代码的知识产权归属，还需明确权利方申请知识产权登记时，另一方协助配合的义务。在购买第三方软件时，要先规避一个风险，即第三方软件应当不存在权利瑕疵，以及需要考虑第三方软件的更新升级问题[1]。在开发方已有知识产权的软件的基础上，根据需求方的要求做个性化定制开发，而对于已登记产权的标准软件，需求方需要的是对软件的授权许可。可明确授权的范围、费用、期限和对标准软件源代码的使用，明确整个交付软件的知识产权归属。

电信／广播电视和卫星传输服务在数字技术的应用领域中占据了核心地位，并可细分为 3 个主要类别。首先，电信行业运用有线或无线的电磁及光

---

1 安全性、对于第三方软件与新开发软件的兼容性、开发方对于第三方软件的使用或转让或二次开发是否具有权限，是否已支付相应费用，支付费用的周期。

电系统来实现信息的传递，这一过程包括语音、文字、数据、图像、视频及其他多种形式的信息的发送、接收与传输。其次，广播电视领域通过有线及无线的广播电视网络来执行信息的传输、分发、交换和接入服务，这一过程涉及信号的传输服务。最后，卫星传输服务行业利用卫星技术来提供通信和广播电视的传输服务，同时也为导航、定位、测绘、气象、地质勘查及空间信息等应用服务提供支持。

互联网相关服务产业涵盖互联网接入、搜索服务、在线游戏、资讯服务、安全服务、数据服务及其他相关服务 7 个子类。这些服务包括通过互联网提供的音乐、视频、直播表演、网络动漫和网络艺术品等信息内容，以及物联网服务、互联网资源协作、基于 IPv6 技术的网络平台服务等未明确列出的活动。这些均依赖知识产权制度来提供保障。

信息技术服务的主要方向包括集成电路设计、信息系统集成、物联网技术、运行维护、信息处理与存储、信息技术咨询、地理遥感信息测绘、动漫游戏和数字内容服务等产业。

其他数字技术应用业中，三维（Three Dimension，3D）打印技术的普及和发展服务尤为突出，这类技术包括 3D 打印及其推广相关服务。3D 打印技术与知识产权法律体系紧密相关：其打印技术和材料可能包含受保护的技术方案；打印出的模型和设计创意可能涉及专利或著作权问题；未经商标权人授权而打印含有其著名商标的物品将触犯商标法律。因此，3D 打印技术领域必须遵守现行的《专利法》《著作权法》和《商标法》等法律规范。在这些法律问题中，3D 打印模型的法律地位及其引发的"复制"与"合理使用"议题是最为关键的核心问题[1]。

### （四）数字要素驱动业

数字经济涉及以数据分析和人工智能为核心的商业模式，其中数据起着

---

1 马忠法 .3D 打印中的知识产权问题 [J]. 电子知识产权 ,2014(5):30-38.

至关重要的作用，这一经济模式包括 7 个主要行业分支。第一类是网络平台类别，涵盖生活服务、生产服务、科技发展、公共服务和其他类型的网络平台。第二类是网络批发和网络零售，网络批发是指批发商主要通过在线商务平台进行商品交易的活动；而网络零售则是指零售商通过在线商务平台进行的零售交易，但不包括仅为网络支付提供服务的活动，以及仅为构建或提供在线交易平台和接入服务的活动。第三类是网络金融，主要包括网络借贷服务、非银行支付服务和金融信息服务等子类。第四类是数字内容及媒体行业，主要涉及广播、电视、影视节目制作、广播电视集成播放、电影和广播电视节目发行、电影放映、录音制作、数字内容出版和数字广告等。第五类是信息基础设施的建设，这是其他新型基础设施建设的根基和支撑，主要包括网络基础设施、新技术基础设施、算力基础设施和其他信息基础设施的建设。第六类是数字资源和产权交易，主要是指在获得数字资源和产权持有人的授权后，数字产品所有者在国家许可的交易平台上依法自由交易其所拥有的数字产品的一种市场行为。

除了之前提到的六大数字化驱动业务领域，还有一个重要的数字化驱动领域，即涉及供应链管理服务行业、安全系统监控服务行业和数字技术研究与开发行业。供应链管理服务行业利用现代信息技术，对供应链中的物流、商业流、信息流和资金流进行设计、规划、控制和优化，提供包括订单管理、采购执行、报关退税、物流管理、资金融通、数据管理、贸易商务和结算等分散职能的一体化整合服务。安全系统监控服务行业涵盖消防报警系统监控服务、治安报警系统监控服务、交通安全系统监控服务及其他安全系统监控服务，但不包括公安部门和消防部门的活动。数字技术研究与开发行业主要关注大数据、互联网、物联网、人工智能、虚拟现实（Virtual Reality，VR）、增强现实（Augmented Reality，AR）、边缘计算、异构计算和工业视觉算法等新兴计算关键技术的研发，以及软件定义网络（Software Defined Network，SDN）、网络切片等关键技术的应用研究，同时也包括量子通信和其他数字技术的研发与试验活动。

### （五）数字化效率提升业

数字化效率提升业通过运用数字技术和数据资源，促进了传统行业的生产力增长和效率提高，实现了数字经济与实体经济的紧密结合。这一过程涵盖了农业、制造业、交通、物流、金融、商贸、社会管理及政府服务等众多数字化领域的应用，覆盖了《国民经济行业分类》中的众多分类，从而反映了数字技术对国民经济的广泛渗透与深度融合。

当前，移动互联网、5G、云计算、人工智能、大数据、新能源、生物制药和智能终端等高新技术正逐渐融入经济社会的各个层面。科技创新与知识产权保护正成为推动高质量发展的重要动力，全球竞争的新优势越来越多地表现为创新能力。

数字经济核心产业涉及的数字技术正在加速更新迭代，知识产权保护涉及的数字化新客体将不断涌现。我国现有知识产权法律未对数字化演进中的融合技术，特别是未对数据要素知识产权保护的客体和侵权行为等关键问题进行规定。权利人在遭遇数字知识产权侵权时，通常面临法律适用的困境。数字化效率的提升与知识产权保护之间的冲突正在成为一种新的现实问题。因此，应当探索构建数字知识产权认定和保护规则，建立健全知识产权保护体系，通过必要的制度措施、技术保障和法律手段来确保知识产权的创新，保护企业创新成果的合法性和合规性，确保数字产业化和产业数字化发展过程中涉及数字知识产权的客体得到充分的尊重和保护。

# 第三节　数字知识产权战略支撑

## 一、可持续发展战略

1992 年，联合国环境与发展会议通过了《关于环境与发展的里约热内卢宣言》，奠定了可持续发展的基本原则。该原则目前已在全球范围内得到广泛认可，并逐渐演变为一项基本的国际法准则。可持续发展的核心理念是，人类的发展活动应兼顾当前的需求与后代的福祉，其关键是实现从单一的经济增长向经济、社会与生态三者协调发展的转变，从物质导向的增长模式向以人为本、以知识和技术为驱动力的新模式转变。在当前数字经济迅猛发展的背景下，可持续发展不仅是其繁荣的内在要求，更是推动数字产业创新、形成新型业态和模式的长远战略方针。

随着数字技术的发展和普及，数字知识产权已经成为全球数字经济知识产权的一个重要组成部分。数字知识产权是未来新型知识产权发展的趋势，将会以新一代人工智能和大数据、5G 技术和物联网、区块链技术的融合应用为重要的发展方向，对实现经济、社会和环境的可持续发展具有重要的驱动作用。

尽管 TRIPS 协定第 7 条提出，知识产权的保护及执行应促进技术革新、技术转让和知识的传播，但该条款基本属于声明性质，未能提供具体的实质性规定和强制性处罚措施。因此，它未能对发达国家未履行其技术援助责任的情况实施有效的制裁和约束，这导致发达国家对国际技术转移义务的延迟。这样的状况对国际技术转移的整体环境产生了负面影响。可持续发展作为人类社会发展的必由之路，依赖于科学技术的支撑，知识产权体系亟须对此做出适当的适应[1]。

## 二、建设创新型国家战略

我国经济已经由高速增长阶段转向了高质量发展阶段，目前正处于改变发展模式、调整经济结构、替换增长动力的关键时期。建立现代化经济体系是我国经济发展的战略目标，同时也是我们必须经历的考验。知识产权制度

---

1　何华. 知识产权全球治理体系的功能危机与变革创新——基于知识产权国际规则体系的考察 [J]. 政法论坛,2020,38(3):66-79.

是推动创新发展策略、建设创新型国家的关键支撑。在知识经济时代，开放式创新模式的发展对知识产权制度体系建设提出了更高的要求，而传统以私人权利为基础的知识产权观念已经无法适应开放的知识共享。现行的知识产权制度主要关注私人权利的管理和利用，却忽视了知识流动和应用的重要性。

数字经济主要依靠数字技术创新，而数字知识产权是保护数字技术创新成果的基石，保护数字知识产权能够促进数字经济创新和发展。数字知识产权保护不仅为了促进经济创新和发展，更是为了维护经济秩序。只有尊重知识产权，才能减少盗版、抄袭等行为，维护经济秩序的稳定。数字化转型是经济社会发展不可或缺的过程，而数字知识产权治理是数字化转型过程中的重要环节，保护数字知识产权将有利于推动数字化转型和数字经济的发展。因此，数字知识产权治理是建设创新型国家的至关重要的一环，保护数字知识产权可以促进经济创新、增强经济竞争力、维护经济秩序，同时也可以推动数字化转型。

为了加快形成创新型国家，知识产权制度亟待在政策法规、管理服务等领域进行相应的调整优化。一方面，需探讨和构建新的机制来维护新的创新资源，为未来的创新者开辟更广阔的应用空间，并重构权利持有者与社会公众之间的利益平衡，为知识产权体系注入新的活力；另一方面，应当促进知识产权的开放许可和共同开发，加快完善知识产权服务平台的建设和市场运作机制，提升技术的运用效率，最大限度地发挥知识产权体系在创新型国家建设中的引领作用 [1]。

### 三、创新驱动发展战略

创新是加速我国经济由量变向质变转换、促进结构升级和确保可持续发展不可或缺的动力源泉。知识产权的激励机制和强有力的保护措施是促进创

---

1　周念利 , 李玉昊 . 数字知识产权规则 "美式模板" 的典型特征及对中国的挑战 [J]. 国际贸易 ,2020(5): 90-96.

新发展的根本条件，两者之间相互依存，密不可分。因此，我国经济结构调整的核心在于以创新为主导的发展战略，而此战略的有效执行，亟须知识产权保护体系的不断完善。

过去二十年，我国创新体系构建取得了稳定进步。**第一，企业作为研发投资的核心主体，其地位已确立。**企业与高校、科研机构在技术开发方面的合作明显增多，企业导向的"产学研"一体化创新体系正在逐步构建。**第二，在调整中知识创新体系得到了加强。**科学基础设施的建造得到增强，科研经费的投入也在不断增长。高等院校的科研实力持续上升，成为基础研究的重要力量。科研机构在科研活动中扮演着关键角色，成为连接基础研究与应用研究的重要桥梁。**第三，区域创新体系的建设实现了重大突破。**各级政府大力推进区域创新体系建设，实施了一系列配套政策，具有地方特色的创新体系正在快速形成。**第四，科技服务中介体系的框架基本成型。**在中央政府的主导和地方政府的大力支持下，众多创新服务机构应运而生。

高品质的创新环境来自对知识产权强有力的保障，实现知识产权赋能数字生态环境创新，就是将知识产权作为良好环境的培育者，为数字经济创新提供开放和具有活力的环境；就是将知识产权作为优质环境的塑造者，为数字经济创新提供协调共生的环境；就是将知识产权作为友好环境的保护者，为数字经济创新提供竞争有序的环境。为实现这些目标，要积极构建创新生态圈，为创新主体创造各种有利的创新条件，确保提供有利于创新发展的法律、政策和行政等社会环境，推动产业生态的良性运行。

应着眼创新驱动，鼓励创造与促进运用相结合。我国正处于加速工业化发展的阶段，创新模式以集成创新和引进技术消化吸收再创新为主。面对工业化、信息化、城镇化、市场化和国际化深入发展的新形势新任务，党的二十大报告提出，要加快发展数字经济，促进数字经济和实体经济深度融合，打造具有国际竞争力的数字产业集群。应瞄准制造业的数字化转型，其中，工业软件作为关键软件的重要组成部分，是制造业数字化转型的关键支撑。

国家应当加强顶层设计，加大工业设计软件自主创新发展的力度，强化自主创新知识产权成果和对正版工业软件的保护，积聚力量进行原创性和引领性的科技攻关任务。

## 四、知识产权强国战略

知识产权已被确立为我国发展的战略性资产，并在提升国际竞争力和构建开放型世界经济中担任关键角色。推进数字化转型对于建成社会主义现代化强国至关重要，它构成了建立数字时代国家竞争新优势的关键策略。知识产权与互联网经济之间存在根本的理念冲突：一方面，知识产权制度是对创新者权益的保护；另一方面，互联网及数字经济倡导共享精神。知识产权体系的建立正是基于保护和激励相结合的策略，以推动社会科学和文化的发展。

数字经济及其核心产业领域开展知识产权法律制度建设，需要从多个角度入手，包括制定相关法律法规、完善知识产权管理机制、建立知识产权保护机制和公共服务平台等，来保障知识产权的合法权益，推进知识产权制度的实施。同时应该加强对数字经济和核心产业领域的知识产权管理，建立完善的知识产权管理机制，包括知识产权审查、有效维权、知识产权信息管理和技术监管等，从根本上保障知识产权的合法性和有效性。

电子商务、在线教育、远程办公和智慧医疗等新兴行业为经济的高质量增长提供了新的推动力，同时也对数字领域的知识产权保护提出了挑战。为了大力发展数字经济，必须在确保数据合理流动的基础上，最大限度地利用和保护数据。实施数据知识产权保护项目，进行数据知识产权保护立法的研究，并快速构建数据知识产权保护框架。加强互联网领域的知识产权保护，推动线上和线下知识产权保护的整合。此外，推动知识产权保护在不同领域的国际合作，制定大数据、人工智能等新兴领域的知识产权规则。

推进知识产权公共服务智能化项目，完善国家知识产权大数据中心和公共服务平台，深化知识产权基础信息的开放程度，并与经济、科技、金融和法律等信息实现共享融合。大数据中心应该做到基础数据应有尽有、相关数据互联互通、业务数据协同融合，提供基于大数据的智能分析和决策支撑。智能化建设中应该加强与知识产权相关的数据供给，并制定知识产权数据标准。要推进"互联网＋"知识产权政务服务，加强人工智能、区块链和大数据等新技术的应用，通过数字化赋能，促进知识产权公共服务的便利化、集约化和高效化。

强化知识产权数据规范的制定及数据资源的供给，构建市场化和社会化的信息加工与服务体制。对知识产权数据交易市场进行规范化管理，促进知识产权信息的公开与共享，妥善处理数据开放与隐私保护之间的平衡，提升数据利用效率，最大限度地发挥知识产权数据资源的市场效益。推动知识产权信息公共服务与市场化服务的有机融合，增强国际知识产权数据交流，提高运用全球知识产权信息的能力。

# 第四节　数字知识产权价值导向

## 一、以人为本

人本主义构成了知识产权法律体系中的核心价值取向。它强调将人的权益置于首位，突出维护人权作为其核心理念，体现了将人作为权利主体的根本原则。知识产权法律的存在，旨在维护个人、集体以及公众的合法权益，并借助于对知识产权的保护，推动个人、社会、国家乃至全人类的共同进步与繁荣。换言之，知识产权制度的根本宗旨是促进"发展"——这包括个人的成长、社会的进步、国家的发展，以及人类文明的持续发展[1]。

---

1　吴汉东. 知识产权法价值的中国语境解读 [J]. 中国法学 ,2013(4):15-26.

以人为本，就是要把人的全面提升放在最重要的位置。在这一根本目标下，各项法律价值形成一个有机的整体：知识创新自由的价值观是人全面成长的前提，知识市场秩序的价值观是人全面成长的保障，知识生产者人格平等的价值观是人全面成长的基础，是否有利于人的全面成长是知识分享公正价值观的关键评价标准。人本主义的价值观在知识产权制度设计中，具体化为保护私人权利和推动知识传播的二元立法原则，表现出创作者、传播者和使用者构成的多元权利结构。

以人为本，首要的是坚守权利本位，维护创作者的尊严、权利和自由，以促进个人能力的完全释放和个性的自由成长。其次是实施适当的权利限制，确保社会公众能够获取和使用知识产品，即在个人全面成长的同时，促进他人和社会的共同发展。

数字知识成果的价值归根到底是由人来决定的。从法律上看，数字知识产权所有人对财产享有占有、使用、收益和处分的完整权利。人与人在这4个方面都存在差异，就形成了动态比较的优势。这是个人、企业和国家之间进行产权互动和交易的主要原因，数字产权的价值是在社会经济系统中动态演化显现的。

为了推动知识产权制度在公平和合理的方向上发展，必须坚持以人为本的价值观念。首先，应当促进不同市场参与者在创新上的共同进步，避免通过技术手段将知识产权变成限制竞争和追求商业利益的手段。其次，应当重视对传统知识的培育，这些知识可以作为现代知识产权保护的补充，为人类社会的持续发展提供历史文化支撑。

## 二、鼓励创新

法律经济学为我们理解和评估知识产权制度的角色提供了全新的视角。该领域的核心理念是追求效率。通过分析发现，法律不仅应当维护社会公正，还应当促进资源的有效分配和社会财富的增长。在某种层面上，所有的法律争议都可以视为经济关系的表现和需求，法律本身也遵循着经济的基本法则和准则。知识产权的创造者、传播者和使用者权利的逐步形成与优化，反映了立法者在平衡各方利益、分配知识资源和进行适当权利配置方面的努力[1]。

知识产权体系根植于工业 1.0 时代的机械文明，其框架在工业 2.0 电气化时期得到进一步的巩固，尽管后续有所调整，但其核心设计依然基于有形实体或其设计的有形产物，相关的创新成果往往伴随着明显的生命周期，并享有相对稳定的经济回报周期。在实施方面，这一体系主要针对的是一些大规模的、直接的、经营者主导的复制行为，这些行为通常与特定的实施者、地理位置密切相关。

然而，数字经济的核心技术，在存在形式、运作机制及发展进程上，与传统的知识产权框架有显著的不同。例如，数字技术这一数字经济的核心在生成、处理、存储和交流的过程中呈现无形的特征，并且不受地域限制。此外，这些技术还拥有自我演进、自主协作甚至自我革新的潜能。

在数字经济的大背景下，知识产权的保护面临两个主要挑战。**一是需要明确在当前经济环境中，何种知识产权保护措施能够真正促进经济增长。**以数字经济中极具代表性的"互联网 + 服务业"为例，技术创新，尤其是商业模式的创新，正逐渐成为专利转化的核心。然而，如何将这类创新精确地表述为商业模式专利，仍是一个待解的难题。例如，大数据和人工智能算法在环境监测和决策支持等方面可能具有专利性；然而，基于企业或环境信息，通过人工智能算法进行企业信用评估的技术可能并不构成专利。鉴于《专利法》的保护较为严格，这类创新亟须更为强有力的知识产权保护，既有助于创新驱动发展，又能激发更多的参与者。**二是应思考现有的知识产权制度在实际应用中还有多大的调整空间。**随着社交化、国际化和移动化的趋势，数字化作品的复制、传播和利用等行为变得更加复杂，新的平台和工具提供了

---

1　吴汉东 . 知识产权法价值的中国语境解读 [J]. 中国法学 ,2013(4):15-26.

更隐蔽、更复杂、更广泛的侵权手段。这使原有的监管体系难以有效运作，对现有制度的执行提出了新的挑战。

在数字经济领域，为了最大限度地发挥制度优势，不仅要利用知识产权作为保护工具，还要对现行的保护条例进行适当的调整。随着数字经济对经济增长贡献率的显著提升，以及网络和人工智能技术的飞速发展，知识产权制度正面临深刻的变革压力。尽管知识产权制度发挥其关键作用，但如果不能针对数字经济的创新特点进行足够的适应或必要的改革，提供与创新活动相匹配或更具前瞻性的激励机制，该体系在数字经济框架下的效用可能会降低。展望未来，进一步强化知识产权制度在全社会创新动力中的引领作用显得尤为重要。

### 三、利益平衡

加强知识产权保护与我国当前产业发展的需求是契合的，同时也是国际技术交流合作的法治桥梁。然而，需要注意的是，知识产权保护并非越标准化、越严格越好，应与我国的经济社会发展水平相适应。在产业转型升级的大背景下，随着我国本土技术密集型产业的迅猛发展，市场领先者和追随者之间的竞争将更为激烈，滥用知识产权以排斥或限制竞争的行为也日益增多。因此，规制知识产权的滥用行为、推动公平竞争应成为我国知识产权管理的新趋势。

20 世纪 60 年代，随着工业化进程的推进，部分发展中国家逐渐意识到，过度的知识产权保护可能会对它们的科技进步和经济发展带来不利影响。由于先进技术主要被发达国家的知识产权持有者控制，这些发展中国家即使在国际知识产权保护的义务得以履行之后，依然难以获得相应的收益，例如技术转移、技术培训和投资等。TRIPS 协定在拓展高技术领域的保护范围时，却对生物多样性和传统知识、民族民间文学艺术、遗传资源等保护问题视而不见。发展中国家坐拥丰富的基因资源和文化遗产，但这些领域并未被 TRIPS 协定覆盖。

尽管发展中国家在谈判中处于劣势地位，它们的谈判立场和不懈努力仍在保护知识产权与维护自身利益之间为 TRIPS 协定保持了平衡。1990 年 5 月，在联合国贸易与发展会议的协助下，14 个发展中国家提出了 Talloires 谈判文本。该文本为 TRIPS 协定最终文本的第 7、第 8、第 28、第 29 和第 40 条提供了框架。值得注意的是，发展中国家首次成功让发达国家接受了通过强制许可来控制反竞争行为的立场，这为发展中国家在强制许可的运用上赢得了更大的灵活性 [1]。

法律的不断完善对网络信息传播带来了一定程度的制约，降低了传播效率，并限制了互联网潜能的完全释放。因此在数字经济的背景下，知识产权保护体系应当着力于实现互联网自治生态与知识产权相关法规之间的和谐共融 [2]。

## 四、权利滥用之禁止

知识产权的滥用争议往往源于知识产权法律与反垄断法律的交界区域。专利法与反垄断法在发明保护、市场竞争及商业行为等方面有所重叠，这也为被指控侵犯知识产权的个人或企业提供了法律防御的依据 [3]。当然，这并非对知识产权作为垄断权本质的否定，而是在认可并维护这种权利的前提下，对潜在的滥用行为进行遏制和监管 [4]。学术界通常以反垄断的视角来探讨知识产权滥用的议题，以至于在某种程度上将知识产权滥用视作反垄断问题在知识产权领域的具体体现 [5]。

---

1　刘雪凤.全球知识产权治理研究——以 TRIPS 协定的制定过程为研究视角 [J].中国社会科学院研究生院学报 ,2011(2):71-77.

2　唐林.数字经济下的知识产权战略 [J].互联网经济 ,2020(3):30-33.

3　[美]Martin J.Adelman,Randall R.Rader,Gordon P.Klancnik.美国专利法 [M].郑胜利,刘江彬,译.北京：知识产权出版社 ,2011.

4　王先林.知识产权与反垄断法：知识产权滥用的反垄断问题研究 [M].北京：法律出版社 ,2008.

5　张伟君,张韬略.知识产权与竞争法研究 [M].北京：法律出版社 ,2012.
　郭德忠.专利许可的反垄断规制 [M].北京：知识产权出版社 ,2007.
　吕明瑜.知识产权垄断呼唤反垄断法制度创新——知识经济视角下的分析 [J].中国法学 ,2009(4):16-33.

2008 年，我国颁布了《国家知识产权战略纲要》，明确了加强知识产权保护的重要性，避免了知识产权的滥用。在构建专利体系时，不仅要保护专利持有者的权益，也要兼顾社会公众的利益，以实现二者之间的平衡，这一平衡是知识产权制度构建的核心价值所在[1]。

实际上，除知识产权的"法定权利"外，通过制度或规则形成的一些"制度权利"（例如专利联营）本来是基于合法权益行使的。然而，如果通过扩展"法定权利"来增加更多的"制度权利"（例如强制搭售、延长专利保护期限等），甚至产生"非制度权利"，那就需要我们谨慎行事。因为，限制私权绝对性的传统理念，即禁止滥用权利的原则，同样适用于知识产权领域。

《知识产权强国建设纲要（2021—2035 年）》进一步提出，要完善对知识产权滥用行为进行规制的法律体系，以及与知识产权相关的反垄断、反不正当竞争等立法领域。需要探讨制定知识产权基础性法律的必要性和可行性，并加速对《专利法》《商标法》《著作权法》等法律文件的修改和完善。此外，该纲要还旨在规制商标的恶意注册、非正常的专利申请行为及恶意诉讼，探索对商业秘密、保密商务信息及其源代码的有效保护方法，并加大对侵权假冒行为的惩罚力度，强化民事司法保护，有效实施惩罚性赔偿机制。

在数字时代，知识产权权利人会通过技术保护手段限制消费者的合法权益，例如限定数字产品的使用、修复和借阅，或人为限制数字作品的复制和传播等。这样的做法超出了数字知识产权的法律保护范围，必须根据"权利滥用之禁止原则"进行限制。数字知识产权的保护应当考虑公共利益的因素，例如传播信息、保障人权、保障市场竞争、促进技术进步等因素。数字知识产权保护不能侵犯他人的合法权益，例如，不得滥用知识产权权利进行价格垄断、违反《反垄断法》的规定等。同时，在处理知识产权纠纷案件时，也要判断侵权行为是否存在，以维护各方的合法权益。

---

1　尹新天.中国专利法详解[M].北京：知识产权出版社,2011.

# 第五节　数字知识产权制度架构

## 一、数字知识产权制度架构概述

知识产权在数字经济发展中作为重要议题讨论，意义深远。在数字化治理过程中，数字经济最重要的载体是信息，而这些信息是多种多样的，也包括网络上传播的文字、音乐和短视频等，这些内容都会涉及知识产权，但是载体的无形性和动态的不确定性增加了知识产权保护的难度。

数字经济倡导的原则是要进行共享，那么这种共享的原则和知识产权本身的专有性之间也会发生冲突，即信息自由与知识产权的冲突。另外，数字经济的全球性和知识产权的地域性之间存在冲突，各国知识产权规则之间需要协调。

在数字经济发展的过程中，我国面临国内外双重压力：一方面，国外多重协调机制对我国知识产权治理提出了更高的要求；另一方面，我国产业发展不平衡，对知识产权制度的需求点不同。这需要体系化和制度性解决方案，在保证权利人、实施人和消费者三者利益平衡的基础上，建设立法、执法、司法、产业部门和行业组织等各方参与的协同治理机制。

数字知识产权规范体系总体架构如图 2-1 所示。

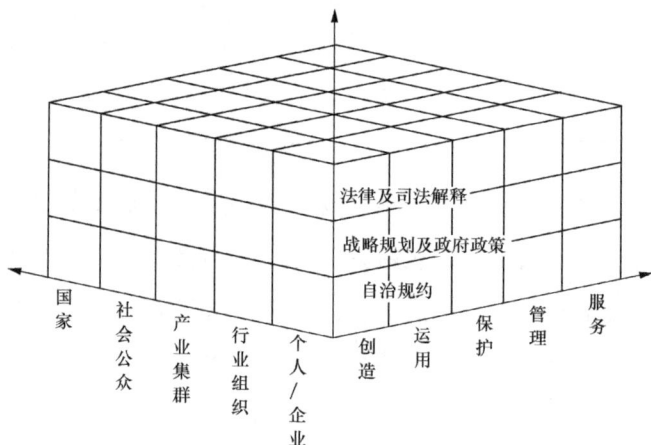

图 2-1　数字知识产权规范体系总体架构

## 二、数字知识产权创造

保护数字知识产品及其权利形态的需求与数字产品的技术特性密切相关。随着新兴领域和业态的知识产权日益凸显，数字知识产品应及时被纳入知识产权保护框架。然而，关于如何利用《反不正当竞争法》《著作权法》《商标法》《专利法》或其他途径进行保护，仍需深入研究。"互联网+"时代，知识产品和创新资源的形态不断变化，这也要求我们不断创新保护手段和保护路径，以适应新业态的发展。

以人工智能生成的作品为例，人工智能及其机器学习软件的快速发展已经改变了作品的生产和分发过程。在非技术背景下，人工智能程序已能独立完成并创作作品，这使人工智能的创作物是否应受版权保护，以及相应的权利归属问题成为待解决的新课题[1]。

## 三、数字知识产权运用

知识产权的自行使用是最普遍的运用方式，特别是在通信、控制、互联网平台等技术领域，企业所形成的知识产权大多与其自身的其他技术具有极强的关联性，其定制化算法公式一般也只能服务于自有的设备或平台。所以，自行使用是最便捷且安全的知识产权运用方式。为发展数字经济，需要激励外部的创新活动，鼓励中小型企业、普通网络用户等创新利益相关者将技术和创意投入研发生产，促进技术成果的市场化[2]。

知识产权许可分为独占许可、排他许可、普通许可和开放许可。许可的方式将促进知识产权的有效运用，提高知识产权的收益能力，降低在知识产权活动中的经济与法律风险。独占许可是被许可人完整获得该知识产权的使用权利，许可人在同意独占许可后则不得随意使用该知识产权；排他许可是许可人和被

---

1　吴汉东.中国应建立以知识产权为导向的公共政策体系 [J]. 中国发展观察,2007(5):4-6.

2　宋河发,沙开清.创新驱动发展与知识产权强国建设的知识产权政策体系研究 [J].知识产权,2016(2):93-98.

许可人均可以自由实施该知识产权，除许可人和被许可人以外的任意第三人无权随意使用该知识产权；普通许可是被许可人只有使用该知识产权的权利，而不能限制许可人多次将该知识产权许可给另外的主体使用；开放许可由专利权人自愿申请，并明确许可使用费的支付方式与标准，即可实施开放许可。

知识产权质押是指知识产权权利人以合法拥有的知识产权中的财产权作为质押标的物出质，经评估作价后向银行等融资机构获取资金，并按期偿还资金本息的一种融资行为。目前，我国已经推出多种知识产权质押融资产品，以满足不同行业、不同规模企业主体的需求。符合条件的数字经济产业相关企业，可以用知识产权质押贷款的方式解决资金周转困难和资金不足的问题。

在数据资产化的过程中，数字知识产权制度应发挥的作用同样不可忽视。数据资产指对市场有价值的无形资产，例如用户数据、知识产权或数据驱动的算法，其资产价值需要被重新挖掘。

2023年8月，财政部印发了《企业数据资源相关会计处理暂行规定》（财会〔2023〕11号），该规定对企业在数据资源会计处理方面提供了具体的适用范围、准则及报告和公示的标准。通过将数据资产纳入会计报表，该政策标志着数据资源正式被视作企业资产进行认定与量化，从而解决了数据资产作为无形资产未被广泛认可及准确计量的问题。为推动数字知识产权的资产化运作，必须构建一套开创性的规则体系，这包括但不限于建立数据知识产权登记平台和开发数据知识产权登记的信息化管理系统。

## 四、数字知识产权管理

长期以来，知识产权体系的构建主要集中在政策和法律层面，而对于知识产权的应用和管理却关注不足。在开放式创新环境中，起关键作用的不是政府，而是知识产权的管理和运营者，他们推动了知识在创新中的实际应用。企业和其他机构作为创新的主体，通过与国家级法律体系的互动，整合各种创新资源，推动知识的共享和应用 [1]。

在数字经济的背景下，知识产权管理的关键在于采取开放的态度和商业化的视角，积极利用知识产权推动创新发展。在传统的封闭式创新体系中，大型企业通常采取防御性的知识产权管理策略，以防止技术知识被竞争对手窃取或利用。这种以知识产权保护为重点的做法，往往忽视了知识产权的商业化应用，导致企业在知识产权管理上的不足，限制了其价值的发挥。知识产权不应仅被视为一种私有的排他权利，它同样可以视为能够为企业商业模式带来额外收益的新资产。在市场经济中，知识产权作为生产要素的角色亟待得到更多的重视。在开放式创新的大环境中，知识产权管理者应从企业的市场战略出发，采取多元化的策略来处理知识产权问题，包括知识产权的许可、公开披露，以及免费共享等，以此来扩展价值网络的总创造价值。企业可以运用知识产权许可、知识产权联盟、知识产权转让及知识产权合作研发等多种战略模式 [2]。

## 五、数字知识产权服务

自中国加入世界贸易组织（World Trade Organization，WTO）后，社会各界对知识产权的认识逐渐加深，国内也逐步建立了一套完善的知识产权支持体系。为了保护知识产权的合法权益，我国设立了专门机构，促进了知识产权服务业市场的蓬勃发展。

互联网数字知识产权保护服务主要针对利用计算机技术和互联网平台创作、发布和传播的数字化成果的权益保护。这种服务补充了传统的知识产权保护，是计算机与互联网技术融合的科技产物。基于电子数据和互联网的数字化知识产权易于复制、方便传输且形式多样，因此在保护方面比传统知识产权更具挑战性。

---

1  马一德 . 创新驱动发展与知识产权战略实施 [J]. 中国法学，2013(4):27-38.

2  胡承浩，金明浩 . 论开放式创新模式下的企业知识产权战略 [J]. 科技与法律，2008(2):49-53.

随着互联网的广泛使用和网络侵权行为的增多，数字知识产权保护服务应运而生。这一服务模式利用数字技术，提供了传统模式无法比拟的时效性和并行处理能力（即同时保护多个作品）。尽管这种服务模式刚刚兴起，产业规模尚小，但随着互联网影视、网络出版物、网络游戏等行业的迅猛发展，以及公众对互联网数字知识产权保护意识的增强，数字知识产权保护服务行业的市场潜力将显著增长。

## 六、数字知识产权保护

知识产权保护作为全球共识，是构建高水平对外开放经济体系的关键要素，同时也是保障我国自主创新的核心技术不受侵害的基本条件。高质量的知识产权保护是促进高质量发展的基石，需要在经济结构转型和升级过程中，不断地进行调整和优化，以更高的保护标准推动我国持续成为全球商业环境中开放水平高和创新动力强的标杆。

在数字经济日益壮大、新技术和新业态不断涌现的背景下，知识产权侵权行为呈现出新的特征，例如智能化、复杂化和高科技化，这要求知识产权法治化进程必须跟上科技发展的步伐。观察我国数字经济核心产业的知识产权现状，可以发现其虽然数量众多，但质量参差不齐，缺乏高质量的知识产权和高价值的关键核心技术专利。在执法层面，知识产权领域仍然面临侵权事件频发和维权难的问题，因此，在建立完善的知识产权制度体系之后，更应重视强化制度的执行力度。

因此，制定与数字知识产权保护相关的法律法规，建立完善的数字知识产权保护机制是至关重要的，包括知识产权保护的技术手段和法律手段，拓宽数字知识产权的维权渠道，建立快速、准确识别侵权行为的机制，健全数字知识产权纠纷化解机制，及时充分保护数字知识产权权利人的合法权益。

# 本章小结

知识产权制度是促进创新的重要机制。我国在 1982 年颁布了《商标法》、1984 年颁布了《专利法》、1990 年颁布了《著作权法》，逐步构建起具有中国特色的知识产权框架。随着 20 世纪 90 年代我国提出建设社会主义市场经济体制的目标，知识产权法律体系得到进一步完善，颁布了《中华人民共和国知识产权海关保护条例》（以下简称"《知识产权海关保护条例》"）和《中华人民共和国植物新品种保护条例》（以下简称"《植物新品种保护条例》"），并对《专利法》和《商标法》进行了修正，同时在《中华人民共和国刑法》（以下简称"《刑法》"）中增设了关于侵犯知识产权的专章。自 2000 年加入 WTO 以后，我国不断更新《专利法》《商标法》和《著作权法》，并制定了《集成电路布图设计保护条例》和《奥林匹克标志保护条例》等行政规章。这使我国的知识产权体系既能适应国内经济发展需求，又能与国际规则接轨，形成了全面、系统的法律体系[1]。

不管是数字产业化还是产业数字化，都会遇到相关的知识产权问题，例如，数据权利归属、人工智能生产物如何保护、人工智能算法主题的一些专利适格性、平台知识产权责任权属，以及在数字产业和原来传统产业之间融合过程中出现的知识产权问题，例如，物联网、车联网的标准专利问题引发的诉讼比较多。如何规制这些问题是目前知识产权治理中迫切需要解决的。

在当前全球范围内，科技创新和产业变革正呈现势不可挡的态势，同时我国经济的发展模式亦在经历深刻变革。在这样一个开放式的创新环境中，构建一套适应新形势的知识产权体系显得尤为重要，它将为科技进步提供坚实的制度保障。

观察目前的发展趋势，互联网技术的不断进步促使各个行业的生产要素进行深度整合，尤其是消费互联网正在逐步向产业互联网转型升级，这一过程对经济

---

1　唐林.数字经济下的知识产权战略 [J].互联网经济,2020(3):30-33.

发展产生了深远且持久的影响。

数字经济的根本在于数字技术的创新，其核心命题是数字技术与实体经济之间的深度融合。知识产权的基本宗旨在于激发创新活力、确保权利保护、强化治理结构以及推进价值实现。随着数字经济的飞速发展，无论是数字产业化的持续推进，还是产业数字化的不断深入，都将催生众多基于数字技术与产业相结合的数字知识产权。对此，数字知识产权的保护工作亟须提高效率及确保公平竞争，同时，数字经济领域的创新成果亟待一个公正的市场环境，并且必须建立健全的数字知识产权制度创新与保护机制。为了适应数字经济发展的需求，知识产权规则的构建既要考虑传统规则设立的价值取向，又要通过激发相容性来促使多方主体积极参与，推动行业兴盛和国家竞争力的提高，促进经济社会的可持续发展。

# 第三章

# 数据要素与知识产权制度变革

## 第一节 数据要素市场建设对知识产权制度的需求

### 一、数据要素的流动性与确权

数字经济崛起之际，各国和地区都在探讨如何更好地适应以数据为驱动的经济模式。学者们普遍认为，随着数据的产生和解析过程演进，机器自动生成的数据已经成为社会创新的"助推器"。然而，与个人数据的法律保护相比，机器生成数据的法律保护问题更加错综复杂。尽管在欧美等数据市场上已经制定了针对个人数据和特定部门数据的相关流通和使用规定，但关于机器生成数据的共享、流通与使用尚存在来自包括法律条款、数据安全技术的不足以及经济成本等方面的限制。因此，保障数据安全、合法、高效地访问与传输，对于促进数字经济的发展至关重要。

数据产业链涉及多个主体，原始数据来源于用户个人的线上活动，但只有经过企业的收集、加工和分析等劳动过程，零散的原始数据才能转变为有实际效用的数据集。在此过程中，数据资源具有非排他性和可再生性，可以无限复制给多个主体，也可以在同一时间的不同地点使用。这些主体使用这部分数据资源不仅不会减损数据本身的价值，还能够从对数据的利用中挖掘更多的价值。因此，数据产权并不能像传统要素的产权一样，产权主体对其所有物享有包含所有权、使用权、收益权和处置权等权利。产权主体是原始数据提供者、数据要素生产者，还是数据要素使用者？如何基于数据产权多元主体的现状创新权利与义务的法律体系？这些是数据产权制度设计的重要问题。

在数字时代，数据创造的价值与对生产效率的提升已经渗透数字生活的全过程，应用场景十分丰富。政府主管部门能够借助大数据制定相关的政策，而相关服务企业则可以借助数据挖掘消费者的偏好，进而制定符合其发展需求的经营决策。然而，传统的产权界定方式很难清晰地识别数据在不同场景中做出的贡献并追踪其主体，应根据其应用的方式、创造的价值和收益等来配置相应的权利。

## 二、创设数据知识产权的意义

将数字化的知识和信息传输交易视为生产要素投入的一部分，尽管它们看似独立存在，但最终目的都是提高传统经济活动的效率和产出。这些服务不仅包括知识的传播、应用和交易，还包括信息的传播、应用和交易。知识的传播直接促进生产效率提升，而信息的传播则会影响产业和市场的组织形式及战略布局[1]。

数字经济涵盖了围绕数据这一关键生产要素展开的各种经济活动，包括生产、流通和消费。探索和完善数据产权保护制度对培育我国的数据要素市场、激发资源价值至关重要。只有完善数据产业链中各劳动主体的权益配置和利益分配，形成按市场评价贡献、按贡献获得报酬的机制，才能让数据资源从零散走向集中、从封闭走向开放，实现数据的高效流动与有序交易，发

---

1 邢小强，汤新慧，王珏，张竹.数字平台履责与共享价值创造——基于字节跳动扶贫的案例研究 [J].
管理世界 ,2021,37(12):152-176.

挥我国海量数据的规模优势，为数字经济的发展释放资源价值。

数据要素不同于传统生产要素，在产权保护制度建设方面有多个挑战。作为在虚拟空间运作的新型要素，数据市场的价值创造过程具有极大的不确定性和变动性。因此，不能完全按照传统生产要素的产权化逻辑建设涵盖产权认定、转让、使用和保护等具体规则的数据产权制度。

### 三、数据知识产权保护内在逻辑构建

数据的价值会随着数据分析的质量、应用的场景不同而发生变化。例如，手机导航系统应用的移动位置数据即时共享的过程，不但能迅速实现数据产权的交易和交割，而且在数据应用的过程中还不断变换着共享数据要素的产权内涵。数据要素在被使用的过程中还会产生新的数据，而且新旧数据会瞬间融为一体，让数据要素的传统产权边界随时发生变化。

数据本身是无形的，需存储在一定的介质里，例如，以二进制代码的形式存储在计算机终端、云服务器或者硬盘、纸质档案等介质中，且其传输通常是通过数字手段进行的。因此，数据比较容易被他人窃取或以其他未经授权的方式获取，不以存储数据的介质（例如硬盘）的取得或转让为前提。以上这些情况都有可能给数据产权保护带来比较大的挑战。

当前，数据要素发展存在一些问题，数据要素资产化地位的确立尚有难度，数据要素权益保护制度有待健全，数据无形资产的确权难题依然未解，数据流通追溯及监管困难重重，以及面临数据安全和隐私保护等挑战。为了更好地解决这些问题，应加大对知识产权的保护力度，加强对数据无形资产的保护，推进数据要素的市场化配置，提升数据要素的资源价值，以及发展新型要素形态和模式等。同时，也要运用知识产权推进和实施创新发展战略，鼓励种类丰富的数据内容创新，提升数据要素的创新能力；引导形式多样的数据载体创新，提高数据要素的创新手段；倡导个性多元化的数据应用创新，提升数据要素的创新水平。

# 第二节　数据知识产权制度设计原则

## 一、灵活性与差异性

数据知识产权制度在设计和执行过程中应具备一定的灵活性和差异性。数据知识产权制度建设是一个复杂的系统工程，既需要明确数据主体，又需要明确在不同场景中知识产权的权利内容和权益保障，更需要在数据要素市场不断发展的过程中逐步予以明晰界定。可通过支持部分地区和产业先行先试，在试行过程中应注重对不同发展程度的产业业态实行差异化的产权保护措施。对于已经标准化的数据产品，可以尝试采用公证等产权制度；而对于未发展成熟的产业，应注重通过调节经济利益分配的商业手段来维护数据产权，而不是通过设置市场准入门槛的方式，禁止具有创新性但业态相对不成熟的数据产品进入市场。只有逐步打造合理的、市场化的数据知识产权制度，实现数据要素权益的合理再分配，避免监管过严、保护过度增加产业的外部成本导致数据资源的流动性被抑制，才能在错综复杂的市场关系中构建多层级、多场景下的多元化数据产权制度体系，为实现数字产业的发展壮大打好基础。

有关保护创新性技术知识产权方面的分析显示，尽管从事大数据算法的企业可以选择以商业秘密的形式保护其核心技术，但考虑到商业秘密保护的安全性及其他企业开发相同技术的可能性，选择通过专利授权确权的形式进行大数据算法相关技术保护仍然是可选的方式之一。

就保护创新内容知识产权而言，衍生的数字作品若在文学、艺术和科学领域内具有独创性，并能以一定的形式表现智力成果，则可被视为《著作权法》下的演绎作品而受到保护。在这种情况下，重点在于获得原始权利人的授权。然而，对于数字作品在平台上的交易，应视为仅涉及作品所有权的转移。除非明确约定了著作权的转让或许可，否则著作权不会转移。

## 二、技术便捷与数据安全

数据知识产权保护应兼顾安全与发展。数据资源被称为数字时代的"石油"，石油驱动了工业化时代的变革，数据将驱动数字时代的经济运行。数据作为生产要素与其他生产要素最大的不同是，数据具有可复制性、非稀缺性、非均质性和非排他性等特征。但同时，数据不是单纯的商品，而是与每个人的生活便利、整个社会的生产发展、市场秩序的维护，以及国家主权和安全都息息相关。因此，无论如何配置数据权益，将数据产权分配给哪些主体，前提是保护数据安全，特别是当数据涉及公共安全和国家安全时。

保护数据处理者和价值创造者的权益对激发市场活力、促进经济发展是至关重要的。无论是数据的提供者、加工者还是利用者，都应根据各自在劳动和价值创造过程中的贡献来分配权益和报酬。一方面，需要确保个人隐私安全和公共利益不受损害，避免因挖掘数据资源的商业价值而侵犯他人的合法权益；另一方面，对于已经进行了个人信息脱敏处理且经过分类和分级后开放的数据资源，为了保证数据的安全和有效利用，必须充分尊重数据搜集者、加工者和应用者企业的权益和利益。

《数据安全法》对数据安全进行了定义，"数据安全，是指通过采取必要措施，确保数据处于有效保护和合法利用的状态，以及具备保障持续安全状态的能力"。该定义有3层含义：一是必须采取各项措施，涵盖技术、管理和法律等方面，以确保数据在生产、存储、传输、访问、使用、销毁和公开等全过程中的安全；二是确保数据既受到有效保护又合法利用，强调了确保数据"有效保护"和"合法利用"并重；三是具备保障持续安全状态的能力，不仅需要强化数据安全的观念，增强数据安全的法律意识，更需要建设可持续的数据安全能力。

# 第三节　数据知识产权制度体系设计

## 一、健全数据知识产权法律法规体系

将数据权益纳入知识产权保护的范畴，建立相对完善的数据知识产权制度，为数据要素市场的发展创造价值。

这个问题需要从多种角度审视，加速制定针对数据知识产权保护的专项法律条例，规定如何去划定数据知识产权的分类及其受保护的界限、如何对数据知识产权进行估价、如何处理请求注册的数据知识产权与其所有者之间的关系、如何确保数据知识产权所有者的权益不受侵犯、如何赔偿数据知识产权所有者因此遭受的经济损失等内容。

在建立和优化数据知识产权相关法律法规的过程中，不但要确保原知识产权所有者的权利得到足够保护，还需要关注科技进步所带来的需求，以便在大数据时代提供给知识产权衍生产品更多的发展机会。例如，需要对现有《著作权法》的保护体系进行深化和完善。众所周知，网络大数据的一个主要特点是含有大量的数据信息，可以考虑将大数据信息纳入《著作权法》保护的范畴。对于数据的分析、存储及相关成果，可以考虑应用著作权的保护模式，并针对数据在各个阶段的流程，制定相应的保护策略。与此同时，还要运用好《专利法》《著作权法》《商标法》保护其他环节。

在数据的收集、存储、使用、加工、传输、提供和公开过程中形成的技术方案、方法和模型，以及对自己经济价值较高的数据申请版权、专利和注册商标等数据知识产权，同样可以通过完善《专利法》《著作权法》《商标法》的相应规范，参照其进行调整、规范和保护。然而，数据作为生产要素所形成的知识产权与传统知识产权最大的不同在于，数据元素具备"非竞争性"的属性，意味着数据的生成是无止境的。特别是数据元素的可无限复制性，使其边际成本几乎为零，基本上解决了稀缺性生产要素的限制问题。

数据知识产权的确立对于数据要素的流通交易、收益分配和安全治理是至关重要的。同时，应当关注数据资产的提供，一般而言，我们遵守"原始数据不离开领域、数据可以使用但无法查看"的原则，以模型、软件、审查等形式的知识产品或服务向公众提供。

2022 年，《国家知识产权局办公室关于确定数据知识产权工作试点地方的通知》（下文简称为"《通知》"）发布。这份《通知》选定了北京、上海、江苏、浙江、福建、山东、广东和深圳作为首批进行数据知识产权工作的试点地区，各个试点地区的知识产权管理部门必须完全落实数据知识产权试点项目的主要责任，并努力在立法、存证登记等方面获得可复制、可推广的实践经验，为后续数据知识产权制度的设计提供实践基础。在国家知识产权局的推动下，数据知识产权登记平台已经上线，目前已经向经营实体发放了超过 2000 份的数据知识产权登记证书。

以数字经济走在全国前列的浙江省为例，浙江省出台了《浙江省知识产权保护和促进条例》，明确规定："省知识产权主管部门应当会同省有关部门依法对经过一定算法加工、具有实用价值和智力成果属性的数据进行保护，探索建立数据相关知识产权保护和运用制度。"2023 年 5 月 31 日，《浙江省数据知识产权登记办法（试行）》出台，对数据知识产权登记的主体、客体、原则、程序、登记证书效力及部门职责等做出全面规范，是全国首个数据知识产权领域的规范性文件，也是浙江省构建数据基础制度的一项重大制度创新，主要有以下 5 个方面的功能特征。一是明晰权属。通过登记前存证、登记中公示、登记后撤销，明晰数据权益的归属。二是激励创新。通过明确登记证书的效力，促进数据使用价值的复用与充分利用，激发数据处理者创新、创业、创造。三是释放价值。通过登记信息公告、平台打通和金融创新，降低数据运用的制度成本，促进数据使用权交换和市场化流通。四是构建生态。通过区块链、电子签名、时间戳等可信技术运用和数据核验，有利于打造数据来源可确认、使用范围可界定、流通过程可追溯、安全风险可防范的可信数字生态。五是系统治理。通过强化多部门的协同联动，全面规范数据登记和使用行为，形成政府、企业和行业多元参与的数据要素治理体系。

## 二、加大数据知识产权侵权处罚力度

随着信息技术的发展，数据已经成为生产的关键要素。知识产权法在保护数据方面也扮演着重要的角色。然而，在实际操作中，知识产权侵权行为仍然频繁发生，这对创新和发展造成极大的威胁。因此，有必要加大对数据知识产权侵权处罚的力度，这不仅可以有效地减少侵权行为的发生，还可以更好地保护知识产权的创新和公平竞争。

数字经济背景下的知识产权侵权形式，涵盖数据、算法、云服务技术和物联网技术等领域。目前，数据知识产权侵权尚没有法律规定，在一些数据侵权案例中，大多数法院适用《反不正当竞争法》的相关规定认定数据知识产权。例如，在深圳市蜀黍科技有限公司诉深圳市有影传媒有限公司等数据权益纠纷案中，法院的裁判认定：企业数据权益并不是法定权利，请求保护数据利益必须符合数据属性合法、采集方式合法、获利方式合法，以及符合公认的商业道德、行业惯例等最低限度的要求。

制定数据知识产权侵权处罚制度需要重点考虑以下两个方面：一方面，要明确数据知识产权侵权行为的范围，明确界定哪些行为属于数据知识产权侵权，包括但不限于收集、存储、使用、加工、传输、提供和公开等；另一方面，针对数据侵权的范围和程度，应制定适当的惩处办法。这些措施除了罚款，还应包括命令暂停相关业务、停止业务进行整顿、撤销相关业务许可证或者撤销营业许可证，以及对直接负责的主管人员和其他直接责任人员的罚款等。同时，对于重复侵权的行为，可以认定为是"情节严重"的行为，应从严从重处罚，例如没收违法所得，并处上一年度营业额一定比例的罚款等。

# 本章小结

数据资源是数字经济的关键要素，也是数字经济深化发展的核心引擎。在知识产权领域，数据资源得到持续关注，《知识产权强国建设纲要（2021—2035年）》《"十四五"国家知识产权保护和运用规划》都提出了构建数据产权保护规则的部署，要求执行数据知识产权保护的项目，并深化相关的理论和实践研究。

数据要素是数字经济的生产要素，数据要成为数字资产必须依法确权，只有在其资产地位得到产权界定的前提下，才能不断激励高水平的创新。

数据知识产权制度体系设计及运行是一个系统工程，包括健全数据知识产权法律法规、完善数据知识产权行政执法机制和加大数据知识产权侵权处罚的力度。

# 第四章

# 元宇宙语境下的知识产权问题

## 第一节　元宇宙与知识产权的关联

元宇宙是一种融合多种新技术生成的新兴的虚拟与现实交融的互联网应用和社会形态。它基于扩展现实技术提供了深度沉浸的体验，利用数字孪生技术产生现实世界的倒影，且依托区块链技术建立经济体系。该体系不仅将虚实世界在经济系统、社交系统和身份系统上深度融合，还允许所有用户产生并编辑内容。

元宇宙跨越物理世界和虚拟世界，是一个独立运作的社会系统。元宇宙采取"去中心化"的形式，不是单一的封闭宇宙，而是由无数个虚拟世界和数字内容组成，形成一个不断碰撞、扩展的数字宇宙。虚拟身份和数字资产在元宇宙中的流转性比现实物理世界要强得多。

目前，元宇宙更多代表技术的发展方向，而非以定义的方式对技术限制框架。该方向的最终目的在于使用户更好地获得沉浸式体验。元宇宙允许每个人生产与编辑内容，元宇宙的所有事件都是实时发生的，并且具有永久的影响力。这并非元宇宙阶段才出现的特性。我们上传至各网站的音频、视频、在微博、朋友圈发送的内容都实时影响着整个互联网。

由此，可以提炼出元宇宙的核心要素，包括人工智能、VR、AR、混合现实（Mixed Reality，MR）、区块链等技术要素，以及身份认证、朋友互动、沉浸式体验、低时延、多元化、经济系统及文明等内在演变的元素。这些核心要素是众多元宇宙问题的起源，而元宇宙中的知识产权问题也正围绕着上述要素从底层逻辑和内部衍生两个层面不断产生。

## 第二节　元宇宙相关知识产权问题的挑战与革新

### 一、元宇宙与著作权

从元宇宙开发者的角度而言，构建虚拟现实世界场景是提供用户体验的基础。当前阶段的开发者为提高场景体验感真实度，一般会将现实世界元素的映像置入元宇宙场景，包括山川河流等自然风景，建筑、道路等基础设施，以及作品等创作物，而这些元素的引入往往容易引发著作权纠纷。因为作品不仅包括文字作品，还包括美术作品、建筑作品，以及图形作品和模型作品等，元宇宙开发者将现实世界中的作品引入虚拟世界，以提高用户体验感的行为具有一定的法律风险。

从用户的角度而言，元宇宙的著作权问题与其在元宇宙中的行为是密切相关的。与一般游戏不同的是，用户可以在虚拟现实世界中利用元宇宙开发者提供的各项工具创作作品，元宇宙中此类行为的性质更接近创作而非游戏体验，此时，用户作品的性质应如何界定、权利又该如何归属，尚未有定论。除了狭义的著作权，邻接权的认定和保护也可能会产生争议。例如，用户在元宇宙中用虚拟形象表演作品，是否享有表演者权？若有其他用户录制了该表演并存储在元宇宙中，则该录制行为的本质是等同于现实世界的录制行为，还是界定为单纯的代码复制？

元宇宙中的场景是否具有可版权性也值得探讨。初级元宇宙中的背景画面一般来自开发者，但拥有高度自主性的用户可以凭借自身的偏好不断地增加或删减画面中的构成要素，那么由此形成的新画面是否具有可版权性？若其具有可版权性，则权利应当如何归属？与此同时，用户或开发者在元宇宙中拍摄、截取相关画面是否涉嫌侵犯著作权也待商榷。

此外，元宇宙中大量用户生成物的著作权应如何归属？例如，非同质化通证（Non-Fungible Token，NFT）将图片、视频或者音乐等内容转变为数字资产，其制作、流转及使用等都有可能引发著作权纠纷；元宇宙中对著作权的限制是否增加法定许可和合理使用的情形，例如，引入部分现实作品是否构成合理使用、元宇宙中的著作权侵权行为和现实世界的处罚措施和标准是否一致、平台在元宇宙著作权保护中又充当何种角色等，都将是元宇宙发展过程中可能遇到的著作权难题。

## 二、元宇宙与专利权

元宇宙底层逻辑包含大量的技术要素，包括 5G、人工智能、云计算、区块链及相关的基础设施等，此类新技术的发展和应用给知识产权尤其是专利权保护带来了挑战。5G 技术中的标准必要专利纠纷，人工智能、云计算相关的专利授权，以及 VR、AR 基础设施的专利技术侵权等问题，在相当程度上考验着先行专利理论的现实性和制度设计的合理性。

以通过计算机算法实现特定功能的人工智能、云计算技术为例，如何使计算机软件符合《专利审查指南》所要求的"利用自然规律、解决具体技术问题"一直困扰着众多开发者，而人工智能生成的"发明""外观设计"等能否申请专利，引发了监管部门、产业和学术界的高度关注。元宇宙中的每一项新技术都有可能引发争论，而这些与底层逻辑紧密相关的技术是否受到知识产权法律制度的保护和规制，又在一定程度上影响着元宇宙的构建和稳定发展。

元宇宙中基础设施的开发者需要关注《专利法》对计算机技术等对象的

特殊规定，避免其陷入不予保护的不利局面。总之，妥善应对元宇宙基础技术相关的专利保护困境，及时制定和完善知识产权法律制度是保障元宇宙行业稳步发展的重要环节。

除了元宇宙底层逻辑相关的专利权问题，元宇宙内部衍生过程中也可能存在专利纠纷，而此类纠纷的焦点在于：元宇宙内部衍生过程中是否引入专利法律制度。众所周知，发明的核心要素之一是正确地利用自然规律，而元宇宙中是否存在或可能被赋予自然规律却是存疑的，随之而来的问题就是用户在元宇宙中创造出新的技术方案解决元宇宙中的技术难题能否被认定为是"发明"；对于实用新型的描述，一般是指采用工业化方式制造，具有固定的形状、设计并占据特定空间的物体。那么，是否可以认为元宇宙中的"实用新型"占据了元宇宙中的一定空间而被授予实用新型专利？此外，联系元宇宙与现实世界，不难产生这样的疑问：用户利用元宇宙模拟现实世界自然规律的创造发明或实用新型能否被授予专利；元宇宙中的"发明"和"实用新型"若能够被授予专利，则该项专利的权利保护场景是局限于元宇宙中，还是现实世界也予以认可，其权利归属又该如何确定，以及利用 VR、AR 设备在元宇宙中虚拟生产各类现实专利产品为个体提供使用体验的行为是否构成专利侵权，即在元宇宙中虚拟生产侵犯专利权的产品是否要承担侵权责任等。

### 三、元宇宙与商标权

元宇宙与商标权相关的法律问题，主要是将现实世界的商标引入虚拟世界，在虚拟世界生产贴标产品或利用该商标的外观打造场景是否构成商标侵权。

判断和解决虚拟现实世界的商标权纠纷仍应围绕商标保护的核心目的展开。元宇宙和虚拟游戏具有本质的区别，元宇宙的虚拟现实本质决定了生产贴标产品的目的不是单纯地提高游戏体验，而是将其界定为"生产行为"，与现实世界中的生产行为相对应。事实上，元宇宙中的商标侵权人觊觎了该商标上承载来源于物理世界的已有商誉和信赖利益，混淆了元宇宙用户对商品的判断，应认定为这是商标侵权行为，现实世界中商标权人的权益应延伸到元宇宙中。

元宇宙与商标权相关的问题还包括：商标注册，即元宇宙中产生的"商标"能否获得注册；权利保护，即获得注册商标后，其权利保护场景是局限于元宇宙中，还是现实世界也予以认可，以及元宇宙中的"商标"是否会因为不在现实世界中实际生产使用而被宣告无效等。思考上述问题应回归到商标的功能，据此考虑元宇宙中"商品"的本质是虚拟产品还是与现实世界构成联系的产品，以及现实中的商标权人不在元宇宙中生产（开发）任何商品，则其商标在元宇宙中是否有被保护的必要（除本身属于虚拟产品开发公司以及驰名商标外）等。

## 四、元宇宙与商业秘密

信息化时代的商业秘密作为一种重要资源，受到越来越多人的关注，并成为企业获取竞争优势的核心资源。数据显示，我国 61.83% 的企业偏向于用商业秘密的形式来保护自己的技术信息，这一比例已超过著作权和专利权 [1]。

元宇宙时代的来临无疑给商业秘密的保护带来史无前例的挑战。以商业秘密的保密性为例，基于互联网技术的元宇宙很难像现实世界一般建立起物理层面的保护屏障，随时面临着商业秘密被窃取的风险。

可以预见，当前阶段元宇宙中的商业秘密比现实世界可能受到的侵权风险要大。此外，商业秘密的保密性要求权利人采取合理的保护措施，而如何界定元宇宙中"合理保护措施"势必也将成为认定商业秘密的难点之一。

---

1 　王先林 . 竞争法学 [M]. 北京：中国人民大学出版社 ,2018.

# 第三节　元宇宙相关知识产权法律制度的完善

## 一、元宇宙与知识产权地域性

知识产权由法律赋予并受到保护，所以它具有地域性的根本原因是它具备法律确认的权利，同时也是公共政策的产物，其权利内容与各国的发展程度、法律政策等息息相关。元宇宙的兴起必然会对地域界限产生颠覆性的影响，因此，对于在元宇宙环境下是否能保持地域性，甚至在这种环境下地域性是否有存在的必要，都是值得深思的问题。笔者认为，除非有可靠的技术能够准确界定元宇宙中的不同地域及认定行为发生的节点，否则知识产权的地域性将难以在元宇宙中存在，各国应达成新的协议或构建新的知识产权规则。

事实上，无论是开发者或用户，元宇宙中的知识产权问题之所以区别于普通游戏是因为其具有特殊性，元宇宙构建了一个以现实为蓝本的全新虚拟现实世界，这个全新的环境并非孤立、分离的，而是与现实世界有所联系的，尽管它们并非完全一致。元宇宙中的用户行为本质不是参与游戏，而是生活，是将现实世界中的规则在虚拟世界中重现。因此，对于知识产权法律制度而言，不仅要应对上述新问题的产生，更需要考虑其基本原则是否会因场景、表达形式的不同而发生变革。

## 二、元宇宙数据安全与知识产权

元宇宙中的知识产权保护主要依托数据，因此数据安全无疑成为元宇宙相关法律制度完善的重要考量因素。作为一种虚拟实境，元宇宙需要积累大量的用户相关信息，例如身份数据、生理反应、行为趋势、社交联系、人际交流及财产资源等，并对其进行深度分析与使用。然而，其中有很多隐私数据在现实生活中并未被记录，这些信息在元宇宙中可能会面临泄露的风险。

如何规制元宇宙中的数据存储和利用，如何避免个人信息等数据被侵权，以及如何确定侵权者并追究侵权责任等已成为相关法律制度完善的核心前提。对于知识产权保护而言，如何确保元宇宙中数字作品、专利及商标等的数据安全是知识产权法律制度完善的重要议题之一。

## 本章小结

随着现代科学技术的不断发展，知识产权法律制度成为鼓励创新、保障合法权益的利器，但也同时遭受着来自新技术的各类挑战。

毋庸置疑，元宇宙的构建和发展既是对知识产权法律制度的一次重大考验，也是其变革和完善的契机。面对元宇宙发展过程中形形色色的新事物、新场景，知识产权法律制度表现出的包容力和转变态度不仅影响着法律制度本身的健全，更决定着元宇宙的发展命运。

无论当下对元宇宙的发展前景有怎样的顾虑，法律制度本身都不应受其影响，而是要更多地关注已经产生或未来一段时间可能产生的争议，并不断完善自身的制度和规则。如此，才能从容地应对接踵而至的法律争议和纠纷，为新技术的发展保驾护航。

# 客体类型篇

  本篇主要讨论数字经济背景下各个类型的知识产权当下及未来可能产生的与权利相关的问题。

  数字产业及数字产品未来发展呈上升趋势，数字时代对著作权制度有了新的要求。数字经济催生了数字著作权。数字著作权的外在表现呈多样化趋势，并且还在持续增加，例如网络文字作品、网络图片、数字音乐作品、网络短视频、计算机软件和网络游戏等。数字著作权的权利内容与传统著作权的联系密切，包含了精神性权利的内容和经济性权利的内容。数字著作权也存在特殊问题，例如大数据权属、"避风港"制度、技术保护措施、权利管理信息等问题。在互联网环境下，著作权治理的本质是数字信息传播的知识产权治理，直接关系到著作权的执行效果。

数字技术发展对专利制度产生了较大影响。专利保护的范围扩大，而专利性及专利申请方式也发生了变化，数字技术专利赋权是实质性要件。在云计算、大数据、物联网、工业互联网、区块链和人工智能等领域，数字专利目前均有布局。目前，在数字技术领域，构建专利与标准协同发展的协调机制是非常有必要的。

数字时代商标权地域性的突破，新型商标权客体在互联网环境下诞生。数字世界中的商标、域名与其他标识关系密切，域名与商标权也存在冲突。数字商标侵权的表现形式具有隐秘性特征，隐性商标侵权（例如域名抢注）不可忽视。

数字经济对其他类型的数字知识产权也产生了实质性的影响。集成电路布图设计随着知识产权的完善而不断演化，其中客体类型的更新及知识产权例外，都值得深入探讨。计算机软件的知识产权保护是一直以来的热点话题，在数字经济背景下，应进行知识产权法律方面的讨论。操作系统源代码具有知识产权属性，强制披露源代码，源代码审查与开放创新密切相关。元数据信息上链后，可进行知识产权确权、上链信息可追溯与知识产权维权。大数据与知识产权具有制度亲和性，对大数据应引入知识产权制度加以治理。另外，未公开的数字化信息也有从知识产权角度进行确权、管理与保护的必要性。

## 第五章

# 数字著作权

## 第一节　数字经济催生的数字著作权问题

### 一、数字著作权产生与发展的必然性

《著作权法》是我国为了保护著作权而颁布实施的法律法规，旨在确保各种形式的创作得到充分的法律保护，促进创作者的创作活动并维护其合法权益，其重要性不言而喻。根据该法律规定，著作权和版权是可以互换使用的概念，都代表着作者或被授权人对独创性作品所拥有的权利。这些权利涉及人身权、财产权和邻接权，涵盖了从作品的创作、复制、传播到获取经济收益等方面。

在法律意义上，著作权的客体即作品，它指那些在文学、艺术和科学领域内具有独创性并能以一定形式表现的智力成果。这一范畴涵盖了众多形式的作品，例如文字作品、音乐、戏剧、美术作品、工程设计图、计算机软件等。

特别提到的"数字著作权"则是指在数字形式下创建、编辑、存储和传播的作品所涉及的知识产权权利。随着数字技术的发展，数字著作权的范围也在不断扩大，涵盖了例如电子书、电子杂志、手机出版物等各种数字化出版物和信息资料的知识产权。这些权利的确立与规范，有助于促进数字内容的创作与传播，同时也需要注意保护原创作品的合法权益，以维护数字著作权稳健发展。

随着全球信息化进程的推进，数字出版产业的发展势头强劲，成为数字经济发展的前沿阵地。作品的传播方式也由传统的线下实体传播转变为以网络数字传播手段为主[1]。但由于数字技术的特殊性，当下的网络侵权行为层出不穷，数字著作权保护迫在眉睫。

随着信息技术的飞速发展和互联网的普及，数字出版日益成为一个备受关注的领域。在数字出版领域，著作权保护是至关重要的问题，因为它直接影响作者的创作积极性和作品的合法权益。然而，当前我国关于数字出版的法律体系确实还存在一定的滞后和不足，需要进一步完善和加强相关法规，以适应数字时代的发展需求。在法律框架下，数字著作权作为著作权领域的一个特殊分支，其权利内容与传统著作权有着紧密的联系[2]。根据《著作权法》，著作权包括人身权、财产权，以及与著作权有关的邻接权，例如表演者权、录音录像制作者权、广播组织权等。这些权利内容同样适用于数字著作权，无论是传统作品还是数字化作品，其权利属性都得到了法律的明文规定和保护。

此外，数字著作权的权利内容也与立法宗旨息息相关。WIPO 对数字著作权的定义包括了具有在线操作权的所有权利，这一定义旨在方便创作者进行在线操作并促进数字作品的合法流通。在实际业务中，因为数字著作权的客体是数字作品，交易和使用环境多发生在移动互联网上，所以数字著作权的权利内容中复制权、出版权、发行权、广播权和信息网络传播权等权利成为重点关注对象，这些权利的明晰界定和有效保护对于数字出版业的健康发展是至关重要的。随着技术的不断更新和市场的不断变化，数字著作权的法律保护条款也需要与时俱进，为创作者和出版商提供更好的法律保障，推动

---

1  李爽，王洪斌，王刚 . 新时代我国网络意识形态话语权建构研究 [J]. 湖南社会科学 ,2021(1):57-62.

2  王迁 . 论视听作品的范围及权利归属 [J]. 中外法学 ,2021,33(3):664-683.

数字出版产业的繁荣与创新 [1]。

## 二、健全数字著作权制度的现实意义

知识产权作为智力成果的权利，对于促进创新、推动科技发展和保护创作者的权益起着至关重要的作用。在当今市场经济的背景下，知识产权与物权一样，具有可支配性和可交易性，这使知识产权的流转成为关注的焦点。通过控制知识产权的流转，可以赋予持有者核心竞争力，也可以促进技术成果向实际应用的转化，从而推动经济社会的发展。在知识产权流转的过程中，转让是一种重要的法律行为，它发生在出让方与受让方之间。转让的标的物包括著作权、科技和技术等智力成果，而这些智力成果的转让需要依法合规进行，以确保各方权益得到有效保护和实现。特别是在"互联网+"环境下，智力成果的流转方式变得更加复杂和快速，对知识产权保护政策提出了更高的要求和挑战。

为了保障知识产权的合法权益，国家需要建立健全的知识产权保护政策体系，这不仅需要在法律层面进行明文规定和保护，还需要在实践中不断调整和完善政策，以适应不断变化的市场需求和发展趋势。知识产权保护政策应该与科学教育、对外贸易等相关公共政策体系相配套，形成一个有机整体，以促进智力成果的生产、转让和使用，推动经济创新和社会进步。

在知识产权保护领域，著作权的流转是一项关键工作，涉及各种法律特性和程序。首先，在著作权流转过程中，体现了明显的民事法律关系特点。主体包括出让方（即拥有商标、专利或著作权的权利人）和受让方（即特定相对人）。双方通过达成针对标的成果的一致意思表示来形成法律关系，符合民事法律的行为特点，确保权利转移的合法性和有效性。其次，著作权的转让是一种有偿行为。尽管知识产权属于无形资产，但它具有重要的信息或实

---

1 姚志伟,咏絮.论信息网络传播权的权利限制——以销售者的利益保护为中心 [J].电子知识产权,2020(12):4-16.

用价值，因此在转让过程中通常会伴随着利益的交换。无论转让是否涉及价款，转让行为都是基于对知识产权价值的认可和尊重，通过交易实现相应的利益分配，确保出让方和受让方的合法权益得到保障。最后，著作权的转让实质上是一种权利让与行为。通过让与知识产权，出让方将相应的权利转移给受让方，丧失了原有的权利内容。这意味着受让方取得了特定智力成果的控制权，可以合法使用和处置该知识产权，而出让方则不再享有相关权利。权利的让与是知识产权流转过程中的核心环节，也是保护知识产权合法权益的重要手段。

但产权转让未必一定丧失拥有的知识产权，有可能仅仅是使用权的分享。数字著作权产业链的核心环节包括但不限于数字作品生产、登记确权、价值评估、交易变现和知识产权保护等 [1]。创作的数字作品，通过登记确权和评估定价就可以形成具备价值变现的数字资产，而只有数字资产的价值变现和权益保护，才能真正激发和释放数字作品的生产力，创作出更多高质量的文化艺术作品，进一步丰富和满足人民群众的精神文化需求，也能进一步促进社会经济各领域的蓬勃发展。

### 三、数字著作权制度建设面临的困境

#### （一）新兴数字著作权保护存在法律空白

随着互联网技术的飞速发展，电子出版物呈现多样化和复杂化的特点，给著作权认定和保护带来了新的挑战和问题。其中，出版物数据库的著作权问题备受关注。数据库对信息的规范、分类和存储起着至关重要的作用，其不仅是对知识产权的一种重要保护方式，也是确保著作权运维有效性的关键环节。然而，数据丢失和窃取等安全问题可能会提升侵犯著作权的风险。当前法规主要局限于对数据库汇编的保护，对包含作品片段的数据库保护问题则未能得到充分重视。

---

1　刘宗媛，刘曦子．区块链在数字版权领域的应用 [J]．网络空间安全，2019,10(12):36-45.

另外，计算机软件领域涉及的著作权问题同样存在政策性规范保护的不足。在计算机软件中创作的作品往往缺乏明确的复制权限要求和限制运用要求，这导致了著作权人的权益难以得到有效保护。而在社交平台和应用程序中，例如微博、微信、App 和网站论坛等，也存在类似的著作权问题，缺乏相应的法律规范和保护措施，容易导致侵权行为的发生。

### （二）数字著作权保护意识更新滞后

传统媒体长期以来主要依靠纸质媒介进行信息传播，随着"互联网 +"时代的到来，新兴媒体涌现，传统媒体对于这种新型媒体的商业模式和著作权资源的价值尚未深刻认识，且在管理、运营和维护数字作品方面并不完善，这导致了它们在市场竞争中存在劣势。另外，随着知识产权保护意识的提高，著作权的重要性日益凸显，而传统媒体在这方面的投入和实践相对较少。特别是在面对"互联网 +"新型体制所带来的机遇时，传统媒体显得有些"迟钝"，没有充分利用电子杂志等数字化形式带来的便利，也忽略了其中隐含的著作权保护问题，导致未能建立健全的著作权更新机制，影响了作品的长期价值和合法性。

此外，在传播过程中忽视智力成果的知识产权属性也是一个严重问题。例如，传统媒体往往忽视新闻、科技、学术等领域的智力成果所具有的海外影印复制权和数字化复制权等重要内容，这种忽视可能会直接导致著作权受到侵害，损害作者的合法权益，影响了整个著作权产业的健康发展。

### （三）著作权管理体系不完善

随着数字时代的到来，自主著作权资源和数字著作权资源的重要性日益凸显，然而，这一领域也存在着一系列问题。首先，相对于增量自主著作权资源和数字著作权资源的需求，实际供给却存在缺乏的情况。传统文化遗产的数字化转型还比较滞后，新兴内容形式的创新亟待加强，这导致了增量自主著作权资源和数字著作权资源的匮乏现象。同时，过去存量著作权资产的管理也面临一系列问题。在著作权归属方面，由于历史原因或信息不完整，很多存量著作权资产的著作权归属并不清晰，确权过程复杂且艰难。此外，缺乏有效的著作权资产管理、运用和维护机制使已有著作权资产的价值无法得到充分发挥。特别是在网络著作权问题上，挑战更为突出。由于网络环境的开放和复杂性，著作权在网络上的保护变得愈发困难。缺乏健全的网络著作权保护机制使著作权容易被侵犯，作者的权益难以得到及时保护。例如，网上的"复制""转载"等行为频繁发生，著作权人难以察觉和应对这些侵权行为，从而影响了著作权的合法权益。

### （四）数字著作权侵权维权难

在数字时代，著作权保护显得尤为重要，然而在实际操作中，著作权人面临着诸多挑战。首先，许多著作权人缺乏对相关法律法规的认识，不清楚如何维权以及维权的具体途径，这使得他们在遭遇侵权行为时无法有效维护自身的合法权益。相反，在处理侵权问题时，许多著作权人往往盲目地接受对方提出的"霸王条款"，导致自身权益受损。更为严重的是，一些著作权人甚至缺乏维权意识，这使得侵权行为在其不经意间就已发生。在已发生的相关权利维护诉讼中，取证难、判赔低的现象普遍存在，这也加剧了著作权人放弃维权的现象。著作权人由于法律知识匮乏、维权意识淡薄等，往往面临着维权困难、成本较高、效果不佳等难题，导致许多著作权人在维权选择上望而却步。

## 四、数字时代对著作权制度的新要求

### （一）明确数字经济中的著作权保护范围

著作权制度作为知识产权领域的重要组成部分，旨在激励创作者进行创作，保护其智力成果，并促进知识的传播和发展。通过授予创作者有限期限的独占性权利，著作权制度鼓励创作者投入精力和时间创作文学、艺术和科学作品，从而丰富人类文化遗产，推动知识的不断更新与进步。这一制度构建了一个良好的创作环境，保护了创作者的合法权益，同时也为社会提供了各种形式的文化产品。

然而，在当今数字经济蓬勃发展的背景下，《著作权法》面临新的问题。数字技术的快速发展使信息的传播方式发生了革命性的变化，数字内容的创作、传播和使用方式日益多样化。在这种情况下，传统的《著作权法》可能无法完全适应数字领域的发展需求，存在对事实、数据和思想的使用范围不清晰等问题。

### （二）改进数字著作权合理使用制度

日本和欧盟在著作权立法方面，都拓宽了合理使用的范围，将人工智能中的"文本数据挖掘"纳入新的合理使用范畴。这种动向反映了对数字时代知识产权法律框架的不断调整与完善，以促进科技创新和知识共享。人工智能技术在文本数据挖掘方面有着广泛的应用，为研究者、企业和社会带来了巨大便利，同时也提出了对知识产权法律体系的新挑战。相较之下，我国的《著作权法》目前只把特定的 13 种情形认定为合理使用，未专门规定人工智能中的文本数据挖掘属于何种情形。因此，在我国的《著作权法》中，对于人工智能进行文本数据挖掘仍需要遵守现有的知识产权规定，包括取得相应的授权或许可。这种现状可能导致在我国进行文本数据挖掘的研究或商业活动受到一定的法律限制，也可能影响相关技术的发展和应用。

### （三）完善数字著作权法定许可制度

数字著作权管理是一系列用以声明和执行著作权人排他权利的技术装置。技术措施作为数字著作权管理的核心内容之一，起着确保知识产权持有者的合法权益不受侵犯的关键作用。通过技术处理，例如加密、数字水印等手段，开发商能够有效防止其计算机软件等作品遭遇非法盗版和复制，维护了作品的原创性和市场价值。这种保护措施对于数字内容的安全与发展具有重要意义。尽管数字著作权管理主要应对网络环境下的"搭便车"行为，但受技术措施保护的作品，无论是否进入公有领域，无论是否受限于首次销售权穷竭、著作权合理使用等规则，都需要在获得权利人同意后方可使用。这既有利于保护作品的创作者和权利人，也促进了知识产权体系的健康发展。

在我国的《信息网络传播权保护条例》中，规定了仅有 4 种目的允许实施技术措施规避行为，例如课堂教学研究、执行公务等。然而，随着大数据时代的到来，应当考虑对有合法接触权的主体，在合法情况下规避数字著作权管理措施，以促进生命安全、公共健康、节能环保、教育等领域的创新和发展。

# 第二节　数字著作权外在表现形式分类

## 一、网络文字作品

### （一）网络文字作品概述

文字作品作为人类文化的重要组成部分，在日常生活中扮演着不可或缺的角色。依据我国《著作权法实施条例》第四条的规定，文字作品是指小说、诗词、散文、论文等以文字形式表现的作品。文字作品作为文学艺术的一种表现形式，其独特之处在于以文字为媒介，通过精心组合和排列顺序来传达作者的思想、情感和意义。

随着互联网的普及和发展，信息数字化处理技术成为人们获取、传播信息的重要工具。通过计算机技术，各种形式的信息被转换为数字编码，实现了信息的高效管理和利用。网络文字作品作为这一技术发展的产物，具有独特的传播方式和媒介特点，通过网络平台实现了广泛传播和互动交流，是当今数字时代的一种重要的文化形态。

从传统文字作品到网络文字作品，虽然载体和传播方式发生变化，但二者所包含的创意、思想和情感等表达内容并无根本差异。无论是书写在纸张上的文字还是存储在电子设备中的网络文字，都是作者思想的具体呈现，反映了个体的独特观点和情感体验。因此，在法律层面上，对于网络文字作品的保护仍需考虑其独创性，即作品是否具有作者的原创性和独特性，这是评判其是否受著作权法律保护的重要标准。

### （二）网络文字作品分类

网络文字作品的产生方式主要有以下两种：一种是通过对传统文字作品进行数字化处理而得到的，另一种是直接在计算机上创作的。这种新兴形式的文字作品不再依赖于纸张或磁带等传统介质，而是通过数字化方式在计算机中存储和传输，实现了信息的数字化管理和全球范围的快速传播。

对传统文字作品进行数字化处理的行为可以分为两种情况：一种是纯粹的数字化处理，即保持原始内容不变，只是将其转换成数字形式以适应计算机存储和传输；另一种是在数字化处理过程中加入创造性劳动，将个人的思想、情感和观点融入其中，使产生的网络文字作品具有独创性和个性化。后者更具有作者原创性的特点，符合作品构成要件并享有著作权的保护。

从传统文字作品到数字化处理再到直接在计算机上创作，作品的形式和创作方式随着科技的发展日益多样化。在这个过程中，《著作权法》也需要不断适应变化，保护新形势下创作者的权益。传统意义上的文字作品经过数字化处理，可以更好地适应互联网时代的传播方式，但在转化的过程中也可能涉及著作权问题。

对于数字化处理后形成的新作品，融入处理者的创造性劳动并达到独创性标准后，就形成了新的作品，这种行为应当被视为一种创作而受到著作权法律的保护。这种演绎或汇编行为既尊重了原作品的基础，又注入了新的创意和想法，促进了文化的传承和创新。

### （三）网络文字作品著作权的特点

随着信息技术的飞速发展，文字作品的数字化处理和网络传播已成为一种不可逆转的趋势。数字技术的普及降低了文字作品的出版、复制、存储和传播成本，使得知识可以更加便捷地传播、共享和利用。在网络环境下，数字作品的创作和传播方式与传统著作权模式产生了显著差异，并引发了一系列新问题。

首先，数字作品的出版呈现海量化的特点。任何个体都有可能成为信息发布者，互联网的普及更是促进了每个人都能通过网络功能发布信息的可能性。相比之下，传统出版社的著作权工作局限于少数图书，而数字出版领域涉及的作品数量爆发式增长。传统的著作权洽谈模式已无法满足数字出版业对著作权管理的需求，需要寻找新的解决方案。

其次，数字环境下的数字作品传播发行环节与传统图书发行有明显区别。数字作品的传播过程涉及更多参与者和环节，需要内容供应商整理汇集作品并提供给读者。传统纸质作品的出版商可能缺乏数字作品相关的经营权利，导致数字作品在传播发行环节中出现了许多问题和分歧，需要建立更加灵活和包容的流通机制。

最后，在数字环境下，数字作品的使用方式愈发多样化。读者不再受传统出版商的限制，可以自由选择阅读、检索、引用、展示、比较、链接、统计、分析、挖掘信息等操作，并将内容整合传播。新软件和内容供应商的不断涌现为读者提供了更多的信息处理工具和服务选择，使得数字作品的使用方式更加灵活和丰富。

## 二、网络图片

在网络环境中，图片资源的分类可以基于多个标准。首先，根据其创作来源的不同，可将网络图片划分为原创图和加工图两类。原创图指由作者自行创作并上传至网络的图片，而加工图则是在原有图片的基础上进行修改或加工而成的衍生作品。其次，根据图片呈现的视觉效果，可将其分为动态图和静态图两类。动态图指具有动画或运动效果的图片，而静态图则指静止不动的图像。此外，根据图片所呈现的内容特征，可将其进一步划分为动漫图和影视图等细分分类。

网络图片作为数字化信息的一种表达形式，在其涉及版权问题时，独创性成为关键的法律标准。一般情况下，网络图片只要不涉及违法内容，且能够为他人理解和感知，则具备可复制性与合法性。然而，其是否受到著作权保护，取决于其内容是否达到法律所要求的独创性程度。根据相关法律规定，独创性要求是指作品应当反映作者个性，并在表达形式上具有一定程度的创新。因此，网络图片的原创性和创新性是受到著作权保护的主要考量因素。

1992年，我国加入《伯尔尼保护文学和艺术作品公约》（以下简称"《伯尔尼公约》"），这标志着我国对文学和艺术作品的保护进入国际化轨道。根据该公约和我国《著作权法》，传统图片的数字化表现形式无疑应当受到法律保护。根据图片的内容和创新程度，当前网络流行的图片在《著作权法》上可被分为不同类型，需要得到相应的保护和授权。

首先，网络动漫原创型图片是由作者独立创作并具有较高创造性水平的作品，符合作品定义并享有完整的著作权保护。这类图片展示了作者的独特想象力和创作技巧，在复制和传播时应遵守《著作权法》的相关规定，保障作者的权益。

其次，网络视频截图型图片，例如影视剧中的剧照，通过有选择性地截取、编排和组合呈现出不同于原始作品的视角和风格。若其选择和编排过程本身具备独创性，构成新的汇编作品，则需要经过原权利人的授权并支付一定费用，以确保合法性和权益保护。

最后，网络素材加工型图片通过对原有图片进行动漫化处理、加入文字和符号等方式，形成了与原作品明显不同的独特表达形式。这类图片属于《著作权法》规定的演绎作品，其著作权基于加工后的图片，需要向原著作权人支付费用并获得许可。此外，对于这样的演绎作品，不能阻止其他人对其进行继续加工和创作，这体现了《著作权法》对创意和创作的保护和鼓励。

随着网络技术的迅速发展，普通民众对网络图片的制作、汇编和加工能力日益增强，但是著作权的确权却面临着诸多挑战。当前，主要的确权方式包括附加版权声明或数字水印等技术手段。然而，这些方法存在明显的不足。首先，依赖于使用者的自觉来尊重著作权并非始终有效，因为网络空间的匿名性和信息流动性使得著作权的侵权行为难以被追溯和监管。其次，虽然数字水印可以作为一种技术手段来辅助著作权的确权，但其易被篡改或移除的特性大幅降低了其可靠性和有效性。此外，随着对等网络、云存储等互联网技术的广泛应用，著作权人很难掌控其作品在网络中的复制和传播过程，从而加剧了对著作权的保护难度。

尽管技术支撑能够提供全方位的著作权确权保护，但由于缺乏著作权交易保护和侵权救济困难等问题，单纯进行著作权确权可能并不足以实现权利人的实际利益保障。因此，建立完整的网络数字图片著作权保护机制才能解决根本问题。

## 三、数字音乐

数字音乐的著作权主要涉及作曲家、演唱者、出版发行公司和数字平台等多个主体[1]。音乐制作者包括作曲家、词作者等，他们创造音乐作品并享有著作权，任何人未经授权而复制、传播、演奏其创作的音乐作品都属于侵犯知识产权。数字音乐出版发行公司是音乐制作者授权的独家发行商，享有音乐唱片的独家发行权，保护其在数字音乐市场上的利益。如果未经唱片公司允许而复制、传播了音乐唱片，同样是侵权的。数字平台是数字音乐著作权保护中必不可少的一环，包括在线音乐播放平台、数字版权管理平台等，是音乐创作者、唱片公司和音乐爱好者交流、消费的主要渠道。数字平台需要经作曲家、唱片公司等授权获得数字音乐版权的使用权。

数字音乐盗版现象在当今社会十分普遍，其背后涉及著作权保护、知识

---

1　张伟芳. 我国音乐文化产业的现状、问题与发展路径 [J]. 河南大学学报 ( 社会科学版 ),2019, 59(5): 134−138.

产权维护等重要问题。随着互联网技术的日新月异，人们获取音乐作品的方式发生了巨大的改变，从传统的播放实体唱片转变为在线试听和下载。然而，这种便捷的方式也为音乐盗版行为提供了可乘之机。

百度 MP3 搜索著作权纠纷案是一个具有代表性的案例，环球唱片公司、华纳音乐集团、索尼音乐娱乐公司作为权利人发现其歌曲在百度网站上未经授权便提供在线试听和下载服务，因此起诉百度公司侵权，通过多次调解最终达成和解协议。

和解协议的核心内容包括百度公司支付版税并上传全部歌曲目录，三大唱片公司则授权百度公司使用其歌曲。这一和解协议不仅化解了音乐版权纠纷，还为合作共赢打下了基础。通过正规合法的途径，百度网站用户可以免费在线享受相关音乐作品，实现了权利人和互联网平台的合作共赢。

### 四、网络短视频

网络短视频与前述数字音乐作品类似，其著作权法律问题日益引起关注。根据《著作权法》的规定，符合《著作权法》规定的任何作品，只要是作者的原创作品都享有著作权，网络短视频也不例外。因此，网络短视频的内容生产者也应享有著作权，并有权在法律范围内享有其创作的收益，其他未经许可的使用构成知识产权侵权。与数字音乐的著作权问题相比，网络短视频平台上的内容更加复杂，更需要建立完善的知识产权管理与保护体系。

作为一种新型媒体形式，网络短视频独特的展现方式和受众吸引力使其在网络传播中占据重要地位。然而，与传统的电影作品相比，网络短视频因时间限制带来了一个关键问题：它们是否具备足够的"独创性"，是否符合《著作权法》的规定？在处理短视频作品的著作权问题时，必须充分考虑"互联网＋"背景下的创新需求和特点。传统的著作权法律框架可能无法完全适用于快节奏、碎片化的网络短视频创作。因此，评估短视频节目的独创性需要更多维度思考，除了作品的长度外，还应考虑其内容创意、表现形式、受众反馈等方面。《著作权法》对文学艺术类作品在作品特性、创作空间等方面都有所规定，这些规定可以为评价短视频节目的独创性提供一定的参考依据。要准确划分著作权的范围与公共领域的界限，需要在尊重创作者版权的基础上，平衡社会对作品使用的需求。

## 五、网络游戏

网络游戏是由游戏代码及其文档、游戏角色美术设计、游戏背景设计、游戏音乐和游戏文字脚本等内容构成的集合体。网络游戏是游戏开发者的智力成果，其凝结了游戏开发商，例如剧本策划师、原图设计师、建模师、代码编写者等人员的智慧与汗水，是各种知识与创造的结晶。随着人工智能和大数据技术的不断发展，越来越多的游戏开始采用人工智能技术，且融合了语音识别、图像识别和深度学习等功能，提高了游戏的智能化和个性化程度。用户对游戏的需求不再局限于计算机，越来越多的用户开始关注游戏的跨平台化，例如手机、平板计算机等不同平台的游戏之间开始互通，这种趋势在未来会愈加明显。

目前，网络游戏产业已经发展出抵制盗版的商业模式，即通过用户端程序免费开放下载与安装，用户付费进行订阅和购买游戏增值服务。《著作权法》对网络游戏的保护主要有拆分保护和整体保护两种模式，法院根据权利人的选择进行相应的判定。权利人既可以主张拆分后的游戏元素构成作品并要求相应保护，也可以主张游戏连续动态画面构成类电影作品并获得《著作权法》的保护。2020 年 4 月，广东省高级人民法院颁布的《关于网络游戏知识产权民事纠纷案件的审判指引（试行）》为网络游戏知识产权保护提供了重要的法律依据。该指引第六条规定明确了原告在侵权案件中可以主张他人侵害网络游戏整体内容的相关权益，也可以主张他人侵害网络游戏特定部分或游戏元素的相关权益，并认可了这两种保护模式。这一规定为保护网络游戏的综合性内容提供了更加全面的保障。网络游戏是一种复合性作品，其构成要素十分丰富，包括计算机程序、游戏名称、标识、规则、故事情节、场景地图、人物形象、文字描述、对话、背景音乐等多种元素。这些元素可能涉及不同的著作权类别，需要综合评估其是否具有独创性，以确定其是否符合《著作权法》的保护标准。

对于网络游戏连续动态画面的保护，《著作权法》的定性问题备受关注。北京市高级人民法院和广东省高级人民法院分别在指引中对此进行了规定。根据相关规定，若网络游戏连续动态画面符合以类似摄制电影的方法创作的作品构成要件，应受到《著作权法》的保护。

手机游戏"换皮"侵害著作权纠纷案是一起引人关注的案件，揭示了在数字时代背景下，网络游戏著作权保护的重要性和复杂性。在这起案件中，蜗牛公司针对天象公司和爱奇艺公司联合开发的《花千骨》提起诉讼，指控其存在抄袭行为。具体来说，被告仅仅更改了游戏中的角色形象、声音、音乐等外在元素，但在实质性的游戏玩法规则、数值策划、技能系统、操作界面等核心要素上与原告的《太极熊猫》高度相似，构成侵权行为。法院审理并判决支持了蜗牛公司的主张，认定"换皮"抄袭构成了侵犯著作权的行为，最终判决被告赔偿原告 3000 万元。

# 第三节　数据权属与数字著作权

## 一、大数据构建数据库的独创性

从法律治理的角度来看，大数据构建数据库的独创性主要受到《著作权法》等一系列相关法律的保护。《著作权法》规定，只有满足原创性和独创性的作品才可以被视为拥有著作权的作品。因此，大数据构建数据库的独创性也必须满足以上条件。在法律框架下，大数据所呈现的数据库作为汇编作品引发了对其著作权保护范畴的讨论。《著作权法》作为保护知识产权的重要法律工具，旨在保护独创性作品的创作者权益，确保其获得应有的经济回报和社会认可。在这一法律框架下，汇编作品是一种重要的著作权形式，要求在内容选择或编排上具有独创性，即作者通过劳动创造出具有独特表现形式的作品。然而，随着大数据时代的到来，传统的著作权概念面临新的挑战和思考。大数据的本质特点在于数据体量巨大、数据类型繁多、价值密度低和处理速度快，其核心在于从海量数据中提取信息、分析规律，而并非在数据的选择或编排上展现个性化创作。相比之下，传统意义上的汇编作品所强调的独创性要求与大数据集合的特点产生了不一致。由于大数据集合往往是由自动化程序收集整合而成的，缺乏明显的人为创造过程，因此很难满足《著作权法》对作品独创性的要求，这使得基于大数据理念的数据集合在《著作权法》的保护范畴之外。

大数据时代，数据安全是重要的议题。在构建数据库时，除了要考虑技术和商业模式等方面的因素，还必须重视对数据的法律保护，完善相关法规和政策。例如，相关的法律法规应明确界定数据的版权、所有权和使用权等方面的问题，以切实保护数据的权利，鼓励创新和探索，并确保数据库构建过程中的公平和公正。

## 二、网络数据采集潜在侵权风险

网络爬虫在当今信息社会中扮演着不可或缺的角色，其自动抓取互联网信息的功能为数据采集提供了便利。然而，网络爬虫的行为往往受到网站所有者的限制，这种限制主要通过 Robots 协议进行规范。Robots 协议，也被称为网络爬虫排除标准，是一种指导性规范，旨在告知搜索引擎哪些页面可以抓取，哪些页面不应被抓取。尽管 Robots 协议为网站提供了一种向搜索引擎传达抓取意愿的途径，然而，其本身并不具备法律强制力，仅能起到警示作用。因此，若网站希望有效地规范爬虫行为，单靠 Robots 协议可能不够，网站还需要采取其他配套监控措施，例如 IP 封锁、验证码验证等，增强对不受欢迎爬虫的防范能力。综上所述，网络爬虫的合法行为受到 Robots 协议等的规范，但要有效防止不受欢迎的爬虫，网站还需实施其他有效的监控措施。

在数字时代，许多网站为了确保服务的稳定性和安全性，常常会对单个IP 地址或账号的访问次数进行限制，以防止恶意攻击、刷流量等行为对服务器造成压力。为了绕过这些限制，一些用户就开始采取反监控策略，试图规避网站的访问限制。这种策略包括引入大量不规则代理 IP 和利用行为正常的账号进行轮流访问，模拟正常操作的行为，规避对 IP 地址和账号访问次数的限制。此外，反监控策略还结合了 IP 地址和账号的访问控制，利用网络爬虫反馈信息，通过机器自动学习或管理员干预进行调整，以实现数据的持续抓取。这种方法在一定程度上提高了数据抓取的效率，同时也为一些研究人员、数据分析师等提供了更广泛的数据获取途径和可能性。然而，需要注意的是，尽管这种反监控策略在一定程度上具有技术上的巧妙性，但其背后也存在着一些法律风险。特别是在涉及对他人网站内容的持续抓取时，很可能触碰到《著作权法》的底线。未经授权便抓取、复制、传播他人网站上的作品，可能构成侵犯他人著作权的行为，一旦引发纠纷，可能面临法律责任。

网络数据抓取是许多网站、搜索引擎等服务提供商重要的数据采集方式。然而，随之而来的问题就是：这些抓取活动是否侵犯了网站权利人的著作权或信息网络传播权，这涉及复杂的法律与伦理问题。

首先，在进行评估时，需要关注被抓取网页的独创性以及其中内容是否受到《著作权法》的保护。在通常情况下，网页的版式著作权归属于互联网公司，而具体内容可能由其他著作权人所有。因此，确定被抓取内容的著作权归属是非常重要的第一步。

其次，如果被网络爬虫软件抓取的内容具有独创性，就需要进一步考虑抓取形式对著作权的影响。例如，搜索引擎通过爬虫抓取到的相关内容通常以网页摘要、网页快照、缩略图等形式展示给用户。在这种情况下，网页摘要往往受到字数限制，不会完整替代原始内容，因此不太可能构成著作权侵权。然而，网页快照和缩略图等内容存储在搜索引擎服务器中，实际上可以替代原始网页的内容，因此可能触碰到信息网络传播权的边界。

### 三、获取用户数据与不正当竞争

获取用户数据与不正当竞争之间的关系主要体现在恶意竞争和隐私侵犯两个方面。首先，如果一家企业获得另一家企业的用户数据，并将其用于恶意竞争，例如，直接或间接诱导用户转换供应商、提供虚假宣传或销售推广等违法行为，这就构成不正当竞争。此时，若受害企业能够证明合法权益受到侵犯，就可以依法追究侵权企业的法律责任，同时维护市场的正常秩序。其次，对用户数据进行过度收集、利用或泄露等非法操作，不仅侵犯了用户的隐私，也违反了商业伦理道德，构成侵犯隐私。例如，某些企业通过非法手段获取用户信息，并滥用用户信息，有目的地投放广告或销售用户数据，这些行为都将侵犯用户的隐私权，构成违法行为。

随着社交网络、网盘、位置服务等新型信息发布方式的快速发展，数据已经从简单的信息转变为一种重要的资源，涉及个人信息保护、数据安全以及网络治理等诸多重要议题。在这个信息爆炸的时代，网络运营者和第三方应用开发者的角色变得至关重要。首先，网络运营者作为网络建设与运行的主体，在确保网络稳定运行的同时，还需要承担监督和管理数据的重要责任。他们应当严格遵守相关的法律法规，保护用户个人信息安全，防止数据泄露和滥用，确保网络环境的安全与稳定。其次，第三方应用开发者作为网络建设与运行过程中的重要参与者，也肩负着相应的责任。在收集、使用个人信息时，他们必须遵循诚实信用原则和公认的商业道德，获得用户明确同意，并经网络运营者授权后方可合法获取和使用信息。同时，第三方应用开发者应当加强自身技术能力和管理水平，保障数据的安全和合规性，维护用户权益和利益。

新浪微博诉脉脉软件不正当竞争案的审理过程揭示了在数字时代背景下，用户数据保护、合规运营等问题愈发凸显的重要性。在本案中，原告微梦公司作为新浪微博的经营实体，对被告淘友技术公司及淘友科技公司的不正当竞争行为提起诉讼。

首先，值得关注的是协议约定的重要性。根据双方签订的开发者协议，被告只能通过新浪微博平台的开放平台（OpenAPI）获取部分用户信息，但不包括职业和教育信息。然而，被告违反协议规定，获取并展示大量新浪微博用户信息，且在合作终止后仍持续这一行为，严重侵犯了用户隐私权和数据安全。

其次，法院审理认定被告的行为存在主观过错，违反了在 OpenAPI 开发合作模式中的合作原则，没有遵守"用户授权、平台授权、用户授权"的三重授权原则，违反了诚实信用原则与商业道德。特别是，在未经用户同意及授权的情况下获取并使用用户手机通讯录的信息，破坏了 OpenAPI 的运行规则，损害了互联网行业的公平竞争秩序，构成了明显的不正当竞争行为。

## 第四节　数字著作权治理的特殊问题

### 一、"避风港"制度的完善

网络服务提供者作为信息传播的中介，其地位特殊且具有重要意义。然而，随着互联网的快速发展，网络服务提供者面临的责任问题日益凸显。为了应对这一挑战，各国纷纷制定了相应的规定和制度，以确保网络服务提供者在尽力履行监管义务的同时，也能受到一定的责任限制。以美国颁布的《千禧年数字版权法》为例，该法首次引入了"避风港"制度，为网络服务提供者提供了一定的责任豁免条件。在符合一定要求的情况下，网络服务提供者应受到责任限制，其中"通知—删除"规则被视为该制度的核心内容。这一规则规定了在收到权利人通知后，网络服务提供者需要及时采取措施删除侵权内容，从而降低法律风险。

在中国，《信息网络传播权保护条例》也借鉴了美国的"避风港"制度，并引入了"通知—删除"规则，明确了网络服务提供者的信息披露义务。我国法律对网络服务提供者提供的 4 种网络服务或功能做了规定，但仍需要进一步明确和完善相关条文，以适应互联网技术和市场的快速变化。此外，在处理侵权通知和用户信息披露方面，我国法律与跨太平洋伙伴关系协议（Trans-Pacific Partnership Agreement，TPP）等国际协定要求基本保持一致。如果网络服务提供者拒绝或拖延提供用户信息，我国法律允许采取行政处罚措施，包括警告和没收计算机设备等。这一举措旨在加强对网络服务提供者的监督和管理，保护知识产权，维护公平的竞争环境。

## 二、著作权技术保护措施

技术措施作为著作权保护的重要手段，被视为《著作权法》中的重要内容之一。它通过密码、加密、数字水印等技术手段，限制文本、音像等著作品的复制、传播和修改，从而保护著作权人的合法权益。然而，技术措施并非万无一失，总会面临被规避的风险。为了应对技术措施被规避的问题，国际社会意识到法律的重要性。《世界知识产权组织版权条约》（World Intellectual Property Organization Copyright Treaty，WCT）和《世界知识产权组织表演和录音制品条约》（WIPO Performances and Phonograms Treaty，WPPT）等国际协定首次对技术措施的保护做出规定，禁止规避技术措施的行为，以此加强对知识产权的保护。然而，这些国际协定对技术措施的保护仅具有基本性质，未能覆盖所有的具体情况，因此需要各成员国通过国内的法律法规进一步完善。然而，各国的国内立法对技术措施的规定存在较大差异，这不仅增加了跨境合作的困难，也使得对技术措施的保护在实施过程中面临挑战。有些国家对规避技术措施的处罚力度不够，缺乏明确的法律条文以支持权利人有效维权，这给侵权行为者提供了可乘之机，损害了著作权人的合法权益。著作权的技术保护手段包括数字水印、数字签名、加密等技术，以确保数字作品的完整性、可靠性，防止盗版和未经授权的使用。例如，数字版权管理技术是一种旨在保护数字内容版权并控制内容使用的重要工具，被广泛应用于音频、视频、电子书等数字媒体传播领域。其核心目的是通过技术手段限制非授权用户对数字内容的访问和使用，从而保护版权人的合法权益。在数字版权管理技术的实施中，建立数字节目授权中心是其中至关重要的一环。该授权中心负责统一管理数字内容的授权和访问权限，为合法用户提供授权密钥以解锁和访问受保护的数字内容。通过授权中心的管理，版权人可以更好地控制数字内容的传播和使用，有效防止未经授权的盗版行为。在数字版权管理技术中，加密是一个关键步骤。数字节目内容首先进行编码压缩，然后利用密钥进行加密保护，使得未经授权的用户无法直接获取内容。加密后的数字内容文件头部存储着密钥和授权中心的统一资源定位器（Uniform Resource Locator，URL），以便系统在需要时进行验证和访问。只有合法用户在进行点播操作时，系统才会验证密钥和 URL 信息，并通过合法的认证方式获取授权密钥，从而解密并播放数字内容。另外，数字版权管理技术还能有效应对用户下载保存的加密内容，即使用户将加密的数字内容保存到本地设备，但若未获得数字节目授权中心的验证授权密钥，也无法打开和播放内容，这进一步加强了对数字内容的安全保护。

《反仿冒贸易协定》（Anti-Counterfeiting Trade Agreement，ACTA）和 TPP 作为国际重要的知识产权保护协定，不仅在知识产权领域取得共识，也在技术措施保护方面做出了重要规定。它们引入了"TRIPS-递增"和"WCT-递增"的概念，即在 TRIPS 协定和 WCT 基础上进一步扩展和完善技术措施的保护标准，以应对数字环境下知识产权侵权问题的挑战。ACTA 和 TPP 对技术措施的定义和"有效性"标准做出了明确规定，强调对技术措施的保护和实施。

两者在规定上相似，但在具体安排上略有不同。TPP 将技术措施和权利管理信息列入著作权和相关权利的规定部分，从更广泛的视角规范技术措施，不仅涉及适应数字环境下的侵权问题，而且还涵盖了更多形式的版权保护。

另外，TPP 扩大了反规避的范围，比 ACTA 更为全面地规定了打击侵权行为的义务，并明确了对侵权人可能处以刑事处罚的情形，体现了加强知识产权保护的倾向。这种强化保护措施的趋势，有助于提高全球范围内知识产权的保护水平，维护创新者和版权人的合法权益。

我国在 2014 年修订的《著作权法》中对技术措施进行了一定程度的修改，加大在定义和法律救济等方面的保护，但仍未明确技术措施的有效性标准，这可能影响对侵权行为的惩治力度和保护效果。

当前，《全面与进步跨太平洋伙伴关系协定》（Comprehensive and Progressive Agreement for Trans-Pacific Partnership，CPTPP）作为一个高水平的自由贸易协定，其知识产权条款代表了国际知识产权规则的发展方向。相比于目前覆盖范围最广的 TRIPS 协定，CPTPP 提出了更高的保护标准，例如，在对源代码的保护策略上，CPTPP 提出允许网络自由接入并禁止强制共享软件源代码，这主要是基于避免损害软件所有人的知识产权与商业利益的考虑。《区域全面经济伙伴关系协定》（Regional Comprehensive Economic Partnership，RCEP）基本引用了 CPTPP 中与数字经济相关的条款，但 RCEP 更强调对数字版权的保护，包括对数字版权管理技术的保护和使用许可等方面的规定。鉴于 RCEP 的成员国大部分为发展中国家，RCEP 基本延续了 TRIPS 协定的规则，大多数义务与 TRIPS 协定中所规定的义务相同。RCEP 规定，若 RCEP 的知识产权章节与 TRIPS 协定不一致时，应以后者为准。然而，RCEP 在 TRIPS 协定的基础上，增加了多项对数字知识产权的保护内容，例如，在电子商务对话中提及考虑在源代码领域开展对话，对载有加密节目的卫星和有线信号进行保护，针对未经合法授权故意接收或传播加密信号的行为采取措施等。

### 三、数字信息传播中的著作权治理

#### （一）制定付酬标准与赔偿原则

大规模用户对海量作品的零星使用是数字时代的主要模式之一。与购买传统实体书不同，数字环境下的用户更倾向于按需获取、临时使用作品，这种"即时消费"模式使得传统的著作权许可使用收费模式变得不再适用。因此，针对数字环境的著作权保护问题亟待解决。特别是对于从事商业运营者而言，他们必须清晰认识到侵权行为可能带来的法律风险，并建立合理的权利申诉机制。如何界定侵权、如何评估损害赔偿等问题应是数字著作权使用者需要面对的挑战。其中，一个重要的挑战就是如何准确计算侵权行为的赔偿标准。当前法律框架中对于侵权行为赔偿标准的计算方法并不十分明确，这导致在实际操作中存在一定的争议。

#### （二）建立强制许可制度

强制许可制度作为著作权领域的重要制度之一，旨在平衡著作权人的权益与社会公共利益，为数字著作权使用者提供了在特定情况下合法使用作品的机制。当著作权人未能明确授权或无法联系到时，强制许可制度使得数字著作权使用者可以向政府主管部门提出申请，经过一定的审查程序后获得强制许可证，从而合法使用作品，同时需向著作权人支付相应的报酬，以保障著作权人的利益。国际上，《伯尔尼公约》和《建立世界知识产权组织公约》等国际公约对强制许可制度进行了规定，旨在统一各成员国在这一方面的行为。作为这些国际公约的成员国，我国有责任适用并落实相关规定，以确保著作权体系的国际协调性和统一性。然而，目前我国的《著作权法》对强制许可制度并未进行具体细化和明确规定，这导致在实践中强制许可的适用存在一定的模糊性和不确定性。

#### （三）完善法定许可制度

法定许可旨在平衡著作权人的权利与社会公众的利益，在法律规定的范围内，使用者可以不经过著作权人的许可合法使用其作品，但仍需向著作权人支付报酬。国际上，《伯尔尼公约》已确立了法定许可制度的基本原则和范围，为各成员国在著作权领域的合作与协调提供了重要基础。而在我国，《著作权法》也对法定许可制度进行了明确规定，以确保著作权人和使用者的权利得到保护。应当进一步审视现有法定许可的各种情形，重新构建一种建立在透明有效机制和程序保障之上的有利于数字作品传播的法定许可。例如，针对当前数字经济的发展背景，可将远程教育的网络传播法定许可整合进来，增加非营利性公共文化机构通过网络向注册用户提供本机构内绝版作品复制件的法定许可，以及构成教育目的使用的法定许可等，促进法定许可制度更符合其立法出发点。

### （四）建立著作权集中管理组织

著作权集中管理组织具有管理著作权利用的职能。其基本运作模式是著作权人通过授权，将对其著作权使用情况的监督和管理权委托给专门的组织。著作权集中管理组织承担着监控作品使用情况、协商未来使用者或使用单位的许可条件、管理许可授权以及收取相应报酬等职责。

目前，国际上具有较高知名度的著作权集中管理组织包括国际唱片协会、数字媒体协会等；而在我国，主要有中国文学作品著作权协会、中国音乐著作权协会等组织。

## 四、NFT 数字作品知识产权问题

NFT 是区块链上的数字资产，具有独特的标识和元数据。每个 NFT 都存储在区块链上，创建一个不可改变的记录，记录包含有关"代币"创建、每次销售、NFT 与特定数字资产的关联，以及拥有或使用数字资产的许可范围等。当下，数字作品交易已经进入了一个新的范式。这一范式涵盖创作、铸造、展示和出售等多个环节，其中每一个环节都对交易的最终结果产生重大影响。首先，创作者通过数字化方式创作出作品，随后将其转化为 NFT

形式，使其成为数字资产并存储于区块链网络中。在这一过程中，作品的数字化形式被复制到网络服务器，形成了可追溯的不可替代的数字标识。接着，NFT 数字作品通过在交易平台上展示呈现，向公众展示其独特性和所有权。这种展示行为为潜在买家提供了在确定时间和地点获取作品的机会。最后，当交易平台上的注册用户通过数字钱包支付对价和服务费后，他们便成为该 NFT 数字作品的持有人，并可以在公开显示的交易平台上展示其所有权。

　　NFT 作为区块链技术的新兴应用场景，在数字作品交易领域引发了变革。NFT 通过将数字作品转化为不可替代的加密"代币"，实现了作品的可流通性和稀缺性。这一特性赋予了数字作品独特的价值，使其成为具有稀缺性的数字资产，从而改变了传统数字作品交易中的流动性限制。NFT 基于区块链"去中心化"和不易篡改的特点，解决了交易主体之间的信任缺乏和安全顾虑。通过将交易信息存储在区块链上，NFT 保证了交易的透明性和可追溯性，消除了对中介机构的需求，降低了交易成本，并提高了交易的效率和安全性。最重要的是，NFT 构建了一套全新的网络交易诚信体系，为数字作品交易注入了信任和透明度。"代币"模式通过使用区块链技术，可以为艺术家提供独特的创作者身份和创作时间的确凿证据，这种不易篡改的数字证明能够有效地防止他人盗用或篡改作品，从而在一定程度上起到抑制抄袭行为的作用。艺术家们通过建立数字化的创作证明体系，能够维护自己的知识产权，确保作品的原创性和独立性得到有效保护。区块链技术作为支撑"代币"模式的核心技术，为数字环境下的著作权带来了深远的变革。传统的著作权保护方式往往存在信息不对称、维权困难等问题，而区块链技术的"去中心化"、不易篡改的特点使著作权人能够更加方便地管理和控制自己的作品。借助区块链技术，著作权人能够实现作品的快速交易、溯源查证、版权转让等，极大提高了著作权运营的效率和透明度，使著作权市场更加公平、健康和有序。同时，区块链技术还赋予著作权人更大的经济利益回报和可持续发展空间。通过智能合约等机制，著作权人可以直接与用户交易，实现作品的价值变现，进而推动数字创意产业的蓬勃发展。

在NFT交易模式中，每件NFT数字作品都被独一无二地标记，唯一性和稀缺性为数字艺术品市场带来了全新的机遇和挑战。当一件作品以NFT形式存在于交易平台上，并通过唯一的NFT指向变成可流通的商品时，它就具备了特殊的"数字商品"属性，展现出投资价值和收藏价值，进而衍生出受到法律保护的财产权益。与传统的数字作品通过网络平台传播并获得许可费的模式相比，NFT交易模式下的著作权人更多地将作品视为商业产品，通过设定"代币"的数量和规则来决定作品的售卖方式，从而控制作品的独特性和流通性。

NFT数字作品的所有权包括排他性占有、使用、处分和收益等权利，这意味着购买者不仅获得了数字作品，还获得了其中所包含的财产权益。NFT交易实质上是一种数字内容的买卖关系，而非仅仅是数字财产的使用许可或知识产权的转让。尽管NFT数字作品所有权转让依赖于区块链和智能合约技术，但这些数字作品是通过铸造并在公开互联网环境中提供的，交易对象是广泛的公众，每次交易都会通过智能合约自动执行，使公众可以在任何选定的时间和地点获取该作品。

## 五、生成式人工智能的知识产权问题

生成式人工智能的出现标志着人工智能技术的飞速发展，其独特之处在于操作者只需要输入关键词就可以获得独立于预设条件的结果输出，极大地提高了知识发现和成果生成的效率。这种技术的应用领域广泛，涵盖文学创作、艺术设计、科学研究等多个领域，为人类带来了前所未有的创作可能性。然而，在使用生成式人工智能创作内容时，涉及其中所生成内容的著作权归属问题。一些理论观点认为，以洛克劳动学说、黑格尔人格学说为代表的"自然权利论"和工具主义的"创新激励论"为知识产权保护提供了理论基础，人工智能生成的内容也应当被赋予著作权，因为这可以促进经济、文化和科技领域的创新，符合《著作权法》的立法目的。

从版权保护的角度来看，只要人工智能生成的内容符合《著作权法》规定的原创性和独创性要求，就应当享有相应的版权保护。目前，大部分学者倾向于认为人工智能生成的内容具备可版权性，他们更倾向于以生成内容的客体属性作为判别依据，而非强调创作内容的作者身份。根据《著作权法》的相关规定，赋予"能固定在任何有形表达媒介中的原创作品"以著作权，要求创作物体现 3 个必要特性，即原创性、固定性和创造性。在确定其是否受到《著作权法》保护时，需要考虑其具备的这 3 个关键特性，前两者通常不受争议，因为如果作品是由作者独立创作的，并且表现形式是固定的，那么它就具备原创性和固定性。然而，创造性的认定却是一个复杂而具有挑战性的问题。创造性涉及作品是否展现出独特的思想、表达或创新，而这种创新并不是简单地重复已有的信息或模式。人工智能生成的内容虽然可能借鉴了大量的数据和算法，但其生成过程是否具备真正的创造性仍然存在争议。在法律领域，尤其是在知识产权领域中，创造性的界定一直是一个备受争议的话题。《著作权法》虽然规定了赋予原创作品著作权的条件，但对于"创造性"的具体定义却并不明确。针对人工智能生成内容，学者们尝试通过解释创造性的内涵和表现形式来确定其是否具备创造性。他们提出了组合创造性、探索创造性和变革创造性 3 个维度来评估人工智能生成内容的创新程度和独创性。在当前的司法实践中，对于受《著作权法》保护的作品所要求的创造性程度通常是比较低的，只需要具备一定程度的创新，即使是一个想法或少量内容上的差异都可以被认定为具有创造性。

以前，机器学习所遵循的范式是"Data Fitting"，即找到数据中的对应关系并优化应用。生成式人工智能的新范式在于其使用的数据是可以不断反馈作用于模型本身的，独特的机制让数据的使用、理解和生产形成紧密的闭环。生成式人工智能能够通过训练，采用思维链推理的策略，利用涉及中间

推理步骤的深度学习方法得出最终的答案。

生成式人工智能作为当今人工智能技术的前沿之一，其发展离不开海量数据的支撑。然而，正是这种以数据为基础的发展模式，也使得生成式人工智能在收集、处理数据信息时存在潜在的风险。一旦出现未经授权或超范围使用数据的情况，个人隐私、商业机密等重要信息就会面临泄露的风险。此外，生成式人工智能还有可能通过抓取和学习已发布的作品进行整合再造，从而侵犯他人的知识产权，例如著作权和其他相关权利。目前，针对生成式人工智能的使用行为尚未有特定的著作权法律限制，其设计初衷是基于接收到的输入生成文本，这些文本可能包含受《著作权法》或其他知识产权法保护的内容。因此，使用者有责任确保在使用生成式人工智能时不会侵犯他人权利。这需要用户具备对知识产权法律的基本了解，自觉遵守相关的法律法规，保护自己和他人的合法权益。

2024年5月，欧盟理事会正式批准了《人工智能法案》，《人工智能法案》将ChatGPT和类似的生成式人工智能与高风险系统置于同一级别。《人工智能法案》将生成式人工智能限定在通用人工智能领域，并强制要求披露受版权保护的人工智能训练数据。欧洲议会提出，像ChatGPT这样的生成式基础模型必须遵守额外的透明度要求，例如，披露内容是由人工智能生成的，设计模型以防止其生成非法内容，以及发布用于训练的受版权保护数据的摘要。欧洲议会要求，任何用于训练人工智能系统生成类似于人类作品的文本、图像、视频和音乐的版权材料应全部被记录，且开发商还必须证明他们为训练机器所做的一切行为都符合法律，如果生成式人工智能的开发者不这样做，他们可能会被迫立即删除应用程序或被罚款。

2023年7月，国家互联网信息办公室联合国家发展和改革委员会、教育部、科学技术部、工业和信息化部、公安部、国家广播电视总局发布了《生成式人工智能服务管理暂行办法》（以下简称"《办法》"），自2023年8月15日起施行。从治理的层面来看，《办法》要求，生成式人工智能服务提供者必须依法开展预训练、优化训练等训练数据处理活动。一是要使用具有合法来源的数据和基础模型。生成式人工智能训练的数据主要源于爬虫程序自动收集的数据，也有一些由相关机构提供，但无论采取何种方式获取数据，都必须保证数据来源的合法性。二是不得侵害他人依法享有的知识产权。以ChatGPT为例，它的训练数据主要来自大量的公开文本资源，包括网站、图书和论文等。尽管OpenAI在训练过程中对数据进行了筛选和处理，但模型中仍包含受版权保护的内容。三是涉及个人信息的数据，应当取得个人同意或者符合法律、行政法规规定的其他情形。

《个人信息保护法》作为我国个人信息保护领域的重要法律法规，强调"告知—知情—同意"这一核心理念。其中，"告知"的目的在于确保个人充分了解相关信息，只有在被告知者充分知情的前提下才能够自愿、明确地做出是否同意的决定。《个人信息保护法》旨在保障个人信息主体的权益，防止个人信息被滥用或泄露，加强了对个人信息处理行为的监管。对于生成式人工智能而言，训练数据的质量是其发展的关键。生成式人工智能的核心在于利用大量的训练数据来学习和生成新的内容，因此必须确保训练数据是高质量的。高质量的训练数据应当具备真实性、准确性、客观性和多样性等特点，这样才能够保证模型的稳定性和可靠性，并且使其能够有效地进行重复训练和学习。

2024年2月，"某人工智能平台向公众提供的人工智能服务中生成的图片涉嫌侵犯奥特曼著作权案"〔案号：（2024）粤0192民初113号〕中，广州互联网法院首次针对生成或人工智能服务提供者著作权侵权做出了判决，认为被告（某人工智能公司）在提供生成式人工智能服务过程中，侵犯了原告对案中涉及奥特曼作品所享有的复制权和改编权，并应承担相关民事责任。这是一个具有代表性和创新性的司法判决。

总体来讲，在相关司法实践中，中国法院和美国法院相比，在保护生成式人工智能所产出的新类型权益时，更倾向于强调得到利益过程中的劳动力付出和蕴含的价值,而美国法院则更看重其对市场和行业发展的影响。应当指出,法律应当促进和维护人工智能发展和创新的生态环境,尤其是维护先进生产力的进步。事实上,新一代人工智能时代基于过错责任原则的侵权责任认定已经受到人工智能系统复杂性、自主性与不透明性的挑战。受害者很难识别或证明责任人的过错或产品缺陷,以及该过错或产品缺陷与损害结果之间的因果关系。目前,生成式人工智能产业正处于发展初期,需要同时兼顾权利保障和产业的创新发展,不宜过度加重生成式人工智能服务提供者的义务。

# 本章小结

随着互联网技术和数字媒体技术的飞速发展,数字时代呈现出前所未有的信息海量化发展和文化多样性,这使得传统著作权保护面临新的挑战和机遇。《著作权法》所确立的权利体系和授权方式已经无法完全适用于数字作品的创作、传播和使用,因此亟须对著作权制度进行现代化升级,以适应新形势下的知识产权保护需求。在当前数字化环境下,网络游戏、体育赛事直播节目、人工智能创作物、网络短视频等新兴作品形式日益涌现,这些作品形式是《著作权法》未曾考虑到的,将其纳入著作权保护的范围势在必行。同时,为了维护作者及权利人的合法权益,并促进文化和科学事业的繁荣发展,著作权制度应当平衡好作者权利与社会公众利益之间的关系,鼓励创作和传播,推动文化产业的繁荣。

ChatGPT 作为一款火爆全球的生成式人工智能模型,其训练数据源自大量公开文本资源,其中含有受版权保护的部分内容,这引发了公众对数字作品知识产权保护的重要议题。有效保护数字作品知识产权既需要法律层面的规范,也需要技术手段和信息管理的支持。法律的设立与实施是知识产权保护的基础,技术手段能够应对不断演变的侵权形式,信息管理则有助于定义和维护知识产权信息的内容和边界，三者相辅相成，缺一不可。

　　针对我国国情，应结合国际相关条约和协定，借鉴发达国家的知识产权立法经验，构建我国数字知识产权国际保护的整体框架。在法律法规、信息技术支持和数字信息资源管理等方面全面加强，以适应数字经济发展的新要求，从而提高我国在数字知识产权保护领域的国际地位和竞争力，推动知识产权保护的国际化进程。

# 第六章

# 数字专利权

## 第一节　数字专利权概述

### 一、数字技术与专利制度关系

各国知识产权保护水平的差异实质上反映了其科学技术水平的差异。每次重大科学技术突破、经济形势变化，我们都要调整知识产权法律制度，使之与技术和经济发展相适应。

专利制度作为一种重要的知识产权保护机制，旨在平衡发明人个人创新成果与社会共同利益之间的关系。专利制度通过授予发明人专利权的方式，给予其在一定期限内对其发明的垄断权利，以保护和鼓励创新。作为交换条件，发明人需要公开其相关技术信息，使这些创新成果能够被社会共享和传播，促进科技进步与社会发展。随着专利保护期的结束，这些技术将逐渐转变为社会的公共财产，供更多的人使用和改进。然而，尽管专利制度可以激励发明活动，但其垄断性质也带来了一些问题。专利权的存在可能限制了技术的自由传播与扩散，特别是在专利保护期内，其他研究者或企业受到一定的限制，无法充分利用或改进该项技术，阻碍了技术的广泛应用与快速推广。

　　根据传统《专利法》理论，《专利法》所要保护的主体是发明者的智力活动产物，具有创造性、实用性和新颖性的发明被视为重点保护对象。发明与发现在《专利法》理论中有着明确的区分，前者是人们利用自然规律而设计或制造出的新事物，后者则揭示了自然界原本存在但尚未被认知的规律或事物。在传统的《专利法》观念中，智力活动涉及的规则和方法是指导人们思考、推理、分析和判断的规则与方法，具有思维性质，不涉及技术手段或利用自然规律，也没有解决技术问题或产生技术效果，因此并不符合《专利法》规定的发明标准。然而，随着新技术的不断发展，人类在探索未知领域方面拥有越来越先进的工具，从而导致有意义的科学发现日益增多。在此背景下，发达国家对于利用《专利法》保护这些发现的需求也日益提升。然而，就天然物质而言，早期世界各国通常不授予其专利权，尤其是对于微生物或化学物质这类物质更是如此。但是，20世纪中期，美国的司法机构逐渐转变了先前的立场，开始对某些天然物质提供发明专利的知识产权保护，认为发明人只要对自然物质进行一定程度的纯化与分离，使其不再处于原来的自然状态，那么就可以对该物质主张专利权。

　　在知识经济社会的背景下，经济增长主要依靠科学技术的创新，高新技术发展使专利制度受到的冲击最大，在科技创新的同时也需要制度的不断创新。如何使专利制度更好地适应高新技术的发展，是专利法律制度发展过程中需要解决的问题之一。

　　微电子技术、信息技术和现代生物技术是影响当今科技进步与经济发展的三大科学技术，这些高新技术的发展带来了一系列法律和伦理问题，自然也会对现有的知识产权制度提出新的要求。尤其是以互联网为例，互联网是无国界的，互联网上的信息流通不受国界的限制。互联网的无国界特点和知识产权法地域性特点的冲突，造成《专利法》执行过程中的诸多问题，例如，专利的新颖性、地域性判断、专利申请过程中法律文件的电子化，以及新形势下专利侵权的救济救助等问题。尤其是近几年，云计算、大数据、人工智

能等新概念出现，需要对专利制度做出调整与改革，以应对高科技迅速发展所带来的新问题。

目前，我国对于功能性的计算机程序允许申请专利保护。在我国《专利审查指南》第二部分第九章中对涉及计算机程序的发明专利申请做出了明确规定。如果一项发明专利申请仅涉及计算机程序本身或者仅是记录在载体上的计算机程序，无论其表现形式如何，都被视为智力活动的规则和方法，从而被排除在专利保护之外。然而，如果涉及计算机程序的发明专利申请是为了解决技术问题，利用了技术手段并能够产生技术效果，那么就不能因为其涉及计算机程序而否定其具有专利保护的价值。换言之，在评估计算机程序相关专利申请是否应该获得专利保护时，关键要素在于该程序是否实际应用了技术手段，解决了实际技术问题，并产生了技术效果。只有在这种情况下，涉及计算机程序的发明专利申请才会被认定为具备专利保护的客体，可以获得专利权的保护和法律认可。

## 二、数字专利战略思维的形成

知识产权保护制度的核心在于保护权利人的创造、创新活动，促进发明创造的应用，提高创新能力，推动科技进步和经济社会发展。专利制度的设立旨在保护专利权人的合法权益，通过激励机制来鼓励创新，实现保护与激励并存，促进社会的科学文化事业不断发展。然而，在互联网时代，互联网和数字经济更加注重信息的分享和传播，这种价值观并不以获利为评判标准，而是强调知识的共享和普及。

数字专利战略思维的形成与互联网高度自治性密不可分。随着互联网在各行业的广泛应用，其自治性受到一定程度的限制，规则和秩序开始逐渐完善。互联网技术的发展和应用对其内部规则和秩序起着关键作用。

我国针对互联网引发的知识产权问题进行了立法，通过《著作权法》《商标法》《专利法》等对互联网知识产权问题进行规范，以保证互联网的健康发展和对知识产权的有效保护。在数字时代，知识产权保护制度需要平衡互联网自治生态与法律法规的协调，以促进创新发展，维护知识产权的权利，推动数字经济的健康稳定发展。

### 三、数字专利战略内容与实施

自改革开放以来，中国在知识产权法律体系领域取得了显著进展。中国颁布了《商标法》《专利法》和《著作权法》，为知识产权保护打下了基础。随着经济发展和改革的深入推进，中国在 20 世纪 90 年代进一步完善了知识产权法律体系，通过《反不正当竞争法》等法律文件对知识产权进行规范。这一时期，中国还对《专利法》《商标法》等法律进行修改，同时在《刑法》中增设"侵犯知识产权罪"，使知识产权法律体系初具雏形。

随着经济全球化进程的加快，中国在 21 世纪对知识产权法律体系进行了全面修订和完善。从《专利法》《商标法》到《著作权法》，再到《集成电路布图设计保护条例》等行政法规的颁布，中国逐步建立了较为完备的知识产权法律体系，适应了经济发展和国际规则的需要。

党的十九届四中全会提出了建立知识产权侵权惩罚性赔偿制度的重要决定。2020 年 1 月 1 日施行的《优化营商环境条例》进一步加强了知识产权保护，特别强调了知识产权侵权惩罚性赔偿制度的建立。这种制度不仅能够有效遏制知识产权的恶意侵权行为，而且还能促进技术创新和知识产权的良性发展。

随着数字经济的快速发展，我国在知识产权保护方面也面临着新的挑战。当前，我国需要重点关注人工智能、"互联网 +"、大数据和区块链等新兴技术领域的专利保护工作。这些新业态领域涉及许多创新性的算法和商业规则，需要鼓励并加强对这些领域的专利保护。专利申请涉及算法和商业规则时，必须结合具体应用领域，例如图像处理、加密解密等，确保专利申请文件体现出算法特征或商业规则特征与技术特征的相互支持和作用，使其成为不可分割的整体。

《知识产权强国建设纲要（2021—2035年）》提出了一系列重要举措，旨在加强我国知识产权体系的建设。其中强调，要健全运行高效、价值充分实现的知识产权运用机制，加强专利密集型产业的培育，建立专利密集型产业调查机制。同时，强调要积极发挥专利导航在区域发展、政府投资的重大经济科技项目中的作用，推动专利导航在传统优势产业、战略性新兴产业和未来产业发展中的应用。

## 第二节　数字专利申请与审查

### 一、数字技术成果专利化背景

传统的专利申请文件通常采用纸质形式，但随着互联网信息技术的发展，专利申请开始向电子化的方向转变。相比于传统的纸质申请方式，电子申请方式具有诸多优势。首先，实行电子申请方式可以大幅节约成本，提高审查速度，更好地贯彻"先申请原则"，使得申请人能够更快地获得专利权。其次，电子申请方式便于国家知识产权局对专利申请文件进行管理，可以提高管理的效率和精度。同时，也为专利管理机关对专利申请的审查和申请人对专利申请进行修改提供了便利。从长远发展的趋势来看，专利的电子申请方式将成为未来的主流发展方向，有助于提升专利系统的效率和透明度，促进创新活动的开展。

科技是数字经济发展的核心驱动力。专利申请数量则是衡量科技发展水平的重要指标。最新数据显示，2022年我国在信息领域相关的专利合作条约（Patent Cooperation Treaty，PCT）国际专利申请数量接近3.2万件，占全球的37%。这表明我国在信息技术领域的创新实力逐渐提升，在国际专利申请中具有较高的份额。

自 2015 年开始，《智能制造发展规划（2016—2020 年）》《促进新一代人工智能产业发展三年行动计划（2018—2020 年）》《云计算发展三年行动计划（2017—2019 年）》等发展规划印发，支持数字技术的发展。随后，数字技术专利每年新增数量呈现爆发式增长。截至 2022 年年底，我国数字经济核心产业发明专利的有效数量已达到 127.3 万件。2016 年至今，数字经济核心产业发明专利的年均增速为 22.6%，远高于同期国内发明专利授权总量的增速，表明数字经济领域的专利创新在持续加速发展。

从技术类型来看，从 2016 年至 2023 年，人工智能、区块链、云计算、大数据和物联网技术均有明显增长，除了区块链，各技术每年新增专利数量均超过 10000 件。其中，人工智能是中国科技领域专利申请数量最多的技术领域，每年新增的与人工智能有关的科技专利超过 65%。

根据新增的科技专利分布情况，中国确定了智慧医疗、智能汽车、智慧金融、智能制造、智慧商业和智慧电力为专利集中度最高的 6 个行业。其中，人工智能专利集中度最高的行业有医疗、汽车和制造 3 个领域；区块链专利集中度最高的行业有金融和商业 2 个领域；云计算专利集中度最高的行业有商业、文娱和医疗 3 个领域；大数据专利集中度最高的行业有医疗、商业和电力 3 个领域；物联网专利集中度最高的行业有电力和安防 2 个领域。国际电信联盟（International Telecommunication Union，ITU）的电信标准化部门（ITU Telecommunication Standardization Sector，ITU-T）与国际标准化组织（International Organization for Standardization，ISO）和国际电工委员会（International Electrotechnical Commission，IEC）携手，积极制定共同的专利政策。

数字经济作为推动经济高质量发展的关键引擎之一，在中国各地展现出不同程度的创新活力。2022 年年底的数据显示，我国东部地区，特别是长三角、粤港澳大湾区和京津冀地区在数字经济领域拥有显著的创新优势。这些地区的数字经济核心产业发明专利有效量占国内总量的 71.3%，形成"三强鼎立"的发展格局。与此同时，值得关注的是，近年来越来越多的国外企业选择将中国作为数字经济专利布局的重要地点。

## 二、数字技术可专利性分析

对数字技术可专利性的分析应从外因和内因两个方面开展，外因即分析是否符合相关程序的规定，内因即分析技术本身是否符合可专利性。

2019 年 12 月，《关于修改〈专利审查指南〉的公告（第 343 号）》引发了广泛关注，其中新增的《专利审查指南》第二部分第九章第 6 节，涉及包含算法特征、商业规则和方法特征的发明专利申请审查相关规定，特别针对人工智能、"互联网 +"、大数据以及区块链等领域的专利申请进行规范。这一举措旨在明确审查标准，强调审查应综合考虑，将权利要求所限定的解决方案作为一个整体，避免简单割裂技术特征与算法特征或商业规则和方法特征等，从而更好地保护创新成果。

在申请新技术领域的专利时，专利申请人需要首先考虑申请是否具备可专利性。在中国的专利法体系中，判断可专利性的审查基准主要包括《专利法》第二条、第五条、第二十五条。这些法条规定了专利权的客体范围，界定了哪些创新成果可以被授予专利权。具体到区块链领域的专利申请，判断其是否符合可专利性时，除了要遵循通用的审查基准，还需特别关注《专利法》第五条第 1 款、第二十五条第 1 款第（二）项以及《专利法》第二条第 2 款的规定。这些法条将帮助申请人厘清专利申请的合规性，从而更好地保护区块链领域的创新成果，推动技术的进步和应用。

专利制度的核心理念是"以公开换保护"，评判专利申请的技术方案是否充分公开是人工智能领域专利审查和诉讼中的难题，直接关系到专利申请人是否能够获得对相关技术方案的独占权。

"小 i 机器人"发明专利权无效宣告请求行政纠纷案[1]情况如下。上海智臻智能网络科技股份有限公司是名为"一种聊天机器人系统"的发明专利的权利人。本专利是实现用户通过即时通信平台或短信平台与聊天机器人进行对话，使用格式化的命令语句与机器人做互动游戏的专利。苹果电脑贸易（上海）有限公司请求宣告本专利无效。本案涉及我国计算机人工智能领域的基础专利。最高人民法院再审认为，本专利中的游戏服务器特征不是本专利与现有技术的区别技术特征，对于涉及游戏服务器的技术方案可以不做详细描述。

在专利法的框架下，技术方案的充分公开是保障公共利益和激励创新的关键要素之一。具体而言，专利说明书应当以清晰准确的语言揭示技术方案的实质特征和实施方法，使普通技术人员能够基于该说明书实现相关技术内容。基于这一原则，当普通技术人员能够依据专利说明书的记载实现相关技术内容时，即表明该专利方案已经被充分公开。本案再审判决对涉及计算机程序的专利说明书充分公开的判断标准进行了明确界定。判决强调对技术方案实质特征和实施方法的清晰描述以及普通技术人员是否能够根据说明书实现相关技术的评估。

### 三、数字专利客体审查标准

专利适格性，也被称为可专利性，是指根据专利法体系规定的专利权取得条件来评判一项智力成果是否符合专利保护的标准。在这一判定过程中，专利适格性的评估主要围绕积极条件和消极条件展开。积极条件即符合《专利法》规定的获得专利权的条件，而消极条件则列举了不符合《专利法》规定的情形。在我国的专利法体系中，《专利法》第五条和第二十五条明确规定了不被授予专利权的对象，为消极条件提供了具体的参考依据。

在专利客体审查标准中，技术性分析路径是主要的指导思想。按照《专

---

1　苹果电脑贸易（上海）有限公司与国家知识产权局、上海智臻智能网络科技股份有限公司发明专利权无效宣告请求行政纠纷案〔最高人民法院（2017）最高法行再 34 号行政判决书〕。

利法》第二条，发明的本质被界定为技术方案，只有符合技术方案的构成要件，才有可能成为专利保护的客体。技术方案的构成要件包括技术手段、技术问题和技术效果。技术手段是指采用何种技术手段解决特定的技术问题，以达到某种技术效果，这三者共同构成了技术方案的完整性。

一般来说，在专利客体审查标准中，消极条件的作用主要是筛选出不符合专利条件的范围，帮助界定不符合专利的领域；而积极条件则致力于再次审查权利要求中所涉及的技术方案，以确定其是否达到专利保护的标准。特别是在美国，专利客体审查标准经历了一系列演进过程，从排除保护到技术性标准再到实用性标准，最终又回归到技术性标准。这种演进反映了美国专利制度对于专利适格性审查标准的不断完善和调整，旨在更好地平衡专利持有人的权益与社会公共利益之间的关系。

当前，区块链技术正在向人工智能、大数据、物联网等前沿信息技术领域迈进，其深度融合与集成创新对我国产业转型和行业升级具有重要的示范意义。例如，区块链技术与人工智能的结合可以提高人工智能应用中的数据可信度，同时可充分利用人工智能提供的算法和计算能力，使区块链决策过程更加智能高效。

在数字时代，方法专利已不再局限于生产实物产品，也不再局限于与硬件设施相关，而是更关注抽象数据处理和计算资源调配。这种类型的发明对专利适格性的技术性分析路径提出了挑战。为此，美国引入了"明显更多"（Significantly More）规则，欧盟则将技术性考察转移到创造性审查阶段。欧洲专利局并未设立较高的专利门槛，而是通过技术性分析标准合理限制专利权的扩张，并依托创造性审查标准确保方法专利的技术性。

在中国，数字专利客体审查的判断基准主要建立在《专利法》第二十二至二十四条所规定的实用性、新颖性和创造性等实质性条件之上。数字技术领域的发明在申请专利时，需要满足这些实质性条件，最终才能获得专利权的保护。我国的专利审查流程通常包括客体审查和实用性、新颖性、创造性审查这两个重要步骤。在客体审查阶段，主要是针对专利客体的可专利性进行评估，即判断该发明是否符合专利法律规定的条件。然而，即使一项发明在客体审查中被认定具有专利适格性，也并非意味其会立即被授予专利权。此时，还需要进行实用性、新颖性、创造性等实质性条件的深入审查和评判。只有当一项发明在客体审查和实用性、新颖性、创造性审查两个步骤中均通过检验，才能被授予专利权，并受到《专利法》的保护。

### 四、数字专利授权实质要件

在专利实用性、新颖性、创造性审查中，一般遵循"实用性—新颖性—创造性"的审查流程，数字专利授权同样遵循该流程。

#### （一）实用性

实用性是一个至关重要的审查标准，它要求发明必须能够被制造或使用，并且产生积极的效果。由于缺乏实用性的发明无法在实际产业中得到应用，因此专利审查员通常会先审查实用性，避免对无意义的专利申请进行后续的新颖性、创造性等审查和检索分析工作，以提高审查效率。

尽管《专利审查指南》并没有针对区块链发明的实用性审查标准做出专门指示，但是区块链技术在可实施性程度、有益性评估等方面需要审查机构进行特殊考量和回应。这是因为区块链技术具有"去中心化"的特点，与传统中心化管理体系存在矛盾，其可监管性也存在争议，可能难以满足某些高监管要求领域的有益性需求。

#### （二）新颖性

《专利审查指南》针对区块链技术发明的审查标准进行了更新，对新颖性和创造性提出了更为详细和深入的要求。在新颖性审查中，专利审查员需要仔细分析权利要求记载的全部技术特征，以确定该技术是否已经存在于现有技术之中。如果一项区块链技术发明在申请日之前与公众已知的技术没有实质上的相同之处，就可以被认定为具有新颖性，从而可能获得专利授权。

由于区块链技术发明通常是对现有技术的聚合创新，因此在与对比文件进行比较时，需要遵循单独对比原则。专利审查员应该将提出专利申请的区块链技术发明的各项权利要求分别与对应的现有技术进行独立比较，而不应将多份对比文件中的现有技术结合起来作为新颖性审查的对应依据。通过这种方式的审查，可以更准确地评估区块链技术发明是否具有独特性和新颖性。

### （三）创造性

创造性审查作为专利授权中至关重要的环节，直接影响调控专利政策、推动技术进步和规范经济活动等方面。严格的创造性标准可能降低创新者的动力，导致专利申请数量下降，甚至使权利人选择商业秘密等保护方式；而过于宽松的标准则可能导致专利质量下降、价值贬损以及社会成本增加等问题。

对于发明专利而言，创造性意味着该发明相比于现有技术具有显著的实质性特点和技术进步。在创造性审查阶段，评定受审发明是否显而易见是关键所在。《专利审查指南》列举了3种技术方案构成的情况，包括区别特征基于公知常识、与最接近现有技术相关的技术手段以及对比文件中已被揭示且作用相同的区别特征。

在实践中，专利审查员需要考虑技术启示因素，即现有技术是否提供了解决技术问题的线索。然而，随着新技术（例如区块链）的快速发展，出现了一些不同于传统技术路径的创新。若将技术启示作为唯一的判断因素，可能会忽略这些非传统创新的价值。因此，应在审查中需要综合考量多个因素，避免片面强调技术启示而失去对整体创新价值的评估。

## 第三节　数字专利重点布局领域

### 一、云计算

对主要国家和地区专利申请趋势进行分析，能够在一定程度上反映相关技术在不同地域的受关注程度。各国专利分布数量，可以从某种意义上代表该国家和地区的市场在受到特定产业技术领域业内重视的程度。以下数据截至 2024 年 2 月中旬。

从目标市场国家和地区来看，全球市场容量巨大，中国是云计算领域专利申请布局的重点，具有庞大的消费市场，市场较为成熟，日本和韩国其次。

从全球专利重点申请数量来看，美国的企业在云计算领域处于领先地位。IBM 公司专利申请数量排名第一，微软公司排名第二，亚马逊公司排名第三。

从《国际专利分类表》（IPC 分类）来看，G06F（电数字数据处理）、H04L（数字信息的传输）和 G06Q（数据处理系统或方法）占据云计算专利分类的前三。

目前，公有云技术领域的主要专利权人的专利布局已基本完成。私有云、混合云市场还未形成绝对领先企业，市场上存在着众多可以纵深切入的方向。未来技术发展和专利布局的方向，在于技术的跨界融合，例如"云计算 + 边缘计算""云计算 + 物联网""云计算 + 区块链"等。

云计算平台基础设施即服务（Infrastructure as a Service，IaaS）知识产权保护。IaaS 处于云计算平台服务的底层，用户不需要真正购买和管理中央处理器、内存、存储器等基础设施，仅通过互联网就可以在云计算平台上部署、运行任意操作系统和应用程序，并有可能获得有权限的网络组件服务。尽管该服务模式中用户的自由度最大，然而用户在使用云计算平台 Iaas 的过程中存在数据锁定和可移植性障碍，而且云技术的开放式网络使数据安全与隐私保护问题凸显。

云计算平台即服务（Platform as a Service，PaaS）知识产权保护。PaaS 为用户提供完整的云平台（包括硬件、软件和基础架构），用于开发、运行和管理应用程序，而不需要考虑本地构建和维护该平台通常会带来的成本、复杂性和不灵活性。由于 PaaS 提供商将服务器、网络、存储、操作系统软件、数据库、开发工具等都托管在其数据中心上，所以从知识产权的实施与侵权、云计算平台上的商标使用与侵权，以及云数据库的知识产权保护等方面进行研究非常有必要。

云计算平台软件即服务（Software as a Service, SaaS）知识产权保护。SaaS 本质上是一种软件许可模式，以订阅的方式提供对软件的访问。软件位于外部服务器上，所以应结合服务模式提供用户在线租用软件的特性，对软件著作权归属、复制权与信息网络传播权适用、网络服务提供商著作权侵权责任等问题进行研究。

云计算平台的快速发展使未来网络的运行模式发生了深刻的变革，云计算时代，各企业纷纷投入资源，力图在云计算领域占有一席之地，而新技术的涌现又将推动知识产权制度的新发展，开展云平台知识产权问题研究的必要性日益凸显。当今社会，科技创新活动离不开知识产权制度，以及知识产权制度的创新。云计算平台作为一种全新的技术服务模式，不仅通过基础硬件设施、平台和服务，以及多种多样的应用软件影响着个人与计算机、互联网的互动方式，而且推动保护智力成果的知识产权制度发展，这给知识产权保护带来了诸多挑战。

知识产权法建议需要回应云计算平台技术及产业发展带来的挑战，但轻言"去知识产权化"或者"知识产权强保护"均不可取，应在保护知识创新成果的指导下，以司法机关和专利行政机关的司法、执法实践作为应对以云计算为代表的新技术专利保护需求的现实措施。

## 二、大数据

在数字时代，数据成为驱动经济发展的重要动力，尤其随着全球数字经济和数据跨境流动的不断增长，数据的获取和使用正成为全球经济中至关重要的资源配置方式。数据作为一种具有巨大潜力的资产，需要进行有效的使用才能实现其真正的价值。数据使用包括数据的收集、存储、分析、创新等活动，只有通过这些方式，数据才能被充分利用，并释放其潜在的巨大价值。

数据使用具有强大的网络外部性和规模效应。随着用户数量的增加，数据量也会逐渐扩大，从而使数据的潜在价值不断提升。保护数据使用意味着保护数据的各种形式。单个数据很难独立产生较高的利用价值，通常需要将数据进行聚合和整合，才能进一步发挥其潜力。数据的聚合可以带来更深层次的洞察和更广泛的应用领域，促进数据的多维度利用，提高数据的综合价值。大数据业务活动中的知识流转与溢出示意如图 6-1 所示。

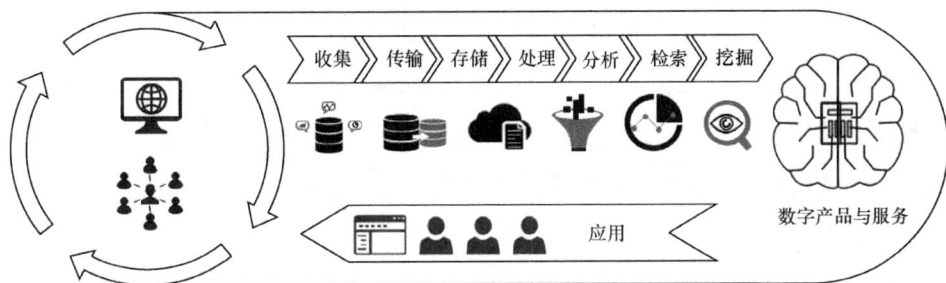

图 6-1　大数据业务活动中的知识流转与溢出示意

在大数据时代，信息的高度个性化是一种显著的特征。随着数据收集、传输、存储和分析技术的不断完善，大数据运算模式能够将海量数据转化为针对个体需求定制的个性化数据信息。这种个性化数据信息的生成和传播，使用户可以获取更加符合自身需求和兴趣的信息内容，从而提升信息传播的效率和精准度。通过大数据技术，企业和机构能够更好地理解用户需求，为用户提供定制化的产品和服务，实现针对用户的精准营销和个性化推荐，从而提高用户的满意度和参与度。大数据时代对知识产权的保护和促进也发挥了积极作用。通过大数据分析，企业和研究机构可以更加准确地识别知识产权领域的创新发现和价值贡献，有助于保护知识产权的合法权益，防范知识产权侵权行为。同时，大数据技术还可以帮助加强知识产权管理和监管，提高知识产权的审查效率和质量，促进科技创新和技术进步。

大数据发明专利授权排名前三的国家是美国、中国、日本。

大数据发明专利申请人排名前三的公司分别是 IBM 公司、三星电子公司、腾讯科技（深圳）有限公司。

大数据专利分类主要集中于 G06F（电数字数据处理）、H04L（数字信息的传输）、G06Q（数据处理系统或方法）、H04W（无线通信网络）以及 G06K（数据识别）等技术领域。

### 三、物联网

物联网借助射频识别信息感应设备将许多物品与互联网设备（例如云端）加以连接，以提供智能化识别与管理。物联网将信息感应设备（例如红外线传感器、全球定位系统等装置）与互联网结合，使各种物品在制造（例如生产、物流、消费过程）、应用（例如使用、管理、协调过程）等方面都能够进行信息整合与沟通。

物联网将各种物品的信息通过互联网传输到信息处理中心，由信息处理中心完成物品信息的整合。物联网时代体现了未来信息技术的运算趋势，发展过程中需要各个领域的科技创新相互融合，小至纳米科技，中至居家常用设备的整合，大至整个城市网络的布建，影响范围深远。

从发展的角度来看，物联网的演进可以分为时间、地点和物品 3 个维度。首先是时间维度，随着物联网技术的不断革新，在未来，物联网将能够提供更加实时、高效的数据传输和处理，使各种设备和系统能够更加智能、自动化地运行。其次是地点维度，物联网的发展将实现全球范围内设备的互联互通，不受地域限制，极大地促进信息共享和合作。最后是物品维度，未来的物联网发展将意味着所有的物品都可以通过网络连接，实现无缝的智能互联，从而构建起一个智能化、高效率的数字生态系统。

物联网发明专利授权排名前三的国家分别是中国、美国、韩国。排名第四至第十的国家与前三名差了一个数量级，专利总数无法达到第三名的水平。

物联网专利申请人排名前三的公司分别为三星电子公司、IBM 公司、高通公司。

从分类上来看，发明专利授权 1000 件以上的集中于以下技术领域：H04L（数字信息的传输）、H04W（无线通信网络）、G06F（电数字数据处理）、G06Q（数据处理系统或方法）、H04B（传输）、G05B（一般的控制或调节系统）、G06K（数据识别表示记录载体及处理）。

### 四、工业互联网

工业互联网作为一种新型网络基础设施，使人、机器和物品之间实现全面互联，促进了智能化发展，并催生出各种新兴的业态和应用模式。工业互联网的出现不仅改变了传统制造业的生产模式，也对整个产业链和价值链进行了重塑再造。随着工业互联网技术的不断发展和应用，工业链、产业链和价值链正经历着全面的变革和升级。通过数据的共享和分析，企业可以更好地了解市场需求，优化生产流程，提升供应链效率，实现定制化生产，进一步推动工业生产向智能化、高效率的方向发展。可以明确的是，工业互联网将在未来工业发展中带来全方位、深层次、革命性的变革。

工业互联网涵盖通信、云计算、传感器等底层基础设施和不同行业的工业机理、流程等复杂体系，每个工业互联网平台的优势不同，工业互联网领域需要协同各方优势共同进行科技创新。

工业互联网发明专利授权排名前三的国家分别是美国、中国、韩国。

工业互联网发明专利申请人排名前三的公司分别为鸿海精密工业股份有限公司、松下电器产业株式会社、工业技术研究院。

工业互联网专利分类主要集中于 H04L（数字信息的传输）、G06F（电数字数据处理）、G06Q（数据处理系统或方法）和 H04W（无线通信网络）等技术领域。

## 五、区块链

区块链核心技术创新呈现多元化发展，涉及领域主要有区块链跨链、区块链隐私保护、区块链数据安全等方面。针对区块链之间无法互联互通的问题，目前有公证人机制、侧链、哈希锁定等跨链技术解决方法。多种区块链隐私保护方案被提出，大致分为基于混币协议的技术、基于加密协议的技术和基于安全通道协议的技术。

区块链技术作为新基建的一部分，与新基建其他内容融合，能够促进产业数字化的深度转型，打造信息化时代的新型价值体系，催生出"新零售""新制造"等新产业、新业态和新模式。

区块链发明专利授权排名前三的国家分别是美国、中国、日本。

区块链专利分类主要集中于G06F（电数字数据处理）、H04L（数字信息的传输）、G06Q（数据处理系统或方法）等技术领域。

区块链技术作为一种"去中心化"、安全可信的分布式账本技术，在知识产权保护领域发挥着越来越重要的作用。在知识产权原创性证明方面，区块链可以记录并加密专利、文化产品等的原创作者信息、作品内容信息、创作时间信息以及最初传播信息，确保这些信息不易被篡改，从而为著作权、商标权和专利权的归属提供明确的证据。在知识产权交换凭证方面，区块链技术可以记录知识产权原创者信息、产权获得者信息，以及转移时间和方式等信息，实现知识产权交易的透明化和可追溯性，减少交易程序，降低交易成本。区块链的智能合约功能，可以自动执行交易条款，确保交易的安全性和可靠性，进一步促进知识产权市场的发展和繁荣。在知识产权维权举证方面，区块链可以作为一个公开透明的数据存储平台，存储知识产权的相关证据和信息。当知识产权发生侵权纠纷时，利用区块链不易被篡改的数据记录，可以为知识产权维权提供强有力的证据支持，简化维权流程，提高维权效率。

## 六、人工智能

人工智能技术的迅猛发展，将计算机贴合人类需求进行数据收集与分析的能力提高到一个全新的层次。我国政府重视战略性新兴产业的发展，并将新材料、人工智能、集成电路、生物制药、5G 等技术列为重点支持领域。《知识产权强国建设纲要（2021—2035 年）》和《"十四五"国家知识产权保护和运用规划》再次强调了加强人工智能等领域知识产权创造与保护的重要性。其中提到研究完善算法、人工智能等产出物的知识产权保护制度，并加强人工智能等领域自主知识产权创造和储备。统计数据显示，中国、美国、日本在人工智能专利申请数量方面遥遥领先，专利申请数量总和占全球专利申请总量的 73.85%。

人工智能专利申请的细分领域集中于 G06F（电数字数据处理）、G06N（基于特定计算模型的计算机系统）、H04L（数字信息的传输）等专利分类，机器人、神经网络、语音识别以及图像识别为人工智能专利技术布局的重点技术领域。

# 第四节　数字专利与标准协同发展

## 一、数字专利与标准协同发展必要性

### （一）专利与标准协同发展理念的提出

专利与标准是国家创新发展战略的重要构成要素。国务院分别于 2006 年印发《国家中长期科学和技术发展规划纲要（2006—2020 年）》，于 2008 年印发《国家知识产权战略纲要》，在这两个国家战略中，技术标准战略、知识产权战略、科教兴国战略、可持续发展战略是紧密相关的，强调要提高原始创新能力，并将该能力转变为企业参与市场竞争的能力和国家核心竞争力。2011 年发布的《国家"十二五"科学和技术发展规划》，从"优化全社会创新环境"这一目的性要求出发，再一次强调深入实施知识产权和技术标准战略，并重视二者的结合。2015 年发布的《中共中央关于制定国民经济和社会发展第十三个五年规划的建议》要求深化科技体制改革，构建产业技术创新联盟，推动跨领域、跨行业协同创新，促进科技与经济深度融合。

专利与标准协同发展的法律问题，涉及《专利法》《反垄断法》等多个法律领域，其难点在于如何公平合理地确定专利持有人和标准实施者之间的权利与义务关系[1]。专利具有私权属性，而标准具有公共属性，二者性质的差异使专利与标准融合过程的冲突不可避免，但冲突的核心是利益，导入利益平衡的原则，专利与标准是可以协同发展的。这要求兼顾各方利益，满足主体对效率、自由、安全等价值的追求，激励专利与标准的融合、推广和使用，为市场竞争创造和谐有序的法治环境。

### （二）开放创新对知识流所涉权益的重新分配

知识产权法律制度设计的初衷是在充分维护权利人合法权益的同时，促进技术的公开和交流，从而推动社会进步[2]。随着科技的发展，产业链及产品体系的复杂程度越来越高，产品层次种类向着多样化发展，产品生命周期逐渐缩短。这种发展结果，使市场上自由竞争的任意一个主体都没有办法长期垄断其所在产品或服务领域的某项关键技术。

目前已知最为理性的做法，就是知识产权权利人适时与同业竞争者（包括产业链上下游的关联主体）进行技术交流合作、交叉授权，或在公共知识领域技术成果的基础上推陈出新[3]。

具体到专利促成标准形成的机理来看，就是企业通过系统建立自有产品

---

1 张陈果.论我国传统知识专门权利制度的构建——兼论已文献化传统知识的主体界定 [J].政治与法律,2015 (1):79-92.

2 郑成思.知识产权法 [M].北京：法律出版社,1997.

3 王伟光,吉国秀.知识经济时代的技术创新 [M].北京：经济管理出版社,2012.

使用的专利信息库，并与专利池融合分析，动态跟踪竞争对手研发活动，支持企业围绕产品进行专利组合研究，提升企业的产品创新能力。围绕企业专利交叉许可、专利集中许可的需求，研究通过信息网络技术构建专利联盟的方法，研发区域专利协同及专利知识社区，提供社交网络服务（Social Networking Services，SNS）、即时通信、专家咨询、虚拟联盟、专利周边知识等服务。支持企业开展知识和专利共享，实现产业内企业专利的整合和协同，提高技术互补能力，促进行业标准的形成。

### （三）开放创新中标准与专利的相互需求分析

在开放创新话语的背景下，标准与专利之间呈现相互制约的关系。开放创新给知识产权（主要是专利）带来的挑战，主要是难以把握其保护强度。如果缺乏足够的知识产权保护，那么为促进包含企业经营活动的技术发展而进行的投资就不是最优选择。如果知识产权保护过强，那么企业经营活动可能随着其他人的知识产权权利宣示而做出改变或停止，可能会对企业经营活动带来相应的强烈阻碍。

以生物产业为例，生物技术公司的研发费用高、研发周期长，且其产品要受到政府的层层审批、监督，这些公司的有形资产通常不多，但是强大的科研基础是它们最有价值的资产。由于要将生物技术产品最大化地推向市场，这些公司只能在产业链中一段很狭窄的空间发挥作用。所以，外部协同合作就显得非常重要，而知识产权就是重要的外部协同合作博弈资源。

## 二、数字专利与标准协同发展可行性

### （一）国家战略实施的现实要求

经济社会的发展对标准化战略的实施提出了现实要求。一直以来，我国都非常重视标准化战略的制定和实施，社会公众对标准化工作也逐渐加以关注。我国着力实施人才、专利和技术标准战略，将这三者并重，体现了专利和标准在国家科技创新和经济发展中的关键地位和重要作用。

我国出台的系列文件进一步反映了我国对技术标准、知识产权和人才培养的重视。《中华人民共和国国民经济和社会发展第十一个五年规划纲要》《国家中长期科学和技术发展规划纲要（2006—2020年）》《国家知识产权战略纲要》《国家中长期人才发展规划纲要（2010—2020年）》等均强调了技术标准、知识产权和人才培养的重要性。

2015年，《中共中央关于制定国民经济和社会发展第十三个五年规划的建议》进一步深化了对知识产权与标准协同发展的规划，强调要继续深化科技体制改革，促进不同部门、不同行业间的协同创新，推动科学、技术和经济的深度融合。这一规划旨在加强我国创新体系建设，提升技术水平和竞争力，推动产业结构不断优化升级，为实现科技强国和经济可持续发展奠定坚实基础。

2015年12月，《国家标准化体系建设发展规划（2016—2020年）》出台，明确将"加强专利与标准相结合，促进标准合理采用新技术"作为落实创新驱动发展战略的重点内容。所以，知识产权与标准协同发展，可以被视作实施国家发展战略的现实要求。

"十四五"规划在关键数字技术创新和知识产权战略方面提出了一系列具体举措，旨在加快我国科技创新的发展步伐，提升自主创新能力，推动数字经济产业的快速发展。其中，针对关键数字技术领域，规划要求聚焦高端芯片、操作系统、人工智能关键算法、传感器等核心领域，加强基础理论和算法研发，并加快前沿技术布局，例如量子计算、神经芯片等，同时强调信息科学与生命科学、材料等基础学科交叉创新，推动技术领域融合发展。

在知识产权方面，"十四五"规划强调实施知识产权强国战略，将知识产权保护置于重要位置。为此，规划提出了严格的知识产权保护制度、加强司法保护和行政执法、健全赔偿制度等措施，以确保知识产权的合法权益得到有效维护。此外，还涉及优化专利资助奖励政策、改革国有知识产权归属机制、完善无形资产评估制度等内容，以推动知识产权的创造、应用和保护环节的全面升级。

## （二）标准战略推进的核心内容

知识产权与标准的协同发展受到各国的高度重视，各国将其作为知识产权产业化和抢占技术创新的制高点。21世纪伊始，以发达国家和地区为例，美国、欧盟等先进经济体在制定标准化战略时，普遍重视知识产权与标准的协同发展。这种协同发展主要体现在两个方面：一是对内，通过完善标准化工作机制和政府干预引导知识产权融入标准，从而加快技术创新和成果推广；二是对外，利用产业标准联盟等组织形式，推动符合知识产权的标准规范成为国际标准。

在实施技术标准战略的过程中，必须注重技术标准、知识产权和技术创新三者之间的协同发展。技术创新可以推动技术标准战略和知识产权战略相互融合，但同时也可能存在一些挑战，例如在某些情况下，这种融合既可能促进技术创新，也可能阻碍其发展。只有三者协同发展，才能更好地增强技术创新主体的核心竞争力。在这个过程中，市场导向、标准制定的先行和利益平衡是实现协同发展的关键因素。通过加强技术标准、知识产权和技术创新之间的协同配合，可以促进技术创新效率和质量的提升，推动产业结构优化，进一步提升国家在全球科技竞争中的地位[1]。

促进知识产权与技术标准有机结合、协同发展，从国家层面下探到产业和企业层面，使其在产业运行和企业经营活动中越来越多地显现作用。

## （三）经济转型升级的现实需要

传统理论认为，知识产权与技术标准是异质的、相互排斥的。知识产权是合法的垄断权和排他性权利，标准强调行为的公开性、开放性和普适性。然而，随着知识经济的发展，知识产权与技术标准二者的对立关系变得缓和、相容，知识产权的核心内容是专利权与技术标准协同关系的演变[2]。传统产

1 庄英菊,刘凌峰,贾占军.知识产权与标准化协调发展的策略研究[J].科学管理研究,2014,32(6):25-28.
2 王黎萤,陈劲,杨幽红.技术标准战略、知识产权战略与技术创新协同发展关系研究[J].科学学与科学技术管理,2005 (1):31-34.

业由于技术变革空间变小，主要通过产业规模和产品质量来获取经济效益，而技术标准的产生，可以确保产品和服务的规模和质量 [1]。

目前，赋予技术创新成果知识产权并加强保护已不再是技术创新的最终目标和产业发展保障的首选手段，只有将知识产权升级为技术标准，以技术标准为手段，参与市场竞争并把握主动权，才能最大限度地提高市场利益。

可以断言，市场主体组织投入资源，进行技术研发并获得创新成果后，将其及时融入技术标准，由此获得的中长期收益，是远远大于仅仅依靠知识产权垄断形式获得的短期收益的 [2]。标准化可以作为技术壁垒，成为变相阻止国外产品进入国内市场的合法且合理的保护措施，大幅提高了企业控制市场的能力 [3]。

### （四）知识产权与标准协同发展是社会创新必然结果

新技术的产生需要调动潜在权利人致力于积极创新，从制度设计方面分析，是通过知识产权制度把知识成果升格、转化、赋权为权利，纳入法律调整频段内，使知识成果得到合法、合理的使用，维护权利人的合法权益 [4]。技术标准的源头在市场，如果技术创新符合市场需求并由此得到市场的广泛认可，即使不融入技术标准，仍然可以成为"事实上的技术标准"。在技术创新的战略层面，只有将知识产权与技术标准有机融合，实现协同发展，才能够最大限度地推动创新。

技术标准战略作为贯穿新产品全过程的重要组成，若得以有效运用，将有助于推动技术创新。长期发展而形成的各类技术标准，例如国际标准、国家标准、行业标准及地方标准等，是专业领域内专家与技术从业者长期研究、

---

1 杨峰，傅俊.高新技术企业标准化管理的关键要素分析 [J].武汉理工大学学报（信息与管理工程版）,2007 (5):72-74+77.

2 舒辉.技术标准战略基于创新融合的视角 [M].北京：经济管理出版社,2014.

3 舒辉.知识产权与技术标准协同发展之策略探析 [J].情报科学,2015,33(2):25-30.

4 王黎萤，陈劲，杨幽红.技术标准战略、知识产权战略与技术创新协同发展关系研究 [J].科学学与科学技术管理,2005 (1):31-34.

实验与实践的结晶，具备宝贵的技术积累。企业作为市场竞争主体，其优势离不开知识产权的支撑，只有将技术发展与知识产权有机结合，才能真正促进技术创新迭代，进而保持竞争优势。知识产权和技术标准是整合技术创新体系、优化资源配置的关键因素，当知识产权战略与标准化达成战略协同，可以进一步放大这种优势。

### 三、数字专利与标准协同发展的路径

#### （一）明确标准与专利的权利冲突与交叠关系

各国都存在标准与专利的权利冲突与交叠的问题，这也是我国在实施标准化战略中需要重点考虑的任务之一。标准规范的产生首先是为了满足科学技术发展的需求，其社会治理的功能相对较弱，而专利制度则是一种法律制度，更多地具有调整权利和义务的规范性作用。

针对我国的实际情况，建立专利制度（包括专利信息披露制度和专利许可制度的冲突协调机制）非常重要。这意味着积极主动地处理标准和专利制度融合后可能出现的各种冲突，确保所有利益相关方都能够通过协商机制实现其正当的利益需求。这既是立法者和政府的责任，也是理论研究的重要使命。通过建立有效的冲突协调机制，可以促进创新活动的开展，加强知识产权保护体系的完善，为科技发展和经济增长提供更好的制度支持，推动我国在全球科技创新竞争中的地位提升。

#### （二）构建标准与专利协同发展政策规制机制

标准的竞争，从全球视野分析，归根结底是技术发展水平的竞争，是产业发展水平的竞争，是综合国力的竞争。发达国家在标准与专利协同发展的理论研究和实务操作方面已经有所突破。

当前阶段，我国紧迫需要建立专利与标准协同发展机制。这种协同机制需要既考虑我国的实际情况，又要与国际规则相协调，同时实现制约与激励作用相结合且相互制衡。具体来说，协同发展机制应当规范标准制定过程中

如何处理专利的相关事务，以推动新技术的传播和应用，保护公众和专利权人的合法利益，进而提高经济发展的质量和效益。在这一协同发展机制下，标准和专利之间的关系将更加明晰，标准制定的过程中将更多地考虑保护和尊重专利权，从而使标准与专利之间形成良性互动。通过制定规范的标准和专利协同发展机制，可以有效规范市场行为，减少专利侵权行为，鼓励企业进行技术创新，提升企业竞争力。同时，也有助于提高我国经济发展的质量和效益，推动经济向高质量发展转变。

### （三）强化战略性新兴产业标准与专利双重布局

我国正处于建设创新型国家的关键时期，加快培育和发展战略性新兴产业是当前的重中之重。就具体举措来讲，应强化对知识产权的保护和管理，鼓励企业建立专利联盟，完善标准体系和市场准入制度，加快建立有利于战略性新兴产业发展的行业标准和重要产品技术标准体系，优化市场准入的审批程序。

尤其要完善国际标准化活动，特别是战略性新兴产业领域的国际标准动态跟踪研究机制，充分发挥企业、科研机构和行业协会的作用，研究其他国家相关的标准研究动态，尽早介入、重点参与战略性新兴产业领域国际标准制定与修订，及时反映区域产业 / 企业的意见和需求 [1]。在战略性新兴产业领域进行标准与专利的双重布局，鼓励标准与专利的交叉、融合、协同。

### （四）形成附着于"产业链 + 集群"的企业标准与专利竞争格局

在发达国家的标准化战略中，一个显著特点是强调企业在实施过程中的主体地位。企业被视为推动标准化发展的核心力量，同时也被要求积极参与全球标准竞争，以确保本国企业在全球市场上具备竞争力。例如，美国的标准化战略明确强调了其达成全球标准化目标的重要性，并计划通过部门特定的活动以及各种组织和规范程序的配合来实现这一目标。

企业作为市场活动的主体、技术创新的主要推动者和创新资源的集聚地，

---

1 　田为兴，何建敏，申其辉 . 标准经济学理论研究前沿 [J]. 经济学动态 ,2015 (10):104-115.

在全球标准竞争中扮演着至关重要的角色。它们不仅代表自身利益，还代表整个产业利益和国家利益，三者密不可分。党的二十大报告中提出，加快发展数字经济，促进数字经济与实体经济的深度融合，打造具有国际竞争力的数字产业集群。

数字产业集群是在特定区域聚集而形成的数字经济核心领域企业、科研机构、金融机构、物流企业、贸易机构、知识产权机构，以及公共服务平台等相关支撑机构的产业活动空间形态和网络化组织形态。在数字产业集群形成的过程中，会产生大量基于数字产业集群的标准和专利技术。

## 本章小结

在数字时代，强化专利保护制度体现了在新技术条件下对专利制度的调整。这种强化体现在国际协调趋势增强、专利主题范围不断拓展、专利保护期限延长等方面。此外，对公共研究机构的例外规定也呈严格限制的趋势。随着数字技术的不断发展，专利制度管理费用、保护范围、公共资金资助中的专利性问题以及强制许可都在发生变化，需要进一步深入研究和探讨。

从国家竞争的角度来看，高效率、高质量地产出和应用科技成果对于评价一个国家的综合竞争力至关重要。知识产权与标准的协同发展被视为加速技术成果产业化的新途径，尤其是在高新技术产业或传统产业前沿领域发展中获得主导地位。数字技术的专利赋权标准涉及专利适格性和实质性条件符合性两个方面，需要建立科学的评判标准。

在确定专利适格性方面，需要排除妨害公共利益的发明创造和智力活动，确保数字技术专利权的合理授予；此外，需要对新兴技术是否属于新技术方案进行深入论证。基于专利适格性的认定，还需要分析数字技术是否符合实用性、新颖性、创造性等实质性条件，以便构建科学的数字技术专利赋权标准，促进数字技术领域的创新和发展。

# 第七章

# 数字商标权

## 第一节　数字经济中的域名与商标权关系

### 一、域名知识产权属性分析

域名是特定组织或个人为了在互联网上展示和标识自己而专门设计的，它实际上是计算机 IP 地址的一种外部代码。域名不仅是一个简单的网址，还承载着两种重要的功能：定位标识和身份标识。这就像是一个人在网络世界的名字，具有独特的身份和意义。从更深层次的角度来看，域名其实是一种名称权，它体现了拥有者在网络空间中的独立身份和地位。不论是中文还是外文，域名都是基于网络技术的发展而产生的。与现实中的名称（例如自然人的姓名、法人的名称或非法人团体的名称等）相比，域名可以看作现实名称在网络世界的延伸。它们都是为了标识和区分不同的个体或组织而存在的。

通过域名，用户可以方便地访问特定的计算机或网站。同时，域名也承载着计算机或网站的身份信息，成为人们在网络世界中认知和识别其所有者的直观标志。这种标识符的重要性在于它建立了一种身份联系，使特定组织或个人的网络资源得以被准确识别和访问。

对于域名注册的自由性和权利边界来说，任何组织或个人均有权依据自身意愿选择特定名称作为域名。这与《民法典》中关于自然人姓名权的规定类似，即在网络空间中，当事人也应有设定、注册和使用域名的权利。虽然每个特定名称在同一级域名下只能被一个当事人注册为域名，但随着越来越多顶级域名的推出以及国家顶级域名的存在，当事人仍有许多机会选择喜欢的名称作为域名。这种自由选择域名的权利阐明了现实生活中的权益并不能成为禁止他人注册相同名称作为域名的理由。人们应该充分利用域名系统的开放性和灵活性，更好地展示和传达自己的意愿与信息。这种自由选择域名的权利体现了个人对于网络身份的把握，促进了网络空间的繁荣与发展。因此，尊重和保护每个人在域名选择方面的权利是构建健康、和谐网络环境的重要基础之一。

在电子商务蓬勃发展的今天，域名不只是一个简单的网站标识符，它更多地成为向公众展示商品或服务来源的关键渠道。通过域名，消费者可以快速地了解到某一品牌、产品或服务的在线位置，建立起直观的关联。然而，这种关联应当严格限制在域名持有人本身的范围内，避免公众错误地将其联系到其他商品或服务。举例来说，如果一个公司将知名汽车品牌的名称注册为域名，而实际上与该汽车品牌并没有任何实质联系，这就可能欺骗消费者，破坏市场秩序，甚至侵犯原商标所有者的合法权益。因此，域名持有者在选择和使用域名时需遵循诚信原则，确保所选域名真实、合法，并与实际业务活动相符合。

## 二、域名与商标的冲突

知识产权对于提高企业核心竞争力的作用不言而喻，然而，互联网商标侵权现象已经影响到企业自身的品牌资产 [1]。对企业品牌的保护不能停留在

---

1　冯晓青 . 我国知识产权制度实施的战略布局——关于《知识产权强国建设纲要（2021—2035 年 )》的理论思考 [J]. 知识产权 ,2021(10):55-81.

实体的线下领域，还应扩展到互联网领域。互联网使用者的数量大幅增加，越来越突出的一个新问题是域名和商标的冲突问题 [1]。随着互联网逐渐介入知识产权领域，我国立法机关对商标权相关法律法规进行了调整，《驰名商标认定和保护规定》和《中国互联网络信息中心域名争议解决办法》等出台。

随着互联网的快速发展，域名作为企业在网络上的重要标识，重要性日益凸显。然而，由于域名与商标在功能上的相似性，二者之间的冲突也逐渐显现出来，这种冲突主要体现在由于域名与现有商标相似或相同而产生的权属纠纷等方面。在电子商务领域，域名往往与特定的商品或服务相联系，成为消费者识别商品及服务来源的重要标志。因此，域名在某种程度上起着类似于商标的作用。当某个域名与已注册的商标相似或相同时，就可能引发已注册商标权人的异议。为了解决这个问题，《中国互联网络域名注册暂行管理办法》第二十三条做出了相关规定。当某个三级域名与在我国境内注册的商标或企业名称相同，并且注册域名不为注册商标或企业名称持有方拥有时，若注册商标或企业名称持有方提出异议，在确认其拥有注册商标权或者企业名称权之日起，各域名管理单位为域名持有方保留 30 日域名服务，30日后域名服务自动停止。然而，这个规定并没有完全解决问题。它引发了一个更深层次的思考：现实中的商标权能否自然延伸至域名领域，并以此作为在先权利对抗域名相关权利？这个问题涉及知识产权的保护范围、域名的性质以及网络空间的特殊性等多个方面，需要在保护商标权的同时，平衡域名持有人的合法权益，同时确保公平竞争的环境。

法律作为社会秩序的维护者和规范者，在赋予个体权利的同时也对个体行为规定了明确的范围和界限。任何权利都应在法律框架内行使，一旦超过了法律所规定的范围与界限，就不再具有法律效力。这种原则同样适用于知识产权领域，包括商标权和域名使用权。商标权作为知识产权领域中的一项

---

1　郝玉强. 论互联网中的商标保护问题 [J]. 知识产权, 2000(3):15-18.

重要权利，其范围和保护对象在法律中有着清晰的规定。商标的主要功能是用于标识商品或服务的来源，以区分同类商品或服务之间的差异，从而保护消费者利益和促进市场竞争。商标权仅限于商标所涵盖的商品或服务范围内，商标权人只能在商标注册的类别范围内主张其权利，而不能跨越这个范围。

因此，在未经法律明确扩展解释的情况下，商标权无法随意延伸至其他领域，例如域名领域。域名作为互联网上的地址标识符，与商标虽有相似之处，但其功能和使用场景不完全相同。因此，不能简单地基于商标权在域名上主张排他使用权，这需要在法律层面进行进一步的讨论和界定。

商标注册实行分类保护的原则，这意味着同一商标可以在不同商品类别中注册，而其专有权仅限于特定类别的商品或服务，无法扩展到整个商业领域。商标持有人的主要责任是防止他人在同类或类似商品上使用与其注册商标相似或相同的商标，以维护消费者利益和市场公平竞争环境。与商标不同的是，域名在互联网领域具有独特的地位和功能。由于域名的唯一性，即同一顶级域名下只能有一个权利人注册商标，因此域名权利涵盖整个商业领域。因此，从取得方式和使用方式上看，域名与商标存在明显区别。

与传统商标在实体商品或服务领域的作用不同，域名在互联网世界中扮演着连接用户和网站的关键角色。因此，域名领域被视为一个全新的、具有独特规则和特征的空间。在域名领域中，域名与商标之间并没有固定的一对一关系。尽管驰名商标可能基于跨类保护原则获得先权，但在一般情况下，任何个人或组织在注册域名时的机会都是平等的，拥有选择合适域名的权利和自由。这意味着，无论是大型企业还是个人创业者，在域名选择上都有同等的竞争机会和自主权。

尽管在理论上要求避免注册与他人商标相同或相似的域名是合理的，但在实际操作中却存在诸多困难和限制。首先，现实中已存在的商标数量庞大，涵盖各个行业和领域，在全球范围内受到法律保护。有些国家甚至给予未注册商标一定的法律保护，这增加了商标冲突的可能性。与此同时，域名具有全球性，一旦注册即可在互联网上自由使用，导致域名与商标之间出现潜在冲突。其次，目前的域名注册管理机构主要负责域名注册和管理，并非专门负责商标检索。尽管有些机构可能提供商标检索服务，但覆盖范围有限，无法涵盖全球范围内所有受保护的商标。因此，域名注册人很难获取详尽的商标信息，难以确保注册的域名不会侵犯他人商标权益[1]。

将商标权作为在先权利对抗域名注册可能损害域名持有人的利益。根据《中国互联网络域名注册暂行管理办法》的相关规定，如果有与注册域名相同的商标权人或企业名称持有人提出异议，域名注册管理机构将停止对该域名的服务。这种做法的本意是保护商标权人的权益，但同时可能造成域名持有人处于不公平的处境。特别是在电子商务领域，域名持有人经营网站期间积累了一定的声誉和用户群体，域名成为用户找到网站的重要途径和商业标识。一旦域名被撤销，原本的访问者和潜在用户就难以找到网站，这也将使域名持有人辛苦打造的商誉付诸东流。虽然商标权的保护是必要的，但过度将商标权延伸至域名领域可能会对域名持有人的正当权益造成损害。在实践中，应该平衡各方利益，尊重域名持有人的合法权益，避免因为过于强调商标权而给域名持有人带来不必要的困扰和损失。域名的注册与使用应该更多地考虑域名的独立性和互联网特有的规则，而非仅仅依赖于现实中商标权的对抗。

# 第二节　数字商标侵权与应对

## 一、商标侵权的新变化

在数字时代，由于互联网和新技术应用的发展，商标侵权形式发生了新

---

1　徐飞.浅析域名的性质及其与商标的冲突 [J].网络法律评论,2002 (2):257-268.

的变化。同时，数字时代追求品牌标识的多样化和个性化，为了提高营销效果，企业常常使用多种形式的标识，例如 Logo、Icon、域名等，这些标识可能被不同的企业使用并侵犯其他企业的商标权。

网络的开放性和自由性使传统的商标的地域性受到极大的挑战，在网络这个开放性极高的平台上，商标的地域性模糊化，商标的传播速度和利用频率也比现实中增长不少，在这种网络条件下，跨国的商标侵权行为使传统的立法模式受到挑战。

一方面，互联网的开放性和自由性使商标的使用和传播变得更加容易和广泛。相对于传统的营销渠道，企业可以通过互联网实现在全球范围内降低营销成本、提高曝光率等。同时，由于互联网的开放性，也容易出现大量的不良商标使用和侵权现象，给商标权人造成极大的压力。

另一方面，数字技术的快速发展，对商标的使用和保护也带来了新的挑战。例如，在数字加密与虚拟现实技术的支持下，深度学习与算法的发展拓宽了商标的使用范围，但也存在技术泄露、大数据算法偏差等问题。

另外，由于互联网的虚拟性，网络中商标的隐蔽性极其突出。随着互联网的发展和普及，会出现更多的网络商标侵权形式。

## 二、直接侵权

随着互联网的不断普及和发展，网络商标侵权行为也愈演愈烈。近年来，我国的网络商标侵权现象呈现明显的增长及多样化趋势。网络商标侵权是指借助网络及相关技术工具实施的侵权行为，具备侵权行为基本特征。直接侵权的形式具体如下。

侵权人把商标权人商标的图形、文字，或者图形和文字的组合用在自己的网页上，甚至经营者的字号、商号等有时也被滥用在网页上，这种擅自使用别人商标的行为实质上与现实中的商标侵权没有太大的区别，应按照传统的商标侵权进行处理。

侵权人在网页链接中对商标进行侵权，例如在个人设置的链接中引用了他人的商标，使消费者认为此链接就是商标权人的链接，或者在自己网页的代码中设置别人的商标，如果在搜索引擎中输入商标的关键字，就会出现带有商标标识的非商标权人的页面，这种搜索结果甚至还会靠前出现。这种行为不仅侵犯了商标权人的权利，而且给消费者造成极大的困扰，不利于网络的便捷和安全。

网络域名的商标侵权。一个简明易记且与自己商标相关联的域名对于商家来说具有巨大的价值，有些与商标相同的域名会被别人抢注，有些人为了敲诈商标权人而恶意注册与其商标相同的域名。上述行为都会给商标权人造成不同程度的经济损失。

### 三、隐性侵权

隐性侵权是指虽然没有在自己的商品上使用与他人相同或类似的商标，但为了提高自己的知名度，时常会"隐性使用"他人的商业标识进行商业推广的行为。例如在电商网页中通过超文本链接指向他人商标作为链接锚，而实际与该商标并无任何关联；将他人的知名商标、商号等关键词恶意嵌入网页源代码，用户浏览网页时无法察觉，但当用户搜索引擎检索该关键词时，嵌入关键词的网页会排名靠前，而真正的商标、商号持有人却不易被搜索到。目前，少数搜索引擎和电商平台会对其签约商家网页关键词的选取进行直接限制。而大多数的搜索引擎和电商平台通过免责条款，规避自身风险，针对这种情况，商家需要格外注意。

### 四、域名抢注

合法的域名抢注行为主要表现为抢注尚未注册的域名和抢注已注册的域名两种形式。第一，抢注尚未注册的域名通常发生在域名的潜在价值被预见之时，抢注者通过快速行动在其他人察觉之前完成注册。在这种情况下，抢注者可能会涉及知名品牌、知名团体或个人的名称以及其他知识产权元素，旨在获取域名所蕴含的商业利益或者转售给相关方。这种抢注行为需要一定的先见性和敏锐度，因为一旦域名被注册，后来者想要获取将十分困难。第二，抢注已注册的域名是指在域名到期前进行的抢注行为。在这种情况下，抢注者可能会寻找那些即将过期且具有一定商业价值的域名，并希望能够在域名到期后迅速注册并使用。这种行为可能导致损害原本域名持有人的利益，同时也反映了域名市场的竞争和变化。

以上两种域名抢注行为均不构成侵权行为，但是恶意抢注域名属于侵权行为。恶意抢注域名是指有人将一些知名企业的商标、商号或者其他标识抢先注册域名，期望以高价卖给那些知名企业，从中牟利 [1]。也有人抢注与知名企业域名相似的域名，从事诈骗或者假冒伪劣商品销售的活动。针对恶意抢注域名的有效应对措施，就是注册公司域名，并将其资本化，将其视为一种无形资产进行确认、计量、记录和报告，以加强对域名的管理和经营。2019 年 2 月 19 日，陈某注册与百度相似的域名，并擅自建立"简单搜索"网站提供搜索服务，触犯了《商标法》和《反不正当竞争法》相关规定，侵犯了百度在线公司和百度网讯公司所拥有的商标专用权。根据一审法院的判决结果，陈某被要求向受害公司支付 80 万元的经济赔偿，并在《法治日报》上刊登道歉声明，以消除其侵权行为所造成的不良影响。然而，陈某对一审判决不满，选择提起上诉，但在二审中，重庆市高级人民法院依法驳回了陈某的上诉请求，维持了原判决的有效性。这个案例向我们展示了法律对于知识产权保护和不正当竞争行为惩处的严肃态度。在互联网时代，尊重他人的知识产权和商标权非常重要，任何企图通过模仿、抄袭等手段获取不正当竞争优势的行为都将受到法律制裁。

---

1　张鹏 . 规制商标恶意抢注规范的体系化解读 [J]. 知识产权 ,2018(7):17–32.

# 本章小结

互联网的飞速发展及品牌战略的深入推进为数字商标提供了良好的发展空间。以往的企业品牌推广主要通过电视、报纸、广播等传统媒介，而在数字时代，网络成为企业品牌推广的重要渠道。

数字经济的快速发展能让中国品牌更快地走向全球，在数字时代，品牌价值将成为新话题，品牌要想得到消费者的认可，一定要着力提升用户体验。未来，新品牌需要借助大数据更清楚地获知目标消费者对品类、价格、IP 等方面的喜好，商品设计和商业链条的线上线下环节皆应适应时代发展，与时俱进。

随着互联网这一新兴事物的出现，许多以前没有出现的新事物应运而生。例如域名的使用，其与商标的使用有着千丝万缕的联系，恶意使用域名会降低商标原本的经济价值，有的企业还要回购属于自己的域名，这给市场经济的良性发展带来不小的阻碍。

商标与企业名称虽有区别，但表面相似易致混淆、侵犯他人知识产权案件频发。商标作为区分商品与服务的标志、元素与符号，对商业的稳定发展起到重要作用，国内商标保护意识仍有待加强。此外，我国互联网领域的商标权保护起步较晚，对互联网商标权的保护力度不足，出现部分商标网络侵权行为，且存在知情难、取证难、耗精力、效果差等问题。

可以通过借鉴国际上相应的法律及规制模式来处理非司法域名抢注争端。例如，采用强制性行政程序，规定强制呈送已注册、已使用域名三要件，以有效保护商标权人合法权益，并兼顾域名注册"在先"及"过错责任"原则。

# 第八章

# 其他类型的数字知识产权

## 第一节　集成电路布图设计

### 一、集成电路布图设计知识产权演化

集成电路布图设计涉及确定电子元件在传导材料中的几何图形排列和连接方式的布局设计。此设计过程严谨、理性，可以确保电子元件之间的高效、稳定连接，进而实现集成电路的整体功能。

集成电路布图设计虽然在外观上呈现一种图形设计的形态，但是深入剖析其本质，我们会发现它其实并不属于传统意义上的"作品"。原因在于，集成电路布图设计并非思想的自由表达或艺术创作，而是一种实用性的技术设计。这种设计更多关注的是功能性和效率，而非艺术性或创造性。正因如此，集成电路布图设计不能被视为《著作权法》所保护的作品。而且集成电路布图设计更新换代较快，若用《著作权法》来保护集成电路布图设计，则可能会由于著作权的保护期过长而不利于集成电路产业的发展。

集成电路布图设计权作为一项独立的知识产权，赋予权利持有人对其布图设计的专有复制和商业使用权利。尽管集成电路布图设计在形态上类似于图形设计，但它并不等同于工业品外观设计，工业品外观设计主要指产品外观的造型、颜色等方面的设计，而集成电路布图设计更侧重于电子元件之间的逻辑连接和排列方式。集成电路布图设计不能被《专利法》保护，这是因为从《专利法》的保护对象来看，其规定产品、方法或改进的技术方案需要具备创造性、新颖性和实用性，这一点对集成电路布图设计而言往往难以做到；而从专利的取得程序来看，专利申请审批的时间过长，成本较高，不利于技术的推广和应用。

现有的《专利法》《著作权法》无法给予集成电路布图设计有效保护，世界上许多国家通过单行立法，确认布图设计的专有权，即给予其他知识产权保护[1]。《民法典》第八百七十六条规定：集成电路布图设计专有权转让和许可，参照适用技术转让合同和技术许可合同的有关规定。可见，集成电路布图设计权是一项独立的知识产权，是专有权人或权利持有人对其集成电路布图设计进行复制和商业利用的专有权利。

美国是最早对集成电路布图设计进行立法保护的国家，随后，日本、瑞典、英国、德国等国也制定了各自的集成电路布图设计法。1989年5月，WIPO通过了《关于集成电路的知识产权条约》。此外，《知识产权协定》对集成电路布图设计也有所规定。

我国的集成电路布图设计保护相对较晚。2001年3月，国务院通过《集成电路布图设计保护条例》，明确了集成电路布图设计的概念用语、保护条件、管理机构、保护范围等，规定了集成电路布图设计专有权内容、集成电路布图设计的登记、集成电路布图设计专有权的行使，以及相关民事和行政法律责任等内容。后续又出台了《集成电路布图设计保护条例实施细则》，与《集成电路布图设计保护条例》。根据《集成电路布图设计保护条例》的相关规定，集成电路布图设计专有权的保护期限被设定为10年。这个保护

---

1 曹志明，王志超．集成电路布图设计专有权保护相关问题研究——国内首例侵权纠纷行政裁决案件引发的思考 [J]．知识产权，2018(7):60-67．

期限的计算起始日可以是集成电路布图设计登记申请之日，或者是集成电路布图设计在世界任何地方首次投入商业使用之日，以这两个日期中较早的一个为准。这样的规定旨在保护集成电路布图设计者的知识产权，鼓励技术创新和行业发展。然而值得注意的是，无论集成电路布图设计是否进行登记或者投入商业使用，集成电路布图设计创作完成之日起的 15 年后，该集成电路布图设计将不再受到《集成电路布图设计保护条例》的保护。这一条款可以理解为对知识产权保护的一种时间限制，防止因保护期限过长而阻碍技术的传播和应用。

《集成电路布图设计保护条例》及其实施细则的制定，充分考虑了我国相关工业的实际情况，也参考了有关国际条约和其他国家立法的规定。《集成电路布图设计保护条例》及其实施细则的公布，标志着我国集成电路布图设计知识产权制度的建立，使我国知识产权制度更加完整，门类更加齐全。

随着信息技术的迅猛发展，芯片产业作为数字经济的基础支撑，扮演着越来越重要的角色。在这样的背景下，集成电路布图设计的保护与规范尤为重要。作为相关法律文件，《集成电路布图设计保护条例》的修订和完善将有助于促进芯片产业的创新发展，推动我国数字经济的进一步壮大。法律的明确和完备将为企业提供更稳定、可预期的经营环境，吸引更多投资进入芯片产业，推动整个行业的进步与蓬勃发展。同时，完善的法律条款也将有利于规范市场秩序，减少知识产权纠纷，促进产业协同创新，为数字经济的健康发展提供有力支持。

## 二、集成电路布图设计知识产权客体

集成电路布图设计专有权是一种特殊且独立的知识产权，它与我们所熟知的版权、专利或商标存在显著的差异。但是其保护制度却展现出部分版权保护和工业产权保护，尤其是专利权保护的特征，这体现在对集成电路布图设计的独创性和实用性的双重保护上。就像版权保护作品的独创性一样，集成电路布图设计专有权也保护集成电路布图设计的独特性和创造性。同时，它也像专利权一样，保护集成电路布图设计的实用性和技术特征，防止他人未经授权地复制或利用。

根据集成电路布图设计专有权，集成电路布图设计保护的程度可分为3个层次：第一层次为仅保护集成电路布图设计；第二层次为同时保护集成电路布图设计和含有该集成电路布图设计的集成电路；第三层次为保护集成电路布图设计和含有该布图设计的集成电路，以及含前述集成电路的产品 [1]。

判断一个图样或复制件的内容是否属于《集成电路布图设计保护条例》第二条第一项和第二项规定的集成电路及集成电路布图设计时，应基于集成电路布图设计创作者和集成电路制造者具有的知识和能力进行评价。在判断其是否属于集成电路布图设计保护对象时，应以提交的复制件或者图样的内容为准。集成电路布图设计登记要求提交复制件或图样，以便公众通过查阅了解其设计内容。集成电路布图设计专有权保护范围以复制件或图样为准。

集成电路布图设计中可能出现的三维配置技术构思如果可以应用于产业，并能够在产业应用中解决技术问题并实现技术效果，则可以被撰写为一种技术方案并获得专利权的保护。一旦这种三维配置技术方案获得专利权的保护，则按照这种技术方案配置而成的三维配置不论表达形式如何，都将被纳入专利权的保护范畴 [2]。专利权的保护范围和强度远远大于布图设计专有权单纯地对某一种三维配置表达形式所进行的保护。

"锂电池保护芯片"集成电路布图设计侵权案是一起典型的侵害集成电路布图设计专有权纠纷案 [3]。苏州赛芯电子科技有限公司申请登记了名为

---

1  曹伟.集成电路知识产权保护评析 [J].现代法学,2007(2):163-169.

2  黄玉烨、张惠瑶.3D 数字模型的复制权保护探析 [J].中南大学学报 (社会科学版),2015,21(5):45-50,153.

3  苏州赛芯电子科技有限公司与深圳裕昇科技有限公司、户财欢、黄建东、黄赛亮侵害集成电路布图设计专有权纠纷案〔最高人民法院（2019）最高法知民终 490 号民事判决书〕。

"集成控制器与开关管的单芯片负极保护的锂电池保护芯片"的集成电路布图设计，但随后发现深圳裕昇科技有限公司等公司未经许可复制、销售与其布图设计实质相同的芯片，侵犯了其专有权。最高人民法院经审理认为，集成电路布图设计的保护对象是为执行某种电子功能而对于元件、线路所做的具有独创性的三维配置，对于独创性证明，不能过分加大权利人的举证责任。权利人主张其集成电路布图设计的三维配置整体或者部分具有独创性应受保护时，应当对其独创性进行解释或者说明，然后由被诉侵权人提供证据，在此基础上综合判断该集成电路布图设计的三维配置是否具备独创性。由此，本案判决厘清了集成电路布图设计登记行为的性质，明确了集成电路布图设计独创性判断的基本思路，维护了集成电路布图设计权利人的利益。

### 三、集成电路布图设计知识产权例外

集成电路布图设计侵权抗辩包括合法来源抗辩、在先使用抗辩权及现有技术抗辩。对于合法来源抗辩和在先使用权抗辩，《集成电路布图设计保护条例》及其实施细则有明确的规定，但是有关现有技术抗辩，布图设计专有权相关法规却没有明确，需要以知识产权保护的理念进行分析和梳理[1]。

现有技术是《专利法》中提及的概念，是指专利申请日以前在国内外为公众所知的技术。《专利法》进一步规定，在专利侵权纠纷中，被控侵权人有证据证明其实施的技术和设计属于现有技术或者现有设计的不构成侵犯专利权。与专利相同，集成电路布图设计也存在现有技术，例如集成电路布图设计登记日前已经被公开但未登记的集成电路布图设计。对于这一类集成电路布图设计，从知识产权法保护的法理基础来看，即使第三方主体在后登记人登记专有权后，对此进行复制利用，也不应当构成侵权。

广东省高级人民法院审理的深圳市华彩威科技有限公司、深圳市明微电子

---

1　黄道许.集成电路布图设计基本定义的审查标准适用探析——从一件布图设计专有权撤销案件审查实践出发.中国发明与专利 [J],2019,16(2):97-102.

股份有限公司侵害集成电路布图设计专有权纠纷案能够很好地解释这一点 [1]。被控侵权方深圳市华彩威科技有限公司主张现有技术抗辩，虽然法院认为被控侵权方未能举证来证明其使用技术为现有技术，但法院对集成电路布图设计领域的现有技术概念予以认可。现有技术是被控侵权方抗辩侵权主张的有效理由之一。需要注意的是，提出现有技术主张的一方对现有技术应当负有举证责任，否则需要承担不能举证的不利后果。

# 第二节　计算机软件

## 一、计算机软件知识产权保护概述

在计算机系统中，软件与硬件彼此依赖，共同构成两大核心要素。软件部分涵盖程序、数据以及相关文档等。我国对计算机软件的定义涵盖计算机程序、程序描述和辅助资料 3 个方面。首先，计算机程序是指以任何语言、文字或符号编写完成的计算机程序，包括原始码、目的码、微码等形式，这些程序可以存储在各种媒介上，并被计算机系统执行。其次，程序描述是指与计算机程序相关的文档和信息，包括但不限于资料结构、演绎法则、流程图等。这些描述性文件对于理解、维护和修改计算机程序起着重要作用。最后，辅助资料是指与计算机程序使用和操作相关的文档与指南，包括程序规格书、操作手册、使用手册等。

当前，互联网在全世界的普及与发展给计算机软件产业提供了广阔的发展空间，有效推动了技术进步。然而不能忽视的问题是，计算机软件具有无形化、易复制、易传播等特性，原始开发者投入大量人力、物力和财力研发的成果很容易被其他人通过不正当的手段获取和传播，而且复制和传播计算机软件

---

1 （2017）粤民终 1145 号。

的成本极低，容易损害原开发者的合法权益。目前国际通行做法是将计算机软件纳入《著作权法》加以规制和保护，另外还有国家将《著作权法》《专利法》等多部法律联合起来，或者采取专门立法的方式进行保护，甚至还有学者主张单独采用《专利法》进行保护 [1]。可见，计算机软件知识产权的保护是一个比较复杂的问题。

互联网及应用程序知识产权纠纷模糊了诉讼客体，以至于"侵权"所指向的对象包含了著作权、专利权、反不正当竞争等多种性质，这是未来在处理计算机软件知识产权纠纷时应该高度关切的问题。腾讯诉 360 不正当竞争案是我国首例在不正当竞争案件中涉及用户隐私保护的案件。奇智软件（北京）有限公司开发的"360 隐私保护器"通过北京奇虎科技有限公司提供的"360 网"发行。然而，这款软件在监测过程中带有针对 QQ 软件的不当言论，这引发了深圳市腾讯计算机系统有限公司的强烈不满。原告认为，"360 隐私保护器"在评价过程中捏造事实，具有明显的不正当竞争意图，这不仅损害了腾讯的商业信誉和声誉，还构成了商业诋毁。此案由北京市第二中级人民法院审理。法院经审理认为，原被告双方具有竞争关系，而涉案的"360 隐私保护器"在描述相关监测结果时缺乏客观公正性。这种不实的描述足以误导用户产生不合理的联想，从而对 QQ 软件的商品声誉和商业信誉造成一定程度的贬损。基于以上事实，北京市第二中级人民法院作出判决：被告必须停止侵权行为、消除不良影响，并向原告赔偿经济损失 40 万元 [2]。该案确立了安全类软件商业言论的正当边界，对互联网不正当竞争案件的审理具有示范性意义，宣示了市场主体应遵循诚实信用的商业准则，维护市场正当

---

1　刘营 . 计算机软件知识产权保护方式再探讨 [A]. 吕彦主编 . 计算机软件知识产权保护研究 [C], 北京：法律出版社 ,2005.

2　腾讯科技（深圳）有限公司、深圳市腾讯计算机系统有限公司与北京奇虎科技有限公司、北京三际无限网络科技有限公司、奇智软件（北京）有限公司不正当竞争纠纷上诉案（北京市第二中级人民法院〔2011〕二中民终字第 12237 号民事判决书）。

合法的竞争秩序 [1]。

## 二、计算机软件的著作权保护路径

### （一）计算机软件的著作权保护法律体系建设情况

世界上绝大多数国家都将计算机软件视为《著作权法》保护范畴内的客体对象，认为计算机软件是作者智力劳动的产物，应当受到法律的保护。TRIPS 协定和 WCT 也明确规定了将计算机软件列入《著作权法》保护对象的范围，要求各成员国加强对计算机软件著作权的保护。在我国，计算机软件作为一种重要的知识产权形式，受到《著作权法》等法律法规的严格保护。根据《著作权法》的规定，计算机软件被视为著作权法保护的作品，具有与文学、美术等传统艺术作品同等的法律地位。此外，我国还颁布了《计算机软件保护条例》，进一步明确了对计算机软件的保护措施和规定，强化了对计算机软件开发者和知识产权所有者的保护。

我国于 1990 年通过的《著作权法》把计算机软件纳入著作权体系中，其中第三条规定：计算机软件是本法所称的九种作品之一。由于计算机软件的特殊性，以及其当时对于我国来说属于新出现的事物，《著作权法》中的计算机软件具体保护方法另行规定，即计算机软件方面的纠纷处理优先适用有明确规定的法律，如果没有明确规定的法律，可以适用《著作权法》。此后，我国发布了《计算机软件保护条例》《计算机软件著作权登记办法》，由此我国计算机软件著作权保护法律体系初步建立 [2]。

为适应加入世界贸易组织的需要，我国于 2001 年修订了《著作权法》，其第六十四条规定，计算机软件、信息网络传播权的保护方法由国务院另行规定。2001 年 12 月，国务院正式公布《计算机软件保护条例》，此举对计

---

1  安平 . 腾讯诉 360 不正当竞争案——我国反不正当竞争法司法实践的经典案例 [N]. 人民法院报，2019-10-01,46.

2  董雪兵 . 软件知识产权保护制度研究 [M]. 杭州：浙江大学出版社 ,2009.

算机软件的合理使用范围进行了合理限定，显著提升了法律层面对计算机软件的保护标准。2013 年，国务院又对该条例进行了修订，第二十四条完善了侵害计算机软件著作权的法律责任。

### （二）《著作权法》保护计算机软件的具体规定

《计算机软件保护条例》第二十四条明确规定了 5 种与计算机软件有关的侵权行为：复制或者部分复制著作权人的计算机软件；向公众发行、出租、通过信息网络传播著作权人的计算机软件；故意避开或者破坏著作权人为保护其计算机软件著作权而采取的技术措施；故意删除或者改变计算机软件权利管理电子信息；转让或者许可他人行使著作权人的计算机软件著作权。

在计算机软件著作权保护方面，我国法律有着严格的规定。除《著作权法》《计算机软件保护条例》及其他法律、行政法规另有规定外，任何未经计算机软件著作权人许可的侵权行为，都将根据情况承担相应的民事责任。这些民事责任包括停止侵害、消除影响、赔礼道歉以及赔偿损失等。如果侵权行为损害到社会公共利益，那么著作权行政管理部门将会介入，责令停止侵权行为，并没收违法所得以及侵权复制品，同时还可以并处罚款。在情节严重的情况下，著作权行政管理部门甚至可以没收主要用于制作侵权复制品的材料、工具、设备等。更为严重的是，如果侵权行为触犯了《刑法》，那么将依照《刑法》关于侵犯著作权罪、销售侵权复制品罪的规定，依法追究刑事责任。具体的罚款金额会根据侵权行为的严重程度有所不同，有前述第 1 项或者第 2 项行为的，可以并处每件 100 元或者货值金额 1 倍以上 5 倍以下罚款；有前款第 3 项、第 4 项或者第 5 项行为的，可以并处 20 万元以下罚款。

《著作权法》对计算机软件的保护维护了软件权利人的权益，激发了计算机软件开发者的创作热情和创新活力，也有助于促进计算机软件产业的健康发展和数字经济的繁荣。首先，《著作权法》规定计算机软件的保护范围仅限于其具体的表达方式，而不包括计算机软件的构思理念本身。这一原则意味着即使某个计算机软件的功能或概念被其他开发者借鉴或参考，只要采用了自己独特的表达方式，就不会侵犯原计算机软件的版权。其次，根据《著作权法》的规定，计算机软件的保护对象只需要具备独创性的标准即可获得著作权保护。这意味着绝大多数计算机软件都可以纳入《著作权法》的保护范围，无论是商业软件还是个人编写的小型程序，只要具备一定程度的独创性，均可以受到《著作权法》的保护。最后，《著作权法》保护手续简便，仅需要注册登记，而且我国实行的是计算机软件自动产生著作权原则，登记注册手续仅仅是提出软件纠纷行政处理或诉讼的前提，而非获得著作权的必要条件[1]。

### （三）《著作权法》保护计算机软件的局限性

计算机软件作为知识产权的重要组成部分，在享受《著作权法》保护时面临一定的挑战。计算机软件由代码组成，而代码中含有许多标准化和通用性较高的操作方法、概念等，这些内容是否应该受到著作权保护，还存在争议，这使计算机软件的保护范围难以确定，易导致侵权行为的发生。在网络环境下，计算机软件的传播变得异常便捷，这使保护计算机软件著作权的难度加大。

第一，《著作权法》仅针对计算机软件的表达形式提供保护，对于其核心思想则不予涵盖，而恰恰是软件思想构成了其核心价值。计算机软件的构思和技术方案被认为是软件成功的关键和最有价值的部分，因为它们直接影响着计算机软件的功能性、创新性和市场竞争力。计算机软件开发者往往希望对自己的计算机软件构思和技术方案享有长期的独占权。然而，在实际的版权保护范围内，《著作权法》等相关法律法规的保护范围更偏向于具体的表达形式，使那些更能体现计算机软件创作者智力水平和计算机软件价值的技术方案往往被排除在著作权法的保护范围之外[2]。

第二，《著作权法》允许他人使用作品，计算机软件的价值正是体现在

---

1 寿步.软件著作权登记的法律效力问题新论 [J].科技与法律,1996 (3):35-40.
2 朱雪忠.论我国"软件保护条例"与"著作权法"的冲突与协调 [J].法学评论,1994 (1):47-50.

应用方面，这是由其功能性和技术性所决定的。计算机软件旨在解决特定问题，结合硬件实现特定功能，而非满足精神需求。因此，传统《著作权法》的保护范围有限，导致计算机软件权利人应有的专用权缺失。

第三，《著作权法》通常规定作品的保护期为作者生前及死后50年。然而，计算机软件的生命周期相对较短，其实用性促使开发者不断进行创新和更新。随着计算机软件更新换代的速度日益加快，给予计算机软件作品50年的保护期既不必要，也不利于提升我国计算机软件产业的技术水平。因此，寻求其他保护计算机软件的方式越发重要。

### 三、计算机软件的专利权保护路径

我国不仅通过《著作权法》对计算机软件进行保护，还采用《专利法》对涉及计算机软件的发明专利进行保护。值得注意的是，《专利法》并不只是对计算机程序本身进行保护，而是着重保护包含计算机软件程序的发明专利申请中所包含的技术方案[1]。

根据我国《专利法》的规定，专利主要分为发明、实用新型和外观设计3种类型。其中，针对计算机软件的保护一般适用于发明专利，即针对产品、方法或改进所提出的新技术方案。在计算机软件领域，这些技术方案可以涉及包含计算机程序的方法发明，也可以涉及利用自然规律构成的技术特征集合。这些技术方案代表了软件开发者为解决特定技术问题而提出的创新性解决方案，是计算机软件背后深层次技术思考和创意的体现。根据《专利法》的保护范围，这些含有计算机软件的发明以及利用自然规律构成的技术特征集合应当受到法律的保护。

发明专利是技术创新的重要成果之一，而要取得发明专利，必须满足一定的条件。根据《专利法》的规定，发明专利的取得需要满足"三性"条件，

---

1 董雪兵.软件知识产权保护制度研究[M].杭州：浙江大学出版社,2009.

即新颖性、创造性和实用性。《专利法》第二十二条明确了"三性"的概念：新颖性是指该发明或者实用新型不属于现有技术，也没有任何单位或者个人就同样的发明或者实用新型在申请日以前向国务院专利行政部门提出过申请，并记载在申请日以后公布的专利申请文件或者公告的专利文件中；创造性是指与现有技术相比，该发明或者实用新型具有突出的实质性特点和显著的进步；实用性是指该发明或者实用新型能够制造或者使用，并且能够产生积极的效果。从"三性"上来判断，很多软件符合申请专利的条件。

我国现阶段对计算机软件专利持相对谨慎的态度，《专利审查指南》明确规定，涉及计算机程序的发明专利申请仅当其构成技术方案时才受专利权的保护。为了确保计算机软件这一重要成果能够得到充分的法律保护，全球范围内将计算机软件纳入专利法保护体系，已成为一种普遍趋势。

然而，这并不意味着计算机软件无法获得其他法律制度的保障。实际上，只有在《著作权法》《专利法》《商标法》和《反不正当竞争法》等多部法律的共同作用下，计算机软件才能得到全面、适度的保护。

在众多法律中，《专利法》在知识产权法律保护体系中占据分量颇重的位置。作为工业产权保护的主要手段，《专利法》为计算机软件的创新提供了强有力的法律支撑[1]。与其他知识产权法律相比，《专利法》具有极强的排外性，同时为了确保专利权的权威性和有效性，专利权的授予需要经过非常严格的行政审查。一旦通过审查并获得专利权，专利权人将获得法律赋予的强有力保护，从而确保其创新成果不被侵犯[2]。

## 四、软件定义网络与知识产权保护

SDN 是一种新型网络创新架构，它通过将网络控制层和数据转发层分

---

1 　任自力. 创意保护的法律路径 [J]. 法学研究，2009,31(4):93–107.

2 　安中山. 与专利权行使有关的被许可方利益保护问题探析 [J]. 大连海事大学学报 ( 社会科学版 ),2006
　　(4):32–35.

离，将网络管理和控制软件化，从而实现对网络的灵活、智能和可编程化管理。SDN 为新型互联网体系结构研究提供了新的实验途径，也极大地推动了下一代互联网的发展。传统的网络世界是水平、标准和开放的，每个网元可以和周边网元互联，SDN 将在整个网络的垂直方向变得开放、标准化、可编程，让用户更容易、更有效地使用网络资源。

软件定义作为新一轮科技革命与产业变革的显著特征和重要标志，其影响力逐渐凸显，并已成为推动社会发展的关键驱动力。这一技术趋势对产品功能进行了深度拓展，使产品的性能和用户体验得以大幅提升，更重要的是，它改变了传统的价值创造方式。在软件定义的推动下，一系列新型制造模式应运而生，例如平台化设计、个性化定制、网络协同、智能生产、服务拓展以及数字化管理等。这些新型制造模式的出现，极大地提高了生产效率，降低了生产成本，同时也使产品更加符合市场需求，提升了市场竞争力。此外，软件定义还进一步推动了平台经济和共享经济的蓬勃发展。平台经济以互联网技术为基础，连接各类资源，实现资源的优化配置和高效利用。而共享经济则通过共享闲置资源，提高资源利用效率，减少浪费，实现经济效益和社会效益的双重提升。

软件定义赋予了企业更强的创新能力，航空航天、汽车、重大装备、钢铁、石化等行业的企业纷纷加快转型，软件能力已成为工业企业的核心竞争力。2016 年至 2020 年，我国 SDN 行业市场规模处于快速增长时期，年均增速达 93%。随着 5G 商业化进程不断加速，SDN 的应用持续渗透于各行业，我国 SDN 行业销售规模得到进一步增长。2020 年以来，新基建吸收了新科技革命成果，努力实现国家生态化、数字化、智能化、高速化、新旧动能转换与经济结构对称。新基建主要包括 5G 基站、特高压、城际高速铁路和城市轨道交通、新能源汽车充电桩、大数据中心、人工智能、工业互联网七大领域的建设，这些领域广泛涵盖了众多产业链环节。其中 5G 基站的建设让软件定义通信市场迎来了新的发展机遇，垂直行业的 5G 需求也逐步旺盛，基于 5G 通信的虚拟专网、行业专网和混合专网等也陆续应用到电力、港口、工业等领域。随着国家进一步对通信产业升级部署，以及相关政策的落实，通信行业尤其是由通信新技术主导的软件定义通信行业，迎来了前所未有的发展契机。

SDN 技术在研发和实现的过程中，涉及的创新性技术成果需要得到知识产权的保护和合理利用，以保障技术创新者和利益相关者的合法权益。SDN 技术可以使网络安全管理更加智能和高效，但与此同时，SDN 技术的广泛应用也意味着网络安全漏洞和安全威胁增多，因此，SDN 技术的创新和应用需要得到充分的知识产权保护。网络运营商和网络用户的个人信息保护、商业机密保护和数据隐私保护等问题均涉及知识产权保护。

# 第三节　数据资产

## 一、明确数据资产权属的意义

数据资产整合的基础在于将零散的数据进行协同和聚合，实现数据资产的共享机制和协同效应。在数据资产的协同与聚合过程中，面临最大的问题是数据的权属与数据资产的安全防护，特别是对数据产权性质的依法界定。

应当指出，数据所有权与传统的所有权截然不同，传统的所有权是对自有物的占有、使用、收益和处分等权利。当下，大量数据与信息以聚合方式存在于社交网络、电子商务及移动智能终端等网络平台。个人数据作为一种重要的数字资产，涵盖了个人的基本信息、偏好习惯、消费行为等方面内容，具有极高的商业和社会价值，数据从开始生成的时候，就与数据主体处在一种分离的状态，公民作为数据内容的主体不能完全防止个人数据和信息被非法使用。在这种情况下，个人数据主体往往处于被动地位，缺乏对自己数据的全面掌控，容易面临数据泄露、侵权使用等风险。

事实上，数据保护的核心不仅在于数据本身，更在于如何规范数据控制者收集、控制、处理公民或企业数据的行为。因此，公民行使数据权利的基础是公民作为数据内容的主体有权决定其个人数据在何时、何地，以及以何种方式被何人收集、控制、处理。

为此，建议依托《个人信息保护法》和《数据安全法》，重点对数据资源的确权、开放、流通、交易等相关法律制度做出安排，强化数据要素市场产权保护制度，确立数据资产交易安全的基本原则和目标，以及对数据要素市场的分类标准，强化数据安全管理的各类主体责任，提升数据运营者在数据生命周期的相关数据服务安全合规能力。

## 二、数据资产赋权必要性分析

在《民法典》的制定过程中，数据资产与知识产权的法律关系受到深入研究和多次调整，这是因为数据的流通和分享需求与传统的物权、债权保护方式存在不匹配的情况。数据的无形性、可复制性等特点使其保护方式需要不同于传统的物权和债权。最终，数据资产与知识产权的法律关系被纳入人格权编中，作为个人信息保护和隐私保护的重要内容。这不仅体现了对数据保护的高度重视，也反映了法律体系的与时俱进。更值得一提的是，《民法典》第一百二十七条明确规定："法律对数据、网络虚拟财产的保护有规定的，依照其规定。"这一法条的出现，无疑为数据的法律保护提供了坚实的法理基础，同时也为未来数据资产的确认和权属问题的解决提供了明确的法律依据 [1]。

知识产权的客体包括专利、商标、著作权等各种形式，本身具有一定的共享性，可以被多人同时使用或反复使用。然而，为了激励创新和保护知识产权持有人的创造成果，知识产权制度引入了排他性原则，即通过授予专有

---

1　王淇，李牧. 数据知识产权保护的理论思考 [J]. 中国市场监管研究,2021 (4):11–13.

权利让权利人对"客体利益"具有独家的控制权。在数字时代，数据共享已成为推动数字经济发展的重要因素之一。通过对权利进行专有化配置，可以促进数据的交换和分享。知识产权制度的核心目的是使知识产权处于"专有领域"，赋予权利人在特定范围内的独家控制权，从而激励创新和投资，提高经济效益。然而，知识产权制度在追求独家控制权的同时，也兼顾多重功能和利益，例如社会公共利益、创新共享、文化传承等。因此，在制定和执行知识产权政策时，需要综合考虑各方利益，并寻求最佳的平衡点，以实现在有效保护知识产权的同时促进社会发展和公共利益的最大化。

数据作为资产与传统市场的有形物品或无形服务完全不同，数据资产具有非竞争性、无限供给、易复制性、无实体损耗、边际成本极低等特征，以及乘数效应下的规模收益递增等优势。数据资产与数字社会的技术、市场和商业结构紧密相连，根本目标在于推动数字化智力成果的产业化，而数据资产的知识产权保护是数据作为生产要素发展的内在要求。

数据产品与传统市场产品的提供方式完全不同，数据产品主要按照"原始数据不出域、数据可用不可见"的要求，以模型、核验等产品和服务等形式向社会提供，主要有 7 类：一是数据集与数据包，这类数据一般为静态数据。例如，数据集主要指一组相关的数据样本（通常以图表的形式出现，表中，行表示观测值，列表示变量值），可用于机器学习、数据挖掘、统计分析等领域；二是数据模型，这类数据主要是基于特定场景，结合多种数据，利用算法将实际业务问题转化为可通过计算解决的数学问题；三是应用程序接口（Application Programming Interface，API），这类数据是利用数据网关实现对外服务的模式；四是数据服务，这类数据主要是提供数据对比、提取、关联、转换、清洗、加工等数据服务的过程；五是数据应用，即利用平台数据，进行业务层面的抽象处理，最终供企业决策使用；六是数据报告，这类数据直接展示数据结果，形成可直接阅读的综合性报告；七是数据咨询服务，这类数据利用合规持有的数据提供政策、行业或产业相关领域业务的咨询，以及培训服务或组织需求的解决方案等。

传统物权与数字智力成果在权利存续的时间性上有着本质区别。传统物权通常没有所谓的"法定时间性",即物权的存在并不受时间的严格限制,只要物存在,物权就存在。然而,数字智力创造的成果,例如文学作品、艺术作品、发明创造等,具有永续性,它们一般不会因时间的推移而自然消亡。因此,知识产权的保护时间需要由法律来设定。知识产权法规定了各种智力成果的保护期限,一旦保护期限届满,这些原来专有的智力成果就会自动进入公有领域,供公众自由使用。这样的制度设计既保护了创作者在一定时期内的独占权利,以激励创作者进行创新和创造,又确保了智力成果最终能够为社会所共享,促进文化的传播和科技的进步。同样的逻辑也适用于对数据知识产权的保护。

## 三、数据资产具体类型

### (一)数据著作权

在当前的法律体系下,数据并未得到充分的法律保护。尽管数据具备成为《著作权法》中作品的可能性,但目前我国《著作权法》并未将数据明确列入作品保护范围。这一现状在一定程度上造成了事实型数据库等数据产品难以获得有效的法律保护。

为了解决这个问题,可以考虑在现有列举式立法之外,再单独设立相对弹性的作品构成要件条款。这意味着,我们可以为数据作品设置一个相对宽松的标准,以便将部分符合作品要件的内容型数据产品纳入《著作权法》的保护范围。这样的做法不仅能够更好地适应数字时代的发展需求,还能够为数据提供更为全面和有效的法律保护 [1]。

### (二)数据专利权

数据算法,作为一种高度创新的成果,具有高度的通用性和创造性,这

---

1  梅夏英.在分享和控制之间数据保护的私法局限和公共秩序构建 [J]. 中外法学,2019,31(4):845-870.

使它们有可能符合《专利法》中关于创造性的定义。然而，为了适应数字时代的需求，我们必须对当前《专利法》的列举式立法模式进行适当的调整，以确保其能够灵活应对新兴技术，并为未来的法律发展预留足够的空间。

在实际应用中，大数据通常涉及并应用于单纯的商业方法（模式）、特定算法或者计算机软件等方面，其属性往往接近于智力活动规则和方法。这导致很多具有实用性的数据算法被排斥在专利权客体之外，无法满足《专利法》中关于创造性的要求。为了解决这个问题，我们可以考虑适当放宽数据专利授权的限制，降低对算法型数据和数据型商业方法与商业模式的专利审查标准。

此外，专利特有的新颖性、非显而易见性和实用性，使企业数据的编排、选择和计算在引用专利保护上存在困难。因此，建议适度放宽当前数据专利授权的限制，适当降低对算法型数据、数据型商业方法和商业模式的专利审查标准，将价值发现与价值评判的权力交给社会公众和市场主体。

### （三）数据权益与《反不正当竞争法》的交叠

《反不正当竞争法》将数据，特别是企业内部的数据信息视为商业机密进行保护。这种保护机制旨在防止数据被不正当地获取和使用，从而维护市场的公平竞争。然而，这种商业机密的保护方式并非万能的。虽然它赋予了权利人对抗权，即权利人可以依法对抗任何未经授权的数据获取或使用行为，但这种保护在实际操作中存在一定的局限性。例如，如果某人通过技术手段（例如还原工程）获取了原始数据，而这种行为并未涉及不正当手段，那么这种行为可能并不构成对商业机密的侵犯。此外，过度依赖商业机密保护数据还可能导致另一种问题，即数据垄断 [1]。

随着数字技术的飞速发展，数字经济已经成为全球经济增长的重要引擎。在这一背景下，数据逐渐凸显出其作为当代数字经济核心生产资料和关键分配要素的重要性。然而，传统的知识产权保护体系在面对这一新兴领域时，

---

1　付新华.企业数据财产权保护论批判——从数据财产权到数据使用权 [J]. 东方法学,2022(2):132−143.

显得力不从心。因此，我们迫切需要通过创设知识产权保护新类型，来重新认识并理顺知识、信息、数据以及知识产权、信息产权、数据产权之间的关系。

# 第四节　未公开数字化信息

## 一、数字化信息资源确权必要性

随着现代信息技术的飞速发展，信息资源的数字化和网络化进程日益深入，这对传统知识产权观念提出了全新的挑战。在互联网时代，人们可以轻松地分享、传播和获取各种知识产权作品，但与此同时，著作权人的权益保护、侵权行为的认定以及侵权责任的追究也变得异常复杂。互联网的虚拟性和跨境性给知识产权保护带来了前所未有的挑战，传统的法律框架和监管机制显得力不从心。面对这一现实，国际社会开始密切关注网络知识产权保护的重要性，并纷纷呼吁加强相关工作。

20世纪90年代是数字化信息发展的开端，数字化信息资源的重要性逐渐凸显。在这一背景下，为了更好地保护数字化信息资源的知识产权，美国、欧盟以及日本等知识产权保护体系较为完善的国家和地区，都意识到数字时代知识产权保护的紧迫性和重要性，纷纷出台了相关法律法规。例如，WIPO于1996年12月主持缔结了《世界知识产权组织版权条约》和《世界知识产权组织表演和录音制品条约》；美国于1998年10月通过了《数字千年版权法》；欧盟于1991—2002年先后通过了8个涉及数字化问题的知识产权指令，其中，1996年的《数据库法律保护指令》和2001年的《关于协调数据社会中版权与相关权利若干方面的指令》在很多方面突破了传统知识产权的法律框架，主张用"特别权"对达不到著作权保护要求的数据给予特别保护[1]。

当前，美国、欧盟以及日本等国家和地区在著作权领域建立了高效运转

---

1　杨海平.数字出版物技术措施的法律保障研究 [J].现代图书情报技术,2004 (8):70-73.

的著作权集体管理组织体系，这些组织通常遵循相关国际组织制定的标准，在建立作品数据库的基础上实现了在线询问、在线许可和在线收费等系统功能。以日本音乐著作权协会为例，其管理系统不仅可以办理在线许可、征收版税、分配版税等业务，还可以为音乐创作者和版权持有人提供便捷服务[1]。然而，随着互联网的普及和发展，一是打破了传统的国界，著作权管理也呈现出新的特点，即管理日益国际化。在这一背景下，国际性集体管理组织加强了跨国著作权管理的合作与规范[2]。二是管理范围日益外延，传统意义上集体管理组织仅能管理会员授权的作品，而北欧国家则引入了"延伸性集体管理"模式，允许集体管理组织在法律规定的范围内管理非会员，这种新型的管理方式有望成为解决著作权海量许可问题的重要途径之一。在长远发展的视角下，这种开放性、灵活性更强的管理模式将有助于促进跨国作品的流通与交易，推动全球著作权保护机制的进步与完善。

随着数字时代的到来，数字化信息资源的知识产权问题日益凸显。为了保护知识产权，部分发达国家和地区已经在法律、技术措施及管理方面进行了深入的制度设计。这些举措为数字化信息资源管理提供了坚实的法律后盾，使知识产权得到更为有效的保护。同时，这些国家和地区在技术和管理方面也取得了显著的进步，为数字化信息资源的安全和合理利用提供了诸多有益的经验和成果。

2023 年 6 月，欧洲议会投票通过了《人工智能法案》，要求人工智能基础模型的提供者，在产品进入欧盟市场发布前，评估并减轻可能存在的风险，并在发布前完成在欧盟数据库的注册。例如，ChatGPT 这类生成式人工智能系统，需遵循透明度原则，包括披露内容由人工智能生成、协助区分深度伪造图像与真实图像等。此外，生成式人工智能作为一种工具应首先防范生

---

1 罗桂芸, 鲁春梅. 数字环境下版权保护制度构建的思考 [J]. 北京印刷学院学报, 2005 (4):49-52.

2 叶新. 国外著作权集体管理组织概况 [J]. 出版发行研究, 2005 (6):70-74.

成违法内容和避免出现侵权行为。

## 二、数字化信息资源知识权益属性

近年来，随着我国互联网事业的迅猛发展，数字化信息资源的知识产权保护在我国知识产权工作中扮演着越来越重要的角色。为了有效地解决网络空间中知识产权保护面临的挑战，最高人民法院陆续发布了一系列涉及网络和数字化信息资源知识产权保护的司法解释文件，包括《关于审理涉及计算机网络域名民事纠纷案件适用法律若干问题的解释》《关于审理著作权民事纠纷案件适用法律若干问题的解释》《关于审理涉及计算机网络著作权纠纷案件适用法律若干问题的解释》以及《关于办理侵犯知识产权刑事案件具体应用法律若干问题的解释》等。这些司法解释文件的发布为数字化信息资源知识产权保护提供了明确的法律依据，为我国在数字时代的知识产权保护工作奠定了坚实的法律基础。通过这些法律文件，我国司法实践在处理涉及网络和数字化信息资源知识产权纠纷时提供了更清晰的法律指引，为维护权利人的合法权益提供了有力的支持。

我国在网络环境下数字化信息资源知识产权保护方面起步相对较晚，但随着社会经济的快速发展和科技创新的不断涌现，我国在这一领域的立法和实践也在逐步完善。相关法律法规的不断健全和修订为数字化信息资源知识产权保护提供了更为明确的法律依据，有力地维护了知识产权权利人的权益。除了法律法规的完善外，大众对数字化信息资源知识产权保护意识的逐步增强也是推动我国工作取得成效的重要因素。同时，在产业界的积极作用下，各行各业纷纷加强知识产权保护意识，推动企业加大研发投入、加强自主创新，促进产业升级和转型发展。

## 三、数字信息加密与知识产权保障

对数字文件进行加密，使敏感信息即使被截获也无法解码，这一点成为当前数字信息资源知识产权保障的重要技术组成，例如，用于信用卡信息传输。这项技术同样可以用于敏感信息的传输。事实上，互联网的加密标准是颇好保密性（Pretty Good Privacy，PGP），代表"相当好的隐私"。良好的设计、防火墙和良好的安全实践（例如安全审计）是增强加密价值所需的技术。现在有各种各样的技术解决方案，可以为 Web 用户提供早期缺乏的安全措施。

加密为著作权保护提供了一种技术途径，但要建设一个可靠的系统还有很长的路要走。强大的密码算法可以为电子出版商提供比大多数传统出版商更强大的控制能力。使用加密技术可以将著作权声明加密到文档中，从而随文档一起传输到任何地方。

在数字化信息资源知识产权保护领域，技术的发展对于知识产权保护起着十分重要的作用。数字权利管理技术是一种常见的数字内容保护技术，它通过一系列核心步骤来实现数字内容的加密、授权管理和解密，从而有效防止未经授权的复制和传播，确保知识产权得到有效保护。其中，数字内容加密是将数字内容转换为密文形式，用户身份认证则是确认用户的身份和权限，数字内容解析则是将加密的数字内容解密为可读格式。当前，随着数字化信息资源的增多和知识产权保护需求的提升，数字著作权管理技术所带来的潜在市场日益广阔。全球范围内，许多科研机构、企业以及相关组织纷纷投身于数字著作权管理技术的研究和开发中，希望通过技术手段为知识产权保护提供更加有效的解决方案。这种技术创新不仅有助于提高数字内容的版权保护水平，还推动了数字内容产业的发展，促进了数字经济的健康发展。

# 本章小结

在大数据时代，要打造海量数据和丰富的应用场景来提升公共服务和社会治理的数字化智能水平，从而推动数字经济和经济社会深度融合并行发展。《知识产权强国建设纲要（2021—2035 年）》第三部分提出，我国要"建设面向社会主义现代化的知识产权制度"，构建响应及时、保护合理的新兴领域和特定领域知识产权规则体系。这些新兴和特定领域包括互联网、数据、开源、算法、商业方法、人工智能产出物、遗传资源、传统知识、民间文艺、非物质文化遗产、中医药等。这些领域在当前和未来的发展中地位举足轻重，值得我们持续关注和研究。

随着科技的不断进步和社会经济的发展，未来可能会孕育出一些全新的知识产权形式，这些新型知识产权可能涉及传统著作权、专利权、商标权等现有知识产权领域无法完全覆盖的内容。例如，随着人工智能、区块链、虚拟现实等新兴技术的广泛应用，相关的知识产权保护问题也日益凸显，需要在法律层面进行认可与保护。因此，加强对新型知识产权的立法保护显得尤为迫切和重要。除了新型知识产权的立法保护外，值得注意的是，在全球范围内，网络环境下数字化信息资源的知识产权保护已成为各国政府普遍关注的焦点。各国政府纷纷加大力度进行数字化信息资源知识产权保护的立法和执法工作，且加强国际合作，共同应对跨境知识产权侵权挑战，维护全球知识产权秩序。

因此，我们必须针对我国国情和发展需求，构建契合我国特色的数字知识产权保护体系，这既是推动信息化建设和信息产业持续健康发展的重要举措，也是推动创新驱动发展战略的核心战略之一。我国将进一步加强法律体系建设，提升知识产权保护水平，促进数字经济的健康发展，为构建现代化经济体系和推动经济社会发展提供坚实的法律保障和政策支持。

# 实施过程篇

数字知识产权治理过程包括运营、管理、保护，以及与反垄断的关系协调。

数字技术的线性发展，使在相关产业细分领域开展专利导航成为必要之举。价值评估是知识产权运用的前提，在数字经济发展的进程中，知识产权许可策略应进行相应转变。应在数字经济核心产业开展知识产权侵权责任保险试点。数字知识产权投融资包括入股、质押、信托等形式，应予以大力推广。数字知识产权交易面临诸多困难与障碍，应建设全国性专业交易平台。知识产权运营基金是新出现的知识产权经营模式，应予以鼓励。

数字经济背景下的知识产权标准化管理面临新的挑战。知识产权管理与知识产权管理标准化的目的、我国知识产权管理存在的问题及原因都是值得讨论的问题。数字知识产权管理体系包括行政监督管理、行业专项集体管理、企业集约式管理、高校科研机构开放式管理。

数字技术导致的知识产权风险，使数字知识产权行政保护与司法保护缺一不可。同时，要积极寻求数字知识产权替代性纠纷解决途径，在解决知识产权纠纷方面实现诉讼与非诉讼手段的有效衔接，建设面向协同创新的知识产权纠纷诉调对接机制。

数字经济时代，垄断与不正当竞争表现形式出现新的变化。应构建数字知识产权不正当竞争多重规制框架，建设互联网平台企业责任和内部治理体系，转变互联网平台企业资源配置方式，立足商业生态视角，实现多元主体协同发展。

# 第九章

# 数字知识产权运营

## 第一节　数字产业专利导航

### 一、数字产业技术领域专利导航意义

2013 年 4 月，我国国家知识产权局发布《关于实施专利导航试点工程的通知》，标志着专利导航的概念被正式提出。该导航以充分利用专利信息资源和进行专利分析为核心，将专利运用融入产业技术创新、产品改进、组织变革以及商业模式创新等方面，旨在引领和支持产业实现自主可控和科学发展的尝试性工作。随着国家专利导航试点工程的逐步推进，该理念也逐渐扩展到知识产权分析评估以及区域布局等领域，并取得了明显的经济效果和社会效果。

2018 年，在深化党和国家机构改革的过程中，专利导航被明确列为重新组建后国家知识产权局的工作重点之一。这次改革全面整合了专利导航试点工程、重大经济科技活动的知识产权分析评估试点工作，以及知识产权区域布局试点工作等内容。国家知识产权局组织起草的 GB/T 39551—2020

《专利导航指南》系列标准于 2020 年 11 月 9 日得到批准发布，并于 2021 年 6 月 1 日正式实施。GB/T 39551—2020《专利导航指南》系列国家标准是国家知识产权局在专利导航领域多年工作成果的总结和精练。该系列标准包括 7 个部分，规定了总则、区域规划、产业规划、企业经营、研发活动、人才管理和服务要求。其特征主要表现在以下 3 个方面。

**一是内容的全面性。**这套标准的要点在于对专利信息的广泛应用，不仅涵盖了专利导航试点工程、知识产权分析评议以及知识产权区域布局等实践性探索活动，还拓展到区域规划、产业规划、企业经营、研发活动、人才管理等多种场景。它提供了通用模板，用于指导专利导航项目的实施，并为不同应用场景制定了逻辑分析模型并提出了特殊要求。此外，在外部机构提供相关服务的背景下，该标准还规定了服务提供的全面要求。

**二是方法的实用性。**这套标准对专利导航的执行过程进行了深入分析，将其划分为几个关键工作流程，包括专利导航的基础条件、项目启动、实施、成果形成与应用以及绩效评价。这些标准将信息采集、数据处理和专利导航分析等关键环节细分为输入信息、步骤和方法、输出成果、质量控制等模块，从而使各个参与方能够更加灵活地运用这些流程化、模块化的工具与方法，更加有效地进行专利导航工作。在这种情况下，方法的实用性对于专利导航工作能否获得成功至关重要。

**三是成果的有效性。**在实施项目的过程中，采用质量控制手段加强全程管理，以确保研究的系统性、分析方法的科学性和成果呈现的规范性。同时，通过绩效评价加强对结果的管理工作。这需要根据专利导航工作的具体需求，采用目标管理评价方法对成果应用的绩效进行评价，以确保专利导航的决策建议能够得到有效执行。

专利导航工作的开展，能够促进专利信息分析与产业运行决策深度结合，使专利创造与产业创新能力高度匹配，同时确保专利布局对产业竞争地位的有效保障，实现专利价值对产业运行效益的有效支持，从而实现专利制度在产业运行中的综合应用 [1]。

围绕数字产业开展专利导航，抓住重点产业发展的基本脉络，划定合理的技术路线，有助于促进创新资源优化配置，增强关键领域自主知识产权创造和储备，助力实现高水平科技自立自强，保障产业链、供应链稳定安全。

## 二、数字产业专利导航关键工作内容选定

### （一）建立数字产业专利导航工作对接机制

建立数字产业专利导航工作对接机制，主要围绕经济和社会发展规划实施，对接地方政府、产业集聚区、头部企业的创新发展需求，梳理制约数字产业发展的问题和关键核心技术，建立健全知识产权部门与经济、产业等主管部门的专利导航工作对接机制 [2]。深化数字产业专利跨部门合作机制，尤其是要加强知识产权部门、产业发展部门、科技部门之间的协作。建立专利导航专项工作领导组织，定期召开会议，制定并推动实施共同关心的工作计划，推动数字产业专利导航工作。同时，应建立"产学研"对接机制，促进产业需求和科研成果对接，进一步推动数字产业的专利创新。

### （二）明确数字产业专利导航核心领域

数字产业专利导航的要点是以专利信息资源为基础数据，将专利应用融入产业技术、产品、组织和商业模式创新，以支持产业数字化发展。其核心目标是建立专利信息分析与产业决策融合、专利创新与产业能力匹配、专利布局保障产业竞争、专利价值支撑产业效益的工作机制，促进产业的专利协同应用，推动产业数字化新模式的形成。

### （三）实施数字产业专利导航项目

数字产业专利导航项目的建设，能够提升企业的发展信心，推动企业针对数字领域的专利申请和布局，加快企业数字化转型进程，促进数字产业向

1 陈燕,孙全亮,孙玮.新时代专利导航的理论构建与实践路径 [J].知识产权，2020(4):16-31.
2 易继明.知识产权强国建设的基本思路和主要任务 [J].知识产权，2021(10):13-40.

着高质量、高效益的方向发展。数字产业专利导航项目的建设，能够为数字产业的人才培养和科技创新提供丰富的专利信息资源，引导企业进行专业化创新，提升新技术、新产品的研发效率和质量。数字产业专利导航项目的建设，能够在数字产业中不同产业链上的企业、科研机构和政府部门之间建立科技创新和技术转化合作机制，增强产业创新合作能力，形成创新产业链条，带动数字产业的长效创新和发展。数字产业专利导航项目的建设，将建立数字产业专利信息的数字化平台和服务体系，为国内数字产业的国际化发展开拓道路，加强数字产业在全球范围内的合作与竞争能力。数字产业专利导航项目的建设，会进一步促进数字产业的数字化、智能化转型升级，强化数字经济的创新基础，推动数字经济领域高质量、绿色、可持续发展。应制订数字产业专利导航工作计划，组织实施数字产业专利导航项目，强化产业发展方向、产业发展定位和产业发展路径分析，指导市场主体根据分析结果调整市场布局、产品等经营策略，实现围绕数字关键核心技术攻关的有效专利布局[1]。

## 三、数字产业专利导航资源要素供给

### （一）明确数字产业专利导航资源要素供给意义

数字产业专利导航资源要素受到区域规划、产业规划、企业经营、研发活动、人才管理等不同应用场景的影响，为满足不同应用场景的特殊要求，有必要提出数字产业专利导航资源要素供给的实施通用模板。数字产业专利导航资源要素供给的实施通用模板既要包括专利导航服务创新资源有效配置的基地建设内容，又要包括服务企业技术创新、合规管理的国家标准内容，还需要包括强化专利导航人才培养和提供专利导航服务产品的相关内容。

---

1 张于喆，王海成，杨威，等．中国关键核心技术攻坚面临的主要问题和对策建议（笔谈）[J]．宏观经济研究，2021(10):75-116, 130.

### （二）加强数字产业专利导航服务基地建设

应结合本地实际，依托企业、高校院所、服务机构等单位建设或完善本地急需的数字产业专利导航服务基地，并逐步实现数字产业专利导航服务的常态化、市场化。要指导建设专利代办处、知识产权保护中心、知识产权信息中心等公益事业单位，以支撑政府部门组织实施数字产业专利导航专项政策和项目、承担政府部门数字产业专利导航业务联动工作等为主要工作职责，为推进数字产业专利导航服务基地建设做好基础性工作。

### （三）推广数字产业专利导航系列国家标准

应面向社会普及数字产业专利导航理念，向相关政府部门介绍数字产业专利导航在区域规划和产业规划中的应用方式，指导企事业单位在经营和研发活动中采用国家标准，引导各类主体拓展数字产业专利导航的应用场景，并创新分析方法。

### （四）强化数字产业专利导航人才培养

紧贴数字经济发展实际和数字产业专利导航工作需求，制订数字产业专利导航人才培养计划，组织开展线上线下数字产业专利导航工作培训，分类满足各类主体的个性化技能培训需求，推动构建数字产业专利导航人才队伍。

### （五）提供数字产业专利导航服务产品

结合数字产业专利导航应用场景需求，集成数据、人才等数字产业专利导航工作资源，指导具有公益属性的机构开发公益性数字专利导航工具类产品，创新提升数字专利导航服务效能的工作模式，满足数字产业专利导航服务定制化、便利化、实效化的工作需求。

## 四、数字产业专利导航成果应用

### （一）数字产业专利导航成果应用目的定位

通过对各地区数字领域的专利进行全面分析与整合，可以获得丰富的数字产业专利导航成果，包括技术信息、法律信息、竞争对手信息等。这些成果的有效应用是关键，例如，利用技术信息，可以指导产业的发展规划制定，发现技术发展过程中的空白和热点，指导选定技术路线；利用法律信息，可以帮助企业开展专利侵权风险的评估，并帮助他们及时规避和化解市场准入障碍。

### （二）构建数字产业专利导航成果共享机制

充分利用数字产业专利导航综合服务平台，组织开展数字产业专利导航成果的入库备案和评价，定期向国家知识产权局报送分析研究报告、成果应用材料等数字产业专利导航成果，并及时向经济、产业相关部门推送支撑创新决策的数字产业专利导航成果信息。

### （三）构建数字产业专利导航成果发布机制

挖掘数字产业专利导航工作典型案例，构建数字产业专利导航成果发布机制，面向重点产业链相关企业发布数字产业专利导航报告，促进数字产业专利导航成果的广泛利用。

### （四）形成数字产业专利导航成果运用资源对接机制

针对专利布局、高价值专利培育、知识产权运营等数字产业专利导航成果运用需求，畅通数字产业专利导航成果运用所需的优先审查、集中审查、快速预审、快速维权、专利转移转化等各类资源对接渠道，加速数字产业专利导航成果的落地与运用。

## 第二节　数字知识产权价值评估

### 一、知识产权价值评估意义

知识产权包含了两种完全不同层面的价值，一方面是在市场环境下为权利人或使用权人带来的经济效益，另一方面则涵盖了技术创新、法律保护和经济增长等多个方面的综合利益。首先，知识产权具有技术价值，这源于其自身的固有属性，包括新颖性、创造性和实用性；其次，法律赋予产权人在知识产权有效期内的独占权益产生法律价值；最后，知识产权的技术价值、法律价值在专利商品化、产业化、市场化运营过程中带来的预期收益为其经济价值。

比较优势是个人、企业和国家之间进行知识产权价值互动的主要原因。知识产权的价值是在社会经济系统中动态演化显现出来的。从整体上看，知识产权的技术价值是根本基础，法律价值是前提保障，经济价值是最终目的，它们相辅相成，共同构成了知识产权价值体系中不可或缺的部分[1]。知识产权价值评估意义主要体现在以下 3 个方面。

**第一，开展知识产权价值评估，能够确保资产保值增值，防止无形资产流失。** 长期以来，无形资产的重要性和价值往往被忽视，导致其大量流失。解决这一问题的关键在于对包含知识产权在内的无形资产进行科学、合理和公正的评估。这样的评估能在知识产权变动或交易时有效保护知识产权所有者的合法权益，从而预防无形资产的流失。

**第二，开展知识产权价值评估，能够规范无形资产交易市场，建立现代知识产权制度。** 规范无形资产交易市场的核心在于确保交易遵循价值规律，由于知识产权等无形资产的特殊性和复杂性，无形资产的价值往往难以准确地用社会必要劳动时间来衡量。因此，运用科学的评估方法，对知识产权等无形资产进行评估，可以将无形资产的价值量化，从而推动无形资产交易顺利进行，同时保护交易双方的合法权益。

**第三，开展知识产权价值评估，不仅可以提升社会对知识产权重要性的认识，还能强化对其保护的力度。** 在即将到来的知识经济社会中，无形资产——知识财富，将起到决定性和支配性的作用。知识财富是人类智力劳动的产物，它在法律上主要体现为知识产权。通过对知识产权的评估工作，我们能够综合运用定性和定量的方法，深入理解知识产权的经济价值和实用价值，并认识到知识产权在现代社会发展中的重要性。

---

1　王子焉, 刘文涛, 倪渊, 等. 专利价值评估研究综述 [J]. 科技管理研究, 2019,39(16):181-190.

## 二、知识产权价值评估指标

知识产权价值评估不仅系统性和复杂性极高，而且融合了理论、法律以及技术层面的知识。在实践中，对知识产权价值进行评估通常需要综合运用管理学、经济学、法学和会计学等众多学科领域的专业知识。

20世纪70年代，美国某公司联合美国国家卫生基金会首创全球独特知识产权评估方法，明确了专利数量、平均引用次数、影响力指标、技术实力、创新寿命、学术联系性、科学深度7项价值衡量指标，旨在评估地区和企业的整体专利价值。这些指标中，平均引用次数、创新寿命和学术联系性可用于单一专利的价值评估。

专利价值评判标准从单一角度发展到多元角度，尤其是三维及以上的专利价值评估标准被广泛采用，通常包含技术、法律和市场3个要素，仅在其他方面略有不同。

专利价值取决于产业特性，需要根据不同行业的专利敏感度和贡献程度进行评估，因此必须分析专利所涉及的产业结构。在数字时代，可以探讨专利在"投入—生产—创新—应用—增值"价值链上的完整过程，并描绘产业链的主体框架，结合上下游环境了解随时间和地域变化而形成的供需动态，以制定各行业专利价值评估模型。

## 三、数字知识产权价值评估方法

评估专利价值时需要考虑的因素较多，目前存在的评估指标体系通常是主客观相结合的，但受到主观因素影响较大，缺乏科学性和准确性。未来的发展方向应该是识别专利价值的构成要素，分析内部和外部影响因素，揭示各种因素形成专利价值的作用机理，建立可衡量的客观评估指标体系，提出全面操作的计算方法，系统地评估所有的价值要素，并通过主客观结合的方式确定指标的权重和信息整合，构建专利价值评估的量化模型，以实现对专利价值的准确评估[1]。

专利价值评估方法主要包含成本法、市价法、收益法和实物期权法。成本法适用于记录清晰、反映专利价值的情况。学者常采用重置成本法来衡量，其简单实用且结果可靠，缺点是忽略了预期收益，导致专利价值结果被低估。市价法适合有类似交易信息环境的成熟专利市场，方法理论可行，但实际操作困难，评估稳定性受到挑战。收益法通过折现未来收益评估专利价值，在未来收益可预测且风险低时尤其适用，这一方法全面考虑各个因素，为专利评估提供实用方式，但存在难以确定折现率等局限。实物期权法将金融资产评估经验引入专利价值评估，为其提供新视角，分析专利中的不确定因素，但由于其建立在多个理想化假设之上，存在一定误差。非市场基准的评估方法则包括模糊综合评价法、计量经济模型法、机器学习和仿真模拟法。

这些方法各有特点，应根据具体情况选择适宜的方法。传统的成本法、市价法以及收益法在缺乏详尽市场数据和忽略专利收益不确定性时难以精确评估专利价值。实物期权法复杂且难以理解，非市场基准方法需要充足的实证数据学习，并不断优化相关指标选择和算法。专利价值评估方法的选择应根据专利所处环境、市场条件以及专利自身特点综合考虑，以获得更准确的评估结果。

## 第三节　数字知识产权许可

### 一、数字经济对知识产权许可的影响

知识产权许可是一种法律手段，允许知识产权权利人在不变更其所有权的前提下，授权他人使用其知识产品，这种授权通常设定一个特定的期限和

---

1　王子焉, 刘文涛, 倪渊, 等. 专利价值评估研究综述 [J]. 科技管理研究, 2019,39(16):181-190.

范围。在实践中，根据许可范围的不同，知识产权许可能够分为独占性许可、排他性许可和普通许可权；根据授权许可是否自愿，分为自愿许可和非自愿许可，其中，非自愿许可包括《著作权法》中的法定许可和《专利法》中的强制许可；根据授权许可的权利种类不同，可以分为著作权许可、专利权许可、商标权许可、商业秘密许可、集成电路布图设计专有权许可、植物新品种权许可等。

知识产权许可能够最大化挖掘和利用知识产权价值 [1]。推动知识产权成果的实施和转化，有助于减少其闲置状态。无论是从资源利用的角度来看，还是维护知识产权的角度来看，允许他人使用这些权利的经营策略具有显著的经济价值，在一定程度上能帮助知识产权所有者开拓市场。因此，它是企业在制定知识产权战略时不可或缺的一环。关于知识产权许可，应当关注到许可双方利益的差异性。只有双方都对彼此的共同利益有深刻理解，知识产权许可才会实现。

数字经济的迅速崛起和快速发展，对知识产权保护、授权和许可有着广泛而深刻的影响。知识产权的授权和许可能够使数字经济产业链各环节之间良性互动，促进资源的优化配置，推动供给侧结构性改革，并推动数字技术和业务的创新和变革。随着我国建设创新型国家速度加快，数字经济将成为未来经济新的增长点，知识产权所发挥的重要作用更加突出。

在数字经济背景下，知识产权的运用体现在高效授权许可方面。原因在于，数字经济所涉及的技术和业务领域通常具有高度的专业性和复杂性，需要对知识产权进行有效的授权和许可，才能更好地实现数字技术和业务的创新和变革。此外，数字经济发展速度快、需求多样，需要及时地调配和利用专业的专利、著作权、商标和商业秘密等知识产权，加速数字技术和业务的创新和变革。

---

1　杨涛.知识产权许可费赔偿方法的功能、价值准则与体系重构 [J]. 中国法学，2021(5):247-265.

因此，高效的知识产权授权和许可机制相当重要，能够为数字领域创新提供更多、更灵活的思路和模式，降低数字产业发展过程中专利、版权等知识产权方面的障碍。这将进一步推动数字经济和知识产权在高质量发展方面的协同运作，以构建数字经济环境中的高质量知识产权体系。

## 二、数字知识产权许可类型分析

### （一）独占许可

独占许可是指在约定的时间、地域内，知识产权只能由被许可人按照约定的方式使用，知识产权权利人依约定不能使用，也不得再许可他人使用。独占许可的专有性较强，被许可人在合同约定的范围内甚至可以对抗知识产权权利人的使用。

知识产权的独占许可是数字经济的重要方面，能够在数字领域确保知识产权的完整性和合法性，促进知识产权的创新和变革。同时，合理使用数字知识产权的独占许可机制，有助于保障知识产权权利人的利益，引导各方积极参与数字技术创新和应用，加速知识产权的跨界交叉和数字经济的高质量发展。

### （二）排他许可

排他许可是指在约定时间、地域内，被许可人可以按照约定的方式使用知识产权，知识产权权利人也可以使用，但是不能另行许可他人使用。排他许可的授权范围介于独占许可和普通许可之间，排他许可可以要求知识产权权利人在合同约定的范围内不能另行许可第三人使用。

数字知识产权的排他许可授权了知识产权权利人或被许可人以排他性的方式使用、销售和分发特定的数字作品、专利或商标。在数字领域，知识产权权利人通过授予排他许可，限制了其他竞争者的市场准入和市场份额，这可能构成垄断行为，需要遵守《反垄断法》的规定。数字知识产权的排他许可有可能会与市场力量形成不平衡的局面，如果知识产权权利人以不正当的方式，强制被许可人接受不合理的条款和条件，就会涉及权利滥用的问题。

在授权数字知识产权的排他许可时，需要注意避免与法律规定和市场竞争产生冲突，应合理地平衡知识产权保护与市场竞争的关系。

### （三）普通许可

普通许可是指在约定的时间和地域内，被许可人可以按照约定的方式使用知识产权，知识产权权利人自己也可以使用，还可以继续许可给其他人使用。相较于独占许可和排他许可，普通许可的"对抗效力"最弱。当事人对许可方式没有约定或者约定不明确的，认定为普通许可。许可合同约定被许可人可以再许可他人行使知识产权的，认定该再许可为普通许可，但当事人另有约定的除外。

普通许可在数字经济中具有重要的地位和作用。首先，它有利于促进技术和商业模式的多样化和竞争，有助于促进数字产业的创新和发展。其次，普通许可使知识产权的使用范围更广泛，促进数字技术的普及和推广，提高数字产品和服务的质量和效益。再次，普通许可也有利于知识产权权利人与被授权人之间的协商和合作，有助于建立良好的合作关系，共同推动数字产业的发展。需要注意的是，普通许可也需要遵守知识产权法律的规定，明确许可范围、期限、费用等关键问题，以保障知识产权的完整性和合法性。在实践中，普通许可需要根据具体情况和行业特点，合理制定和调整许可规定，以满足数字经济的高质量发展需求和社会需求。

### （四）分实施许可

分实施许可是指知识产权权利人和被许可人可以使用其专利，同时，知识产权权利人和被许可人都有权允许其他人使用其专利。也就是说，在被许可人与知识产权权利人订立实施许可合同的基础上，被许可人可依照与知识产权权利人的协议，作为许可人再许可第三人实施同一专利。需要注意的是，这种许可行为必须征得原许可人的同意。

相较于独占许可，分实施许可更加灵活，可以有效促进数字经济发展。通过分实施许可，知识产权权利人可以将自己的专利、商标和版权使用权许可给其他企业，从而在推广自己的技术的同时，也为其他公司提供创新和发展的机会。分实施许可是一种非常灵活的授权方式，在保护知识产权的前提下，允许不同的企业和组织在自己的核心业务范围内进行自由创新和合作，使数字经济的不同领域能够相互融合、协同发展，从而提高经济发展的活力和创造力。

### 三、数字技术标准必要专利涉及的许可问题

数字技术标准必要专利涉及的许可问题颇为复杂。相关的纠纷中，可能会涉及标准必要专利的有效性和侵权行为定性，以及"公平、合理和无歧视"许可条款是否符合法律规定等问题。这一点在近几年发生的国外标准必要专利诉讼案例中均有体现。

就我国的司法实践来看，《最高人民法院关于审理侵犯专利权纠纷案件应用法律若干问题的解释（二）》第二十四条规定，推荐性国家、行业或者地方标准明示所涉必要专利的信息，被诉侵权人以实施该标准不需要专利权人许可为由抗辩不侵犯该专利权的，人民法院一般不予支持。当推荐性国家、行业或地区标准明确表述了相关的必备专利信息时，专利持有人与被控侵权方就该专利的实施许可条件进行协商，并且专利权人故意违反了在制定标准时做出的"公平、合理、无歧视"的原则，导致无法达成专利实施许可协议。在这种情况下，若被告在协商过程中没有明显的错误行为，那么一般来说，法院不会支持权利人要求停止标准实施行为的申请。

专利实施的许可条件应由专利权人和被控侵权方共同商定。经过充分协商，仍然无法达成一致意见的情况下，可以向法院寻求裁决。法院在确定上述实施许可条件时，应根据"公平、合理、无歧视"的原则，综合考虑专利的创新水平以及其在标准中的作用、所涉技术领域、标准的性质、标准实施的范围以及相关的许可条件等因素[1]。

---

1　宋河发，方紫阳，武晶晶．标准必要专利许可费率综合计算方法研究[J]．科研管理，2021,42(8):26-34.

# 第四节　数字知识产权侵权责任保险

## 一、知识产权侵权责任保险作用分析

知识产权保险是为知识产权专门设计、以知识产权为保险标的的保险，是指被保险人承担对知识产权损失赔偿责任为标的，以及被保险人对侵权人诉讼等造成的财产损失为标的的财产保险[1]。根据知识产权保险标的性质和风险的不同，知识产权保险的主流包括知识产权侵权责任保险和知识产权强制执行保险[2]。其中，知识产权侵权责任保险简称专利侵权保险，是指被保险人侵犯他人专利权，依法应由被保险人承担的经济赔偿，被保险人提出无效宣告申请、仲裁或者诉讼所支出必要的、合理的费用等，由保险公司负责赔偿的一种险种。

知识产权侵权责任保险专门为无过错侵权方设计，旨在为被保险人因应专利侵权诉讼而产生的费用以及可能面临的专利权人索赔合理赔偿金的风险提供保障。该保险覆盖的是被保险人对第三方所承担的赔偿责任。同时，知识产权执行保险以被保险人依法拥有的知识产权为保险对象，保险人负责承担被保险人发起的知识产权侵权诉讼相关的法律费用、律师费用和诉讼费用等各项成本费用。衍生出的相关知识产权保险还包括专利代理责任保险、专利评估责任保险、知识产权质押融资保证保险、知识产权许可信用保险、专利申请保险、专利投资保险、专利无效保险等[3]。

促进知识产权保险的发展是国家知识产权局为贯彻国家创新驱动发展战

---

1　程翔，赵高攀，鲍新中. 中国知识产权保险创新模式研究——基于政策情境和国际比较 [J]. 北京联合大学学报（人文社会科学版），2023, 21(6): 113−124.

2　梁玲玲. 国内外知识产权保险现状研究及对我国的启示 [J]. 全球科技经济瞭望，2021,36(5):48−55.

3　董慧娟，刘禹. 知识产权风险管理工具——专利执行保险在我国的现状评析 [J]. 科技管理研究，2016,36(2):179−183.

略和建设知识产权强国战略，支持大众创业、万众创新，促进专利转化流通，推动经济发展方式转型升级所开展的一项关键任务[1]。2011年，国家知识产权局开始委托人保公司开展知识产权保险试点项目，这些试点活动在全国约30座城市广泛展开。在这一过程中，逐步推出了专利执行保险、专利代理责任保险和专利侵权保险等一系列产品。2014年，国家知识产权局与人保公司签署了知识产权保险的战略合作协议。该协议奠定了全面合作框架，并建立了常态对接机制。

知识产权海外侵权责任保险产品的成功推出，为我国建立覆盖境外的知识产权保护机制开辟了新途径，将有助于减轻国内企业在知识产权纠纷中的负担，为国家推动企业"走出去"战略提供有力支持[2]。

## 二、国外知识产权侵权责任保险比较

### （一）美国

美国的商业保险公司推出了针对知识产权诉讼的保险产品，其中，主要产品之一即为知识产权侵权责任保险。此处以 IPISC 公司的防御型保险（Defense Insurance）产品为例，该保险的承保范围包括了他人起诉被保险人侵犯其知识产权而发生的诉讼费用，并可能包括损害赔偿费用，以及其他防御措施的成本。知识产权侵权责任保险作为防御型的产品，不保事项包括多种情况：主观故意引起的侵权行为，例如故意侵权、犯罪行为；因任何性质的声明行为而造成的任何损失、成本或费用；原本已存在的侵权行为，例如已收到权利人口头、电子邮件、书面警告函；购买产品时被保险人已意识到或知道将面临被控侵权的诉讼；其他不保事项。此外，IPISC 在承保前会进行尽职调查，投保人可选择支付尽调费用，或是提供投保人委托的外部

---

1 易继明.知识产权强国建设的基本思路和主要任务 [J].知识产权，2021(10):13-40.

2 严文斌.我国专利保险发展的制约因素探究及其启示——基于比较法视野下的域外专利保险对比 [J].电子知识产权，2019(12):40-48.

律师所出具的独立尽调意见，以便公司完成承保前的尽调。防御型保险的出现能够提升中小型企业市场的生存能力。

## （二）英国

英国国内知识产权保险中的防御型产品，承保范围主要是被保险人被他人起诉侵权时因应诉抗辩所支出的法律费用，针对被保险人因某一侵权诉讼败诉而须支付的赔偿费用[1]。投保人／被保险人在购买知识产权险（包括防御型保险）及应对侵权诉讼时需特别注意的事项如下：一是应特别注意保单中的除外责任、超额保险条款，因为相关条款对于被保险人的保费／成本自负或分担、应对侵权诉讼时的注意事项等均有影响；二是知识产权诉讼时代理人人选与委任时间的选择，一般应在诉讼开始委任代理人，有的保险公司会有一份律师事务所的首选名单，即使不采用名单上推荐的律师而自行委任，该代理人的任用仍需获得保险公司的认可。

## （三）其他国家

其他国家也均有涉及知识产权保险（包括知识产权侵权责任险）的产品。以专利保险为例，德国的专利保险产品包括专利侵权责任险、专利执行保险和诉讼费用保险。德国专利保险的发展情况较好，尤其是诉讼费用保险的应用较为广泛。与之相比，欧盟所推行的欧盟一级专利保险虽然涉及专利申请、执行、侵权责任保险等，但因投保人数较少导致保费提升、反过来又降低了投保人参保意愿等，效果并不尽如人意。此外，日本有知识产权诉讼费用保险等涉及知识产权的产品。

# 三、数字知识产权保险制度完善路径

## （一）建立数字知识产权保险市场

数字知识产权保险市场是保障保险公司、知识产权权利人和被保险人之

---

1 李文娟.国外专利保险及其对我国专利保险的启示 [J].中国发明与专利，2015(7):101-103.

间的良性互动合作关系，健全数字知识产权保险制度的关键所在。目前，数字知识产权保险市场还不够发达，数字知识产权保险产品种类也比较单一，缺少多样化和专业化保险产品的支持。因此，我们需要加强数字知识产权保险市场的建设，引入更多具有专业知识和风险管理经验的保险公司，推行多元化和高效率的保险产品和服务，为知识产权权利人提供更加全面和优质的保险服务。

### （二）强化数字知识产权保险保护范围

数字知识产权保险的市场需求主要来自大型商业机构，而很多小微企业对于数字知识产权的保护和管理意识较为欠缺。因此，保险公司、政府和有关部门需要加强宣传和意识教育，加强知识产权保险的全覆盖，为个体劳动者提供数字知识产权保险服务，进一步增强广大民众的知识产权保护意识。

### （三）建立法律政策支撑保障体系

法律政策支撑保障体系是数字知识产权保险制度完善过程中不可或缺的环节。政府部门应出台有关数字知识产权保险制度的支持政策，以支持数字知识产权保险公司发展，扶持数字知识产权保险市场成长。同时，也应完善数字知识产权保护的法律制度，加大保护力度。

### （四）推进数字知识产权保险标准化

数字知识产权保险制度需要更加严谨的风险控制和统一的保险标准。建立行业标准并推广应用标准的思想，能够有效地起到规范数字知识产权保险行业发展的社会作用，提高保险市场的透明度、规范性和竞争性，并严格遵循保险合同规定，为被保险人提供可信的保险承诺。同时，也将加强数字知识产权保险在社会风险管理和社会责任履行方面的作用。

### （五）探索数字知识产权在线诉讼保险

在实际操作中，数字知识产权侵权案件的仲裁或诉讼程序烦琐、成本高昂、侵权人难以追查，使数字知识产权被侵权人面临损失，因此可以建立数字知识产权保险在线诉讼机制，为被诉讼方提供相应的保障。这将增强数字知识产权保险在维权方面的作用，优化保险业的质量水平和服务效率。

# 第五节　数字知识产权投融资

## 一、数字知识产权入股

### （一）数字知识产权入股要件

数字知识产权入股是数字经济投融资中的重要投资方式，具有促进创新发展、国际化合作、产业链优化和经济增长等多重意义，对数字经济的高质量发展和可持续增长起着重要的推动作用。对于数字知识产权出资的审查与核准一般侧重于4个方面，即用于出资的知识产权要具备确定性、现存性、可评估性、可转让性[1]。因此，申请人在以知识产权出资时，要确定用于出资的知识产权是否满足相关要件。

**确定性是指用于知识产权出资的标的物必须是特定的现实对象。**也就是说，标的物应当明确、具体，不能只是一种抽象的概念。具体来说，用于知识产权入股的数字化标的物应当是具体的、可识别的知识产权，例如，软件著作权、专利、商标等，应当具有明确的权利范围和保护期限等属性。如果知识产权仅仅是一个抽象的概念，缺乏具体的界定和限制，那么就很难确定其价值和风险，进而难以进行有效的投资和风险管理。在数字知识产权投融资中，投资者需要认真评估数字知识产权的具体属性和价值，以确保投资的安全性和有效性。同时，也需要建立完善的知识产权管理制度和风险管控制度，以保障数字知识产权的合法权益。

**现存性是指用于出资的知识产权必须是事实上已经依法获得的知识产权，而且出资者对该知识产权依法享有处分权，这是保障投资安全和有效性**

---

1　朱晓娟，赵勇．专利权出资及其在国有单位适用的特殊性研究 [J]. 知识产权，2020(5):81-88.

的必要前提条件之一。在数字知识产权入股时，用于出资的知识产权必须是已经注册并获得法律保护的知识产权，例如，软件著作权、专利、商标等。出资者应当遵守相关法律法规，确保其对该知识产权的处理行为是合法的，确保用于出资的知识产权是现存、合法、无争议的，并且符合相关法律法规的要求。

**可评估性是指用于出资的知识产权必须具有能够通过客观评价予以确认的具体价值，即用货币进行具体估价。**因此，数字知识产权的可评估性是数字知识产权入股的重要前提条件之一。只有具备可评估性的数字知识产权才能被作为出资标的物，并且对其价值和风险进行货币化管理和控制，从而保障投资的安全性和有效性。具体来讲，用于入股的数字知识产权的价值应当是客观存在的，而不是主观臆断的；其价值应当是可以被量化和货币化的，可以通过对数字知识产权的市场价值、未来收益、成本节约等因素进行综合考虑来确定；用于入股的数字知识产权的价值应当是稳定的，不存在较大的风险和不确定性。

**可转让性是指为了使公司股东能够履行出资义务，用于出资的知识产权应适合独立转让，即权利可以发生独立、完整的转移。**在数字知识产权入股过程中，可转让性是必不可少的前提条件之一。只有具备可转让性的数字知识产权才能作为出资标的物，并且对其价值和风险进行货币化管理和控制，从而保障投资的安全性和有效性。在数字知识产权入股的场景下，可转让性对于数字知识产权入股的要求包括：数字知识产权可以合法、独立、完整地转让。这意味着数字知识产权的转让应当符合相关法律法规的要求，并且可以在市场上进行独立交易。数字知识产权的转让应是清晰的，不存在任何争议或权利纠纷；否则会影响其可转让性。数字知识产权的转让应当具有流动性，即可以在市场上自由买卖和交易。

### （二）客体范围

我国《公司法》第二十七条规定，股东可用货币、实物、知识产权、土

地使用权等以货币价值并可转让的非货币资产出资。《民法典》规定，各种知识产权类型，例如作品、发明、实用新型、外观设计、商标、地理标志等，可作为出资方式。2016年，财政部和国家税务总局发布《关于完善股权激励和技术入股有关所得税政策的通知》，第三条规定了技术成果及出资情况，明确技术成果包括专利技术（含国防专利）、计算机软件著作权、集成电路布图设计专有权、植物新品种权、生物医药新品种等，以及科技部、财政部、国家税务总局认定的其他技术成果；技术成果投资入股是指纳税人将技术成果所有权转让给被投资企业并取得该企业股权。

从法治社会建设与治理的角度来看，数字知识产权出资的客体范围应综合考虑法律法规的规定、保护知识产权权利人的权益和促进数字经济的发展等因素。数字知识产权出资的客体范围应遵守国家相关的法律法规，包括知识产权法、证券法、公司法等相关法律法规，确保出资行为符合法律法规的规定。数字知识产权出资的客体范围应确保知识产权权利人的权益，版权、专利、商标、域名等知识产权的权利受到充分保护，防止侵权、盗版等情况的出现。数字知识产权出资的客体范围应促进数字经济的发展，包括通过数字知识产权的出资和管理，推进数字化转型和升级，培育数字创新和技术创新的环境，促进数字经济从"简单堆叠"的阶段向创新驱动、质量导向的阶段发展。

### （三）方式确定

使用知识产权出资入股包括转让和许可两种方式。在数字知识产权投融资场景下，可以根据具体情况选择适合的方式出资入股。例如，如果希望快速获得数字知识产权，并且有足够的资金来购买该知识产权，那么可以选择转让的方式。如果希望在保留数字知识产权的同时，获得更广泛的授权使用，那么可以选择许可的方式。此外，还可以根据数字知识产权的类型、价值、风险等因素来选择适合的方式。例如，对于价值较高、风险较大的数字知识产权，接受投资方可以选择转让的方式，以降低风险；而对于价值较低、风险较小的数字知识产权，接受投资方则更倾向于选择许可的方式，以降低成本。

　　知识产权权利人以转让知识产权的方式出资应当符合法律关于知识产权转让的规定。我国《商标法》和《专利法》都有"出资方用商标或专利技术转让方式出资，均应将特定商标或专利权整体完全转让出资"的规定。上述出资方式和公司法人财产权的具体内涵是相适应的，所以不存在现实中的冲突问题[1]。知识产权出资人如果以转让方式出资，必须承诺其用于出资的知识产权权利不会产生误认、混淆或者其他不良影响，如果出资方已将该知识产权许可他人使用，办理投资转让前，需要征得被许可人的同意，按照使用许可合同的规定，处理好善后事宜，不得因使用知识产权投资而损害被许可人的利益[2]。在数字知识产权出资入股的情况下，选择知识产权转让方式向公司出资是符合公司享有由股东投资形成的法人财产权的基本原理的。因为知识产权转让意味着知识产权权利人将其所有的知识产权权利转让给公司，公司获得该知识产权的独占性权利，可以对该知识产权进行处分，也可以将该知识产权作为公司承担亏损和风险的资本担保，以更好地应对经营风险。

　　知识产权权利人以使用许可方式出资。知识产权权利人若选择使用许可的方式进行出资，需要考虑以下问题：是否在理论上会与公司法律制度关于注册资本的规定发生冲突，这种冲突是否可以通过相应的制度建设解决，是否在实务操作中面临巨大的风险，甚至难以操作。拟成立的公司必须以一种外在的表现形式，证明其拥有知识产权使用权的合法性，并排除其他人的不当使用权利。这种外在的表现方式，一般是出资登记或备案。目前，我国没有专利或商标用于出资的具体登记制度，投资者可以以其个人的名义向相应的行政管理机关提出申请，但这种申请也往往会因没有先例可循而存在失败的风险。因此，在数字经济的发展过程中，针对知识产权权利人使用许可方式进行出资，需要制定相关的法律法规、制度建设和操作规程等，以确保数

1　施小雪.公共政策理论视角下我国知识产权司法保护的实践逻辑 [J].知识产权，2022(2):66-85.
2　刘春霖.论股东知识产权出资中的若干法律问题 [J].法学，2008(5):78-87.

字知识产权出资的合法性和安全性，进一步推动数字经济的发展和创新。

**（四）目前制度方面的不足**

《公司法》第二十七条第一款规定，股东可用货币出资，也可用实物、知识产权、土地使用权等可用货币估价且可合法转让的非货币财产作为出资，但法律、行政法规禁止的财产除外。根据《公司登记管理条例》和《公司注册资本登记管理规定》，作为股东或发起人出资的非货币财产应由具备评估资格的资产评估机构评估定价，然后由验资机构核实。目前，各地在知识产权出资方面积极探索，出台了一系列的制度或者规定，但大多依据的是1999年出台的《关于促进科技成果转化的若干规定》，无法满足当前数字经济发展的实际需求，在数字知识产权出资客体范围、出资的登记程序、评估验资要求、应提交的申请材料及需要明确的特别事项等方面，都需要进一步完善和规范。

相对于其他财产评估，知识产权的评估难度较大。知识产权的价值受到多种外在因素的影响，例如市场流通性和使用领域等。在实践中，要准确评估这些权利的价值是相当困难的。目前，我国尚未建立完整的知识产权评估制度，缺少明确的审查标准和审查程序。知识产权评估机构在其权威性、专业性以及评估结果的可信性方面存在问题，导致评估结果缺乏确定性。知识产权可能因某些法定原因而失效，例如，专利权可能被行政机关宣告无效，商标权可能被撤销，从而使商标专有权丧失。此外，知识产权的地域性也带来了额外的不确定性。这种不确定性增加了登记机关审查的难度。根据公司股东意思自治原则，应当要求股东对知识产权的合法效力作出承诺，以确保交易的合法性 [1]。

另外，使用知识产权和注册商标所有权出资在程序上也存在一定的问题。以知识产权出资的，还应当依法办理相关权属的转移手续，具体来说，以专

---

1　刘俊海．论公司生存权和发展权原则——兼议《公司法》修改 [J]．清华法学，2022,16(2):6-22.

利技术所有权出资的，依照《专利法》中有关专利权转让和使用许可的法律规定，应到专利局办理专利权人变更登记手续并予以公告，即将专利权从专利技术出资人一方转移到公司名下。以专利技术使用权出资的，出资合同应向专利局备案。以非专利技术出资的，目前法律尚无相应的规定。以注册商标所有权出资的，依照《商标法》及《商标法实施细则》中关于商标权转让及使用许可的有关规定，出资人和公司应当共同向商标局提出申请，并随申请附送原《商标注册证》。申请经商标局核准后，将原《商标注册证》加注发给公司，同时予以公告。以注册商标使用权出资的，出资合同应报商标局备案。

尽管现有的知识产权出资规定在一定范围内能够满足实际需求，但在数字经济背景下，还需要进一步研究和探索如何更好地保护和利用知识产权，以促进数字经济的发展。例如，在数字经济领域中，商标和域名等知识产权的权属问题更加复杂，需要更加细致和完善的法律规定来规范相关行为。因此，为了适应数字经济发展的实际需求，需要不断完善和更新知识产权出资的规定，加强对知识产权的保护和管理，确保知识产权的合法性和有效性，以促进数字经济的健康发展。

**（五）可能的改进措施**

明确知识产权出资范围。应根据知识产权出资的要件（确定性、现存性、可评估性、可转让性），对作为出资标的物的数字知识产权做出明确规定，目前可以包括著作权、专利权、集成电路布图设计权、专利使用权、商标专用权、商业秘密、录音录像制作权、广播电视机构及出版者的权利、域名权等。随着数字经济的发展和法律的不断完善，知识产权出资范围不断扩大。

申请人（公司）的全体股东以数字知识产权出资和其他非货币财产作价出资金额之和不得高于被投资公司注册资本的70%。作为出资标的物的数字知识产权，必须经过价格评估和验资，对数字知识产权的估价可低于数字知识产权出资合同中的资金总额，在验资报告中应当附评估报告结论。对于评估过程中可能出现的问题，应当建立评估审查机构进行监督管理。数字知识产权出资的方式、出资额、出资期限应明确载入公司章程。全体股东对数字知识产权的真实性、合法性应当做出承诺，若出现出资不实的现象，由以数字知识产权出资的股东承担主要责任，公司其他股东承担连带责任。判断数字知识产权出资是否到位，应依据转让合同或许可合同进行，且建议使用格式统一、规范的合同文本。这些对策建议的应用，能够更好地完善数字知识产权出资登记申请材料的具体要求，确保数字知识产权的真实性、合法性和完整性，促进数字经济的健康发展。

建立数字知识产权出资登记公示制度，以便更好地规范数字知识产权出资行为，保护数字知识产权权利人的权益，并促进数字经济的健康发展。公示的具体内容可以包括数字知识产权出资人姓名、数字知识产权权利内容、数字知识产权出资额、数字知识产权出资比例、数字知识产权出资是否实缴到位等信息，并允许社会公众查阅。

## 二、数字知识产权质押

知识产权质押融资对于推动银行开展知识产权质押融资活动具有积极影响。近年来，《专利资产评估指导意见》《商标资产评估指导意见》《著作权资产评估指导意见》等相关政策文件的出台，为知识产权评估提供了业务指导依据。然而，在实际操作中，知识产权的估值、风险控制以及贷后处置等问题成为银行和融资企业面临的挑战。

特别是在数字知识产权领域，金融机构面临着诸多困难。首先，金融机构缺乏处理数字知识产权问题的经验，特别是在风险控制和处置不良企业数字知识产权方面存在疑惑。其次，与有形资产抵押贷款不同，数字知识产权在处置时面临着诸多挑战，难以通过传统方式回收资金。此外，数字知识产权的高度专业性使其变现和处置成本较高，需要依托专业知识和团队力量，并聘请专业的评估和处理机构，这将增加相关人力、物力和财力投入[1]。

因此，在数字知识产权质押评估过程中，亟须探索更科学有效的评估方法，以降低风险并提高处理效率。此外，建立一个由政府、商业银行和中介服务机构共同参与的知识产权质押贷款融资体系也是当前市场环境迫切需要的。这一体系应致力于完善技术评估系统、开发金融产品、完善风险分摊机制以及政府的奖励和补贴政策，以提升技术资本化的专业化、规范化水平，实现市场化运作。

数字知识产权质押融资应该侧重于技术资本化工作在体制、机制和政策方面的建设，协调和调动行政、市场资源[2]。数字智慧资本权益抵押考核的进展需要政府、企业和金融组织之间协同配合。政府可以在企业和金融服务机构之间架构交流平台，确立"政府—企业—金融实体"共同参与的互动、调和机制，促进企业与金融机构之间相互作用、信任。同时，企业也需要积极参与数字知识产权质押评估的工作，提供准确、完整、透明的信息，并与金融机构共同制定合理的评估标准和方法，建立科学、客观的评估指标体系，包括数字知识产权的价值、风险、未来收益等因素，建立交流、协调机制，制定科学、客观的评估指标体系和登记制度，推动数字知识产权质押的健康发展。

## 三、数字知识产权信托

### （一）知识产权信托概述

知识产权信托是指知识产权的权利人或有权处置人将知识产权以符合法律规定的信托形式委托给受托人，受托人按照委托人设立信托时的意愿或指示对知识产权进行管理或处置，为委托人或受益人获取收益或者实现其他的

---

1　金树颖,陈曦.区块链知识产权质押融资平台构建及技术实现[J].财会月刊,2022(5):155-160.

2　肖冰,许可,刘海波.自由贸易港知识产权金融创新发展——基于新加坡的经验与启示[J].海南大学学报(人文社会科学版),2020,38(6):42-49.

特定目的。知识产权信托是信托业务的一个分支,信托机制应用于知识产权,可实现资产保值和增值,提高其商品化和产业化程度。有助于我国知识产权转化难题,实现知识产权价值最大化,推动创新成果商业化。

知识产权信托一般有 3 个步骤。首先是信托关系的设立,委托人通过签署信托设立的相关协议,将知识产权指定信托机构和约定事项。然后信托机构获得知识产权或许可使用权(通常是独占许可使用权),并为其建立独立的财产计划,履行管理或处置的行为。最后,信托所产生的收益由信托机构按照约定定期或一次性返还给委托人或其指定的受益人。

知识产权信托按照不同的标准可分为不同的类型。常见的知识产权信托类型有知识产权许可权信托和知识产权融资信托。前者主要是委托人基于委托管理知识产权的目的,由信托机构代为管理、处置。后者主要是委托人出于融资的目的,将知识产权所产生的收益作为信托计划还本付息的现金流,从而建立的信托关系。

知识产权信托可以促进数字知识产权的转化和利用,保护、拓宽其商品化和产业化的渠道,为数字经济的发展注入新的动力。

## (二)数字知识产权信托价值

数字知识产权信托是指权利人将其数字知识产权委托给信托机构进行管理、处置,信托机构则通过不同的投资方式或投资渠道,将数字知识产权转让、许可或出资等,从而实现数字知识产权的货币化,实现的收益归属于权利人或其受益人。在数字时代,数字知识产权信托成为一种重要的知识产权管理方式。数字知识产权信托的意义在于,它可以为权利人获取可观的收益,也可以促进数字经济的发展。设立管理型数字知识产权信托,权利人可以委托信托机构进行专业化的管理,使数字知识产权的创造、保护和利用更加专业化、制度化和集中化,以实现数字知识产权的利益最大化。此外,数字知识产权信托还可以帮助权利人规避风险,提高数字知识产权的保护水平。信托机构具有专业的风险评估和管理能力,可以通过多种方式降低数字知识产权的风险，提高其保护水平。

数字知识产权信托正在成为科技型企业的一种重要融资手段，能够帮助企业解决资金不足的难题。信托公司通过运用信托资金，融通资金，并转化资金投资数字知识产权的经济价值，从而为权利人提供融资型信托计划。通过这种融资方式，知识产权的权利人可以将数字知识产权设立为信托计划，一次性获得基于知识产权转移的融资收益，及时支持其技术创新和生产活动。未来，可以通过支付反向授权、租赁或向第三方收取的许可费等来源的资金完成融资项目的还本付息，从而确保融资项目的可持续性。数字知识产权信托可以使权利人将其数字知识产权转化为可流通的资本，并在未来通过多种方式降低风险，提高保护水平。这为数字经济的发展提供了强有力的支持，促进了数字经济的繁荣和发展。

数字知识产权交易的专业化团队在提升交易效率方面发挥着重要作用。数字知识产权具有较高的专业性和技术性，权利人在自行管理交易的过程中往往面临较大的困难和风险。而数字知识产权信托机构则具备丰富的经验和专业知识，可以有效地弥补权利人的不足，提高交易的效率和安全性。信托机构的专业化团队能够为权利人提供全方位的服务，包括数字知识产权价值的评估、商业化运作、风险管理等方面。同时，信托机构的信息渠道广泛，可以在较短的时间内为委托人找到潜在的技术实施者，为权利人的数字知识产权价值转化赋能。这种专业化的管理和投资能力可以帮助权利人实现数字知识产权效益最大化，同时为数字经济的发展注入新的动力。

由于信托财产的独立性，设立信托计划后，知识产权资产具备独立的地位，有助于保护资产的安全。数字知识产权信托的设立可以使数字知识产权资产与委托人、受托人和受益人的主体信用情况和一般债务之间具有独立性。这意味着即使委托人、受托人或受益人出现信用风险或债务风险，数字知识产权信托的资产也不会受到影响，从而保护数字知识产权的安全。此外，数字知识产权信托还可以通过风险隔离机制进一步保护资产的安全。风险隔离

机制可以避免数字知识产权信托的资产受到其他主体的追偿或冻结，从而保证了资产的安全性。

### （三）数字知识产权信托未来走向

随着数字经济的快速发展，数字知识产权信托将逐渐成为知识产权信托的主要形式，数字知识产权的地位将越来越高，社会对数字知识产权信托的需求也将越来越大。

**数字知识产权信托将进一步创新。**随着数字技术的不断发展，数字知识产权信托将不断推出新的产品和服务，以满足委托人和受益人的多样化需求。例如，数字知识产权信托可以推出基于区块链技术的数字知识产权管理平台，以实现数字知识产权的风险隔离。

**数字知识产权信托将进一步规范化。**随着数字经济的快速发展，数字知识产权信托将逐渐成为一种重要的金融工具，其规范化程度也将越来越高。政府和监管机构将出台更加严格的法律法规和监管措施，以保障委托人和受益人的合法权益。

**数字知识产权信托将促进数字经济的发展。**数字知识产权信托不仅可以为数字经济的发展提供资金支持，还可以推动数字知识产权的保护和转化，为数字经济的发展注入新的动力。同时，数字经济的发展也将为数字知识产权信托提供更加广阔的市场空间。

# 第六节　数字知识产权交易

## 一、数字知识产权交易概述

知识产权流转是知识产权商业化的关键，有效流转有助于资源的高效配置与利用，促进经济发展。以国际商业机器公司（IBM）为例，其知识产权的转让和许可收益约占企业日常收益的20%，成为企业直接获取利润的重要来源。知识产权商业化通过流转环节实现知识产权价值，为权利人带来商业利润。

知识产权商业化的基础是知识产权商品化并形成知识产权交易市场 [1]。交易市场的三要素是商品、卖方和买方，市场的基本活动是商品交换，评价市场化水平的高低离不开市场要素分析，离不开市场主体分析、购买力和购买欲望分析，以及市场分类分级分析、市场容量分析、市场交易便捷性分析、市场交易安全性分析、市场交易制度分析、市场交易成本分析等内容。

知识产权作为商品，具有特殊性。知识产权具有一定的稀缺性，尽管我国已经是世界上拥有知识产权较多的大国，但是相较于普通货物商品，能够走上交易平台、可供交易的知识产权只是知识产权中很少的一部分。知识产权作为标的物，具有一定的特殊性，知识产权交易是一种权利交易，买卖的对象是知识产权本体权利，许可的对象是知识产权使用权能。在知识产权交易平台上，专利交易展示的只是一张张专利权利证书，买卖交割付款，做完知识产权权属变更，在形式上就完成了交易流程，是一种无形资产权利的交付。

知识产权交易涉及的是一种高度专业化的活动，它指的是智力创造的成果，通常是科技创新的产物，包括相关证书、技术文档等。在这个市场中，买卖双方通常都是知识产权领域内的专业人士，对知识产权的归属信息、价值成分以及市场应用潜力有深刻理解或深入研究。

2015 年 4 月，贵阳大数据交易所正式运营，意味着中国数据买卖的开始。2021 年 9 月，北京国际大数据交易所基于自主智慧资本开发的数据买卖平台 IDeX 系统上线。2021 年 11 月，上海数据交易所揭牌，2021 年 11 月《上海市数据条例》审议通过，为数据立法探索提供了上海经验。2022 年 11 月，在"2022 全球数商大会"上，广东省数据要素与跨境贸易场景生态正式发布。截至 2024 年 3 月，全国各地设立的大数据交易平台已经超过 20 家。随着国

---

1　沈伟 . 知识产权法益体系化保护路径之建构 [J]. 科技与法律（中英文），2021(6):103−111.

家和地方不断推进数字经济发展，全国性和地方性的数据交易平台如雨后春笋般建立起来，截至 2023 年 9 月，全国已注册成立数据交易机构 60 家。

近年来，工业和信息化部积极探索开展数据质量管理、规范数据使用方式、加强数据安全隐私保护等工作，推动完善相关法律法规和制度体系。2020 年，《中共中央　国务院关于构建更加完善的要素市场化配置体制机制的意见》印发，提出要加快培育数据要素市场。2022 年，《国务院关于加强数字政府建设的指导意见》印发，提出要探索建立公共数据资源开放目录和数据共享责任清单，依法依规促进公共数据开放共享利用。2022 年 12 月。《中共中央　国务院关于构建数据基础制度更好发挥数据要素作用的意见》印发，强调"完善和规范数据流通规则，构建促进使用和流通、场内场外相结合的交易制度体系，规范引导场外交易，培育壮大场内交易"。

## 二、数字知识产权交易困境

### （一）交易意愿

数字知识产权权利人的申请动机主要包括抢占市场，通过数字知识产权产品或服务实现市场销售获利；实现增值，通过数字知识产权转让、授权获得更多的商业利润；申报项目，通过获得数字知识产权达到申报高新技术企业、科技型中小企业的条件；获取补贴，通过数字知识产权获得单位或政府的资金奖励或补贴；个人利好，通过数字知识产权为积分落户、职称评定、升学加分积累有利条件。从权利人的申请动机可以看出，为追求商业利润而申报数字知识产权的数量较多，而单纯为了交易开展数字知识产权布局的数量较少。数字知识产权市场供给侧的意愿没有被完全激发，权利人主要还是通过提供产品和服务的方式获利，侧重点不在于将数字知识产权作为交易对象。

### （二）交易定价与评估

在数字知识产权交易市场中，价格是关键要素，是促成买卖双方达成交易的重要因素。虽然现在知识产权交易平台大多数实现了对知识产权进行"明码标价"，并推动与知识产权价值评估公司合作，但是价值评估本质是一种评价估算，没有形成一套数字知识产权定价的标准规范，同类同质的数字知识产权价格可参照性较低。

在判定挂牌交易数字知识产权价格的合理性方面存在挑战。交易价格的公允性和交易后的顺利流转都是难以简单确定的，即便是社会普通公众和知识产权专业人士也很难准确评估。按照市场经济原则，只要交易是基于平等自愿的原则建立的，排除了价格欺诈等不当行为，价格在一定范围内的波动是可以接受的。然而，由于缺乏统一的定价标准，定价过高或过低都可能影响交易者的信心和交易的公平性，进而增加交易的风险。因此，在数字知识产权交易市场中，确定价格需要依据一套规范标准，以确保价格的可参考性，从而促进市场健康有序发展。

### （三）交易成本考量

在数字知识产权交易中，成本包括狭义成本和广义成本两种。狭义成本包括信息成本和契约成本，即直接完成交易流程的成本。在数字知识产权交易中，信息成本包括数字知识产权信息搜集和匹配成功的成本，而契约成本则是完成签约成交的成本。这些流程可以由知识产权权利人自行完成，也可以通过支付佣金委托交易平台完成。而广义交易成本则包括维持成本、检测成本、制止成本和税收等费用，以及知识产权维权的费用。为了维护市场秩序、打造良好营商环境，必须对知识产权维权的成本加以考虑。另外，数字知识产权交易还需要考虑安全成本和时间成本等。安全成本包括保障数字知识产权交易安全的措施和技术的成本，而时间成本则是完成数字知识产权交易所需要的时间和精力。

### （四）交易后风险

作为一种无形资产，知识产权交易存在定价不公平、交易信息不对称、交易难变现等风险。而交易行为的后续延伸，仍有特殊因素使买方产生顾虑，从而影响交易，主要体现在以下两个方面。一方面，交易承接性差。目前来看，数字技术领域的知识产权交易尚属于小众市场，交易频率较低，在完成一次交易之后，从商业化获取知识产权商业利润的角度分析，再次交易流转存在较大风险。另一方面，技术迭代过快。现有数字技术随时都面临被新涌现的技术超越、从而丧失新颖性的问题，一旦被新兴技术超越替代，数字技术相关知识产权就有可能出现比传统技术显著得多的"价值断崖"。这样一种基于技术本身和市场规律双重挤压而产生的非即时风险同样值得我们密切关注。

## 三、数字知识产权交易一体化平台构建

当前，我国知识产权领域最大的制约就是运用问题。知识产权交易需要牵涉面广泛、资源体量充足的统一平台支撑。部分高校、科研机构的许多创新收效或缺乏转化的积极性和激励，或缺少转化的前提和动能，还有一些单位或企业对包含国家项目的创新成果转化存有一些忧虑，各种原因导致诸多创新输出被搁置，无法真正为经济发展效力[1]。2015 年修订的《中华人民共和国促进科技成果转化法》的焦点在于解决技术成果中所囊括的智慧资本转化问题。该法案明确了国家支持培育和发展技术市场，鼓励设立技术中介服务机构，为技术交易提供场所、情报平台，以及情报检索、加工与分析、评估、经纪等相关服务。

知识产权资产数字化交易平台贯穿了知识产权交易"信息 + 渠道 + 保障"全流程服务链，将知识产权金融与专利交易、转化、保护一体化结合。《中共中央关于制定国民经济和社会发展第十三个五年规划的建议》提出了智慧资本交易平台的基本构想，即加强技术和智慧资本交易平台建设，建立从实验研究、中试到生产的全过程科技创新融资模式，促进科技成果资本化、产

---

1　易继明 . 新时代中国特色知识产权发展之路 [J]. 政法论丛，2022(1):3-18.

业化。该平台致力于推动智慧资本证券化产品的创新，主要以授权许可、融资租赁、供应链金融等形式为发行方式，构筑以专利、商标、著作权、地理标志等智慧资产为主的基础资产，协助企业通过无形资产进行债务融资。同时，该平台自主研发了以客户管理、评估人员管理、数据库连接、资料采集、数据处理和输出为核心的智慧资本价值评估系统，依托大数据、云计算、人工智能等技术，打造具有公信力和影响力的专业运营服务平台，以客观、规范的方式管理、评估和运作知识产权资产。

### 四、数据知识产权经纪人制度构建

数据元素市场的建设少不了数据交易中介，数据交易中介不仅提供了操作规范、高安全性的交易场所，还负责建立健全数据资产评估、登记结算、交易撮合、争议解决等市场运营体系。数据交易中介创建通用平台，负责存储、搜索、交换和托管数据及相关算法，为不同品类的数据产品提供定价模式和相应技术支持。

数据交易中介根据其经营范围和运作模式可分为 3 类：首先是交易所，作为中介方提供撮合服务，买卖双方自主决定数据产品类型和定价方式；其次是数据经纪人，负责收集、处理和销售各类数据产品和服务，充当大宗数据资源的聚合平台，致力于一对多的数据供需匹配；第三种是数据交易联盟，吸引政府、企业和社会各界参与，共同形成数据交易联盟，实现数据共享。数据交易联盟的优势在于形成数据资产利益的绑定，有利于保护投资者的利益，并且数据质量较高。然而，数据联盟的准入门槛较高，而且数据只能在联盟内部成员之间流通 [1]。

建立数据知识产权经纪人职业资格认证制度，可以规范经纪人市场。设立数据知识产权经纪公司，可以提供数据知识产权交易服务。建立数据知识

---

1　欧阳日辉，杜青青 . 数据要素定价机制研究进展 [J]. 经济学动态 ,2022(2):124-141.

产权价值评估机制，可以保证交易的公平性。建立数据知识产权交易合同制度，可以规范交易行为。建立数据知识产权纠纷解决机制，可以保证交易的安全性。加大数据知识产权保护力度，可以有效打击侵权行为。建立数据知识产权经纪人行业协会，可以加强行业自律。加强相关法律法规的制定和实施，可以保障数据知识产权经纪人的权益。鼓励数据知识产权经纪人与其他相关行业合作，可以促进数据知识产权的转化和应用。加强对数据知识产权经纪人的培训和教育，可以提高其专业素养和服务水平。

# 第七节　数字知识产权运营基金

## 一、知识产权运营基金概述

最近，我国多地陆续建立了多家知识产权运营基金，旨在协助解决创新型中小企业面对的融资难题。然而，这些基金目前在运营经验、人才队伍素质和知识产权相关服务等方面尚存在不足，制约了它们的发展。解决这些问题将成为我国充分发挥知识产权价值的关键所在。

区别于常规创投组织，知识产权运营基金的每一笔资本注入都是围绕知识产权进行的。在海外市场，部分专门的知识产权运营基金已经发展出相对完备的管理策略。例如，美国 Intellectual Ventures 公司等知识产权运营基金构建了较为系统的商业模式，并获得了显著的经济回报。法国、韩国、日本等多个国家也相继成立了政府引领的官方版权基金，目标在于促进科技成果转化，提升本土企业在全球市场中的竞争优势。这些国家在专利权运作方面的实践经验，能够为我国在知识产权基金设置提供启示。但是在国内，知识产权运营基金尚属市场经济成熟发展阶段的新兴事物[1]。

---

1 范建永，丁坚，胡钊. 横空出世：知识产权金融与改革开放 40 年 [J]. 科技促进发展，2019,15(1):45-53.

2014 年，我国国家知识产权局与财政部联合，采取市场化的手段促进了知识产权经营服务的试点项目，并且推进了基金设立与资本整合工作。此外，《国务院关于新形势下加快知识产权强国建设的若干意见》中也清晰指明，应通过使用私募股权投资基金等市场机制，吸引社会资本流向那些高度依赖知识产权的行业和领域。

**北京市重点产业知识产权运营基金。**北京市重点产业知识产权运营基金于 2015 年 12 月设立，标志着我国第一个得到中央和地方政府财政部门共同资助引领设立的知识产权运作基金诞生。该基金规模 10 亿元人民币，旨在与国家关键项目建立战略伙伴关系，通过关键技术的领先发展及资源的整合治理，实现对重点战略产品、核心共性技术以及大型工程项目知识产权的布局与管理。此基金主要投资那些掌握核心竞争力的实体、知识产权和符合行业前景与技术趋势的前沿技术，包括以知识产权为核心的无形资产，以及拥有这些技术且以知识产权为核心资产的创新型企业等。

**国知智慧知识产权股权基金。**2015 年 11 月，国知智慧知识产权股权基金在北京发布。作为中国首个获得国家资本辅导的智力财产权私募股权基金，初步设定资金额度为 1 亿元人民币，专注于投向计划进入新三板的公司，并指定用途为支持这些企业的知识产权发掘与研发活动。基金在细分行业及细分地域与其他机构合作，在助力专利创新和企业知识产权保护的过程中，最大限度地发挥了政府资金的引导性作用。

**睿创专利运营基金。**2014 年 4 月，睿创专利运营基金在中关村正式宣告成立，是我国首支专注于专利运营和技术转移的知识产权运营基金。该基金的总额扩展至 3 亿元人民币，专注于智能硬件、移动网络等关键技术行业。此基金将云服务、物联网技术作为延伸领域，采用商业化并购与投资革新计划等手段来聚集专利资源。这一举措有望促进相关领域的技术创新和产业发展，同时也为知识产权的运营和价值实现提供了新的机遇。

**四川省知识产权产业投资基金。**该基金于 2015 年 12 月注册成立，采取了"1+3+N"的组建方式，由四川省级财政部门和成都、德阳、绵阳三市级财政部门，以及四川省内相关国字号知识产权示范优势企业、知识产权服务机构、银行和投资机构等社会资本共同发起成立。基金总规模为7亿元人民币，实行市场化运营，主要通过直接投资的股权方式，投向知识产权优势企业、高价值专利池（专利组合）的培育和运营、知识产权重大涉外纠纷的应对和防御性收购、涉及专利的国际标准制定、产业知识产权联盟建设、产业核心技术专利实施转化和产业化等领域。这一举措旨在推动四川省知识产权产业发展，提升企业的知识产权运营水平，促进知识产权在产业转型升级中发挥作用。

**苏州市知识产权运营引导基金。**2017年，苏州市知识产权运营引导基金设立，首期规模2亿元人民币。该基金采用"股权投资"或"直接投资"方式，重点投向拟落户苏州市范围内重点产业、重点企业的知识产权产业化项目、知识产权专利池、知识产权运营机构以及企业并购等，同时，引导设立若干由社会资本组成的知识产权密集型行业子基金。

## 二、数字知识产权运营基金发展面临的挑战

当前，我国数字知识产权运营基金在发展模式上仍面临诸多挑战，而解决这些难题需要建立完善的数字知识产权评估标准，提高评估价值的可信度，同时吸引更多复合型人才和强大的运营团队加入，以市场化方式进行引导和投入，实现数字知识产权运营基金的可持续发展。

数字知识产权基金运营涉及多个领域和学科，需要既懂投资，又懂数字知识产权，还懂技术的复合型人才。这种人才在市场上的价值很高，因此如何吸引并留住人才，是数字知识产权运营基金需要解决的重要问题。

此外，政府引导的数字知识产权运营基金需要以市场化方式运作，以吸引更多民间资本加入。数字知识产权运营基金需要整合多家机构共同经营，如何简化流程，让急需获得融资的创新型中小企业快速拿到所需资金，是数

字知识产权基金运营的难点。

### 三、完善数字知识产权运营基金的策略

政府出资主导的数字知识产权运营基金的定位要准确。在该类基金中，财政资金的主要作用是示范和引导，通过发挥杠杆效应，以财政资金带动社会资本投入，后期知识产权融资则需要靠市场化解决。数字知识产权是数字经济发展的核心驱动力，数字经济的发展需要大量的数字知识产权支撑。政府出资主导的数字知识产权运营基金可以有效地促进数字知识产权的创造、保护和运用，为数字经济的创新发展提供资金支持。在数字经济的发展中，政府出资主导的数字知识产权运营基金可以与数字经济相关的企业、金融机构、担保机构、评估机构等合作，共同构建数字知识产权运营体系，促进数字经济的快速发展。同时，政府还可以通过政策引导和资金扶持等方式，鼓励企业加强对数字知识产权的保护和利用，提高企业的创新能力和竞争力。

数字知识产权运营基金的高效运作需要整合有共同认知的机构，包括金融机构、担保机构、评估机构、企业等。与数字知识产权运营特点有效结合，有利于基金的高效运转。在基金运作中，需要结合数字知识产权的特点，制定科学合理的评估标准和流程，保证数字知识产权评估的公正性和准确性，提升投资者的信心和积极性。同时，数字知识产权运营基金的运作需要结合数字经济发展的趋势和市场需求，筛选有投资价值的数字知识产权，并给予资金支持。通过数字知识产权运营基金的运作，可以促进数字知识产权的保护和运用，提高企业的创新能力和竞争力，为数字经济的快速发展提供资金支持。

通过对数字知识产权的发展前景和市场需求进行全面的评估，可以有效规避投资风险，确保资金投向具有潜力和市场前景的项目。同时，这一模式还能有效促进知识产权的创新和产业发展，推动经济社会的持续发展。

# 第八节 数字知识产权共享与开源软件

## 一、数字经济背景下软件开源的必要性

开源软件是指其源代码可以被任何人免费获取、使用、修改和重新分发的计算机软件。这种软件的著作权人在软件协议的规定下保留一部分权利，同时允许用户对软件进行学习、修改、改进，以提高软件的质量和功能。

开源软件在某种程度上是对商业软件及其强调知识产权保护的批评与反对 [1]。然而，自由软件仍然基于知识产权，只是放弃了传统版权中的部分所有权和调整权。根据《著作权法》的规定，自由软件这类由许多开发者共同创作的软件作品属于合作作品。

随着互联网技术的进一步发展，越来越多的组织和个人加入了开源事业，优秀的开源项目也在不断涌现，集合人类智慧的开源软件越来越多地造福人类。同时，我们也应该明晰地认识到，开源软件的涌现及其存在的基础是《著作权法》等知识产权法律体系的授权制度 [2]。因此，我们应该在法律框架下推动国内开源软件产业的发展，在规则范围内适应和完善开源相关制度。

开源已成为全球数字科技创新的主要趋势。在近 40 年的实践进步中，开源模式逐渐演化为一种有力的技术创新方式，不仅在软件行业，还涉及硬件、晶片等多个范畴。同时，开源商业模式也在持续增长和发展。如今，新技术、新架构、新平台都在开源，很多顶尖的研究成果也都以开源形式发布，开源逐渐成为全球科技进步至关重要的创新渠道。

开源可以助力我国关键数字技术实现"弯道超车"。开源所具有的大众

---

1 曲柳莺. 开源软件知识产权问题分析 [J]. 信息技术与标准化,2009(6):58-61+64.

2 陈光沛，魏江，李拓宇. 开源社区：研究脉络、知识框架和研究展望 [J]. 外国经济与管理,2021,43(2):84-102.

协同、开放共享、持续创新等特点，使参与者置身于领先的技术行列。拥抱开源，不仅有利于紧紧跟随技术发展趋势，还可以影响行业发展方向，真正做到可持续创新，保持和提升竞争力。

## 二、我国对软件开源的基本态度与做法

开源首次被明确列入我国国家战略规划，是在"十四五"规划中。根据"十四五"规划提到的"支持数字技术开源社区等创新联合体发展，完善开源知识产权和法律体系，鼓励企业开放软件源代码、硬件设计和应用服务"，可以看出我国在国家发展战略层面对"开源"制度设计的肯定和支持。

2021 年 11 月 1 日，《开源社区知识产权管理规则指引（试行）》（以下简称"《规则指引》"）发布，旨在加强开源领域软硬件知识产权管理，推动新兴产业创新发展。《规则指引》共 12 条，主要包括管理原则、管理平台、约束机制、协同研发、软件管理、专利管理、商标管理、风险管理等多个方面，以此促进开源社区提高知识产权管理和风险防控水平，同时增强知识产权保护意识，完善开源技术开发体系，促进创新发展。且提出"合法正当、创新引领、应用先导、发展优先以及数据安全"作为开源社区知识产权管理遵循的原则，加强开源项目托管网站管理，防范风险，保障安全，鼓励开源社区完善开源许可证管理制度，建立开源知识产权审核机制，规范开源参与者操作流程等。

当前，全球经济已加速进入数字化转型升级的轨道。作为数字经济的"底座"，数字科技及开源生态直接影响数字中国建设的安全稳固 [1]。只有建设自主完善的开源生态，未来数字经济发展才有保障。

近年来，得益于科技企业尤其是互联网头部企业的大力推动，加上广大开源参与者的不懈努力，我国已跻身开源大国行列，开源已进入大生态时期，

---

1　陈兵 . 数字经济新业态的竞争法治调整及走向 [J]. 学术论坛 ,2020,43(3):26-38.

开源供应链基础逐步建立。然而，我国开源领域发展时间较短，经验积累不足，开源商业模式尚未成熟。受发展阶段的影响，许多开源参与者缺乏对开源的系统性认识，要么误将开源等同于"放弃知识产权"，要么不注重知识产权保护，或者在运用开源技术时不注意遵守知识产权规则。虽然我国已成为全球第二大开源热点区域，但此前对开源领域的系统性认识不足，对于开源基金会、开源社区、开源平台等开源组织建设及其运营的针对性政策有所缺失，对许多优秀开源项目早期的资金支持和孵化服务欠佳，对创新型中小企业的开源项目支持不足，开源人才培养也迫切需要政策引导。

## 三、开源软件涉及的关键知识产权问题

### （一）著作权

开源软件被视为一种具有版权保护的软件，其关注点在于扩大用户的自由和权益，以及再传播（或再发布）时获得更广泛许可授权的可能性。开源软件主要依赖许可证来保护其版权，软件许可证代表了一种合同和授权形式，是用户合法使用软件作品的凭证，类似于软件作者与用户之间达成的一份协议，旨在规范双方处理软件作品时的权利、义务和责任。

开源软件作为拥有著作权的软件，其源代码及其衍生品是否受到《著作权法》的保护，是首先需要明确的问题。开源软件通过许可证保护其著作权，用户在使用开源软件时需要遵守许可证的规定，获得相应的授权。如果用户在未经授权的情况下使用开源软件，可能涉及著作权侵权问题。

衍生品的著作权归属不容忽视。开源软件通常允许用户自由地复制、修改和分发其源代码，但这些衍生品的使用也需要遵守开源软件许可证的规定。如果用户在未经授权的情况下使用开源软件的衍生品，同样可能涉及著作权侵权问题。

开源软件的著作权转让也是一个难点。在某些情况下，开源软件的作者可能会将其著作权转让给第三方。如果用户在未经授权的情况下使用这些著

作权转让后的软件，也可能涉及著作权侵权问题。

### （二）专利权

利用专利权保护软件权益，其强度大于著作权，专利权的保护对象是体现其发明创新的技术方案。其他人不得沿用其技术方案，甚至重新编写代码也不被允许。因此，专利权保护能更加有力地推动软件技术的创新。然而，专利权对后续软件开发者的限制也更多，特别是对开源软件的开发者而言，试图规避相关专利，开发类似软件的难度明显增加。一旦开源软件侵犯了软件专利权，不仅需要追究发布者的法律责任，还需要追究使用者的法律责任。

对于开源软件来说，许多程序是由全球志愿者集体编写、合作开发的，其中不可避免地存在"潜在专利"问题。目前，开源组织正在寻求一种约束措施，使持有潜在专利的组织或个人在起诉开源软件发行者侵犯专利时，开源组织有权反击专利持有者在互联网上对开源软件的侵权，以实现权利公平、法律平衡的制约效果[1]。

### （三）商标权

软件商标是指软件生产者为了区分其开发制造的软件与其他软件产品，在软件包装表面或软件运行过程中展示的文字、图形、声音或多种元素的组合。开源软件的商标和其他软件产品一样，受到《商标法》的保护。例如，Linux 开源软件的小企鹅标志就受到法律保护。

开源软件的商标权人应该及时注册商标，以确保其商标受到《商标法》的保护。注册商标后，可以防止他人未经授权使用该商标。商标权人应该注意区分合理使用和侵权使用。例如，开源软件的开发者可以在其软件中注明该软件基于某个商标软件，但不得在软件包装表面或软件运行时屏幕中显示该商标。如果发现他人未经授权使用开源软件的商标，商标权人应该及时提出侵权投诉，并寻求法律援助。

---

1　曲柳莺 . 开源软件知识产权问题分析 [J]. 信息技术与标准化 ,2009(6):58–61+64.

## 四、开源软件知识产权发展趋势与对策

### （一）加强开源顶层制度设计

加强开源顶层制度设计是推动数字经济高质量发展的重要举措之一。协同"政、产、学、研、用"等多方力量，加强国家层面的顶层设计，出台一批有利于开源发展的政策，为开源技术的发展和应用营造良好的政策环境。其中，优惠或减免开源组织和开源项目的税收是重要的政策之一。可以规定对于参与开源项目和贡献代码的企业和个人，给予一定的税收优惠或减免，以鼓励和支持开源社区和项目的发展。同时，对于符合条件的开源组织和项目，也可以给予一定的资金支持或奖励，推进国内开源运营治理的标准化与规范化。

支持和推广开源技术及产品使用的配套政策是重要的着力点。对于使用开源技术和产品的企业和个人，应给予一定的奖励或优惠政策，以促进开源技术和产品的推广与应用。另外，推动开源教育支撑平台建设也是重要的政策之一。将开源技术和开源实训融入现有教育体系，可以为人才培养提供更好的支撑。同时，可以鼓励企业和个人进行开源转型，鼓励企业和个人参与开源教育支撑平台的建设，提高企业的竞争力和自身的技术水平。

### （二）营造多元协同开源发展环境

营造多元协同开源发展环境是推动数字经济高质量发展的重要举措。开源是一种创新模式，它鼓励用户参与创造、共享和改进软件，从而推动软件技术的发展和应用。在数字时代，开源已成为推动技术创新和产业升级的重要动力。为了营造多元协同开源发展环境，需要大力宣传"共创、共建、共治、共享"的开源精神。这种精神能够激发人们的创造力和参与意识，让更多的人和企业参与开源，从而推动开源理念传播和开源生态建设。同时，要推进网络环境开放，让更多的数据和信息自由流动，为开源技术的发展提供良好的环境。

　　在推动开源发展方面，需要完善开源知识产权和法律体系，集各方之力协同制定开源规则。政府可以出台相关政策，鼓励企业进行开源转型。同时，企业也可以通过参与开源项目和贡献代码等方式，提高自身的技术水平和竞争力。学术机构可以通过研究开源技术和商业模式，为企业和用户提供更好的服务和产品。用户也可以通过参与开源项目和使用开源软件，为开源技术的发展提供反馈和支持。

　　数字经济是未来经济发展的重要方向，而开源技术则是推动数字经济发展的重要支撑。因此，应将开源发展与数字经济的发展相结合，促进二者的互动和协同，例如，将开源技术应用于云计算、大数据、人工智能等领域，推动数字经济的发展。同时，也可以将数字经济的发展经验反馈到开源技术中，为开源技术的发展提供新的思路和方向。

### （三）加强重点开源人才培养

　　企业和社会应该加强对开源人才的培养。企业可以与高校合作，推出开源软件相关的课程和认证体系。社会可以加强对开源社区和项目的支持和推广，吸引更多的人参与开源。加强国际顶级开源人才交流，推动中国开源人才高地建设。企业可以通过与国际顶级开源社区和项目合作，引进国际先进的开源技术和经验，提高中国开源人才的水平和素质。推动开源成果在高校及产业界的课程与认证体系设计、师资队伍建设和培养计划，提高教师的教学水平和能力。培养开源创新人才，支撑开源软件形成可持续发展生态。同时，政府可以支持可持续发展生态的建设，为开源软件的发展提供更好的环境和条件。

### （四）注重开源治理完善开源生态

　　为了满足数字经济条件下开源软件的知识产权发展需求，应加强开源基金会建设，并逐步放宽对其设立的限制，以促进本土开源社区和开源代码托管平台的建设，为中国开源发展提供支持。建立开源创新科教平台，联合产业企业开设开源实践课程，推动开源人才培养。充分发挥开源基金会的治理作用，利用国内市场规模和开发者群体优势，使开源技术与市场发展相互促进，加速本土开源生态的完善。加强与国际开源社区和企业的交流合作，借鉴国际先进经验，为中国开源技术的发展提供更好的支持。

# 本章小结

数字技术的快速创新推动中国知识产权运营平台蓬勃发展，知识产权运营日益成为聚集知识产权供需方、资本、中介、政府等多个主体，实现知识产权创造、保护、管理、运用的平台创新生态系统[1]。

专利导航项目旨在提升企业竞争力，通过专利导航分析，支持企业产品开发和专利运营，贯穿专利导航、创新引领、产品开发和专利运营各环节，促进专利在企业创新发展中的融合应用。专利导航是一项系统工程，不仅要实现专利信息分析与产业运行决策的深度融合、专利实力与产业创新能力的高度匹配，还要发挥专利价值对提升产业效益的支撑作用。

专利价值分析在指标体系建设中扮演着关键角色。建立规范的专利权价值评估体系，有助于服务知识产权运用大局，更好地体现知识产权的价值。

在产业智能化的进程中，生态系统的重要性不可低估。人工智能技术实际应用的主要瓶颈在于技术发展尚未成熟，因此建议政府和产业界合作推动适宜的场景落地，找到匹配的技术，并促进技术与场景的融合。创新型企业可以运用其拥有的专利权、商标权、著作权等知识产权作为抵押物或基础资产。创新知识产权投融资产品，探索知识产权证券化，完善知识产权信用担保机制，推动发展投贷联动、投保联动、投债联动等新模式。在全面创新改革试验区鼓励天使投资、风险投资、私募基金对高科技领域进行投资。细化会计准则规范，推动企业科学核算和管理知识产权资产。促进高等院校和科

---

1　马蕾，梁凯桐，王阳，等.数字技术驱动下中国知识产权运营平台发展历程及演化趋势[J].中国科技论坛,2021(10):153-161.

研机构建立健全知识产权转移转化机构。支持探索知识产权创造与运营的众筹、众包模式，促进"互联网＋知识产权"的融合发展。

国家主导全球知识产权交易平台建设，旨在建立透明、按需、公平、完善的知识产权定价和交易体系，激发社会创新力。该平台针对文创 IP、芯片、数字影音等关键领域，通过明确的定价和交易规则，保护知识产权所有者的合法权益。同时，加大对新型侵权盗版行为的惩处力度，建立侵权行为"黑名单"，维护知识产权所有者的权益。

数字知识产权运营基金则主要用于提高知识产权运营水平，推动科技成果概念验证、工程化和产品化，加强产业间合作共享，保障产业技术安全。通过专利挖掘、专利布局、专利导航、高价值专利培育、风险防范、诉讼维权、人才队伍建设等方面的投入，提高知识产权运营水平，推动科技成果概念验证、工程化和产品化，加强产业间合作共享，保障产业技术安全。

数字知识产权的有效保护和管理需要政府加大财政、税务和金融支持力度。可以运用财政资金引导和促进科技成果的产权化和知识产权的产业化，以增加知识产权在经济发展中的贡献。应落实研究开发费用税前加计扣除政策，对符合条件的知识产权费用按规定实行加计扣除，以降低企业的研发成本。此外，还应制定专利收费减缴办法，合理降低专利申请和维持费用，以鼓励更多的创新和创造。同时，应积极推进知识产权海外侵权责任保险工作，为企业的海外权益提供保障。此外，应深入开展知识产权质押融资风险补偿基金和重点产业知识产权运营基金试点工作，以探索有效的知识产权融资模式，促进知识产权的商业化和产业化。

随着数字经济崛起成为全球经济恢复的新动力，我国在"十四五"规划中明确支持开源发展，显示了对开源发展新机遇和新形势的准确把握。开源创新模式有助于快速聚集大众智慧、加速生态发展，推进开源发展对我国信息技术创新与国际发展趋势保持同步具有重大意义，我国需要从环境营造、生态培育和政策设计等方面入手推动开源创新体系建设。

# 第十章

# 数字知识产权管理

## 第一节　数字知识产权管理概述

### 一、数字知识产权管理内涵

管理是一个使协同工作更有效率的过程，也是领导者通过策划、组织、协调和监督来管理对象，以确保其活动和流程符合组织目标的过程。

随着数字经济和新一代信息技术的快速发展，知识产权不再局限于专利、著作、商标等传统知识资产，逐渐向开源代码、网络信息资源、数据等新形式转变。因此，数字知识产权管理应当是在数字经济背景下，企业、经济组织乃至国家积极运用新一代信息技术，对其拥有的数字化形式的知识产权资源进行有效的计划、组织、领导和控制，以实现最佳经济效益和提高国际竞争力的过程。数字知识产权管理应当在知识产权管理的基础上，对数字时代特殊的知识产权客体实施数字化管理手段。

数字知识产权管理与传统的知识产权管理类似，也应当包括以下 5 个方面的要素。

**第一，管理机构**。根据知识产权管理的定义可知，从事数字知识产权管理的主体应当是特定主体，行政机关、企事业单位、协会或者集体都可以成为数字知识产权管理主体，例如，知识产权局、大数据局、企业知识产权事务部、互联网协会、大数据产业协会等。

**第二，管理制度。** 数字知识产权管理制度是数字知识产权管理机构对数字知识产权工作进行有效管理的根本依据，其中包括：国家法律规范，例如在传统的《专利法》《商标法》等基础上增加《个人信息保护法》《数据安全法》等；地方性法规、部门规章及条例等；管理机构内部规章制度，例如某企业指定的《企业员工开源软件代码管理办法》等；相关知识产权管理制度。

**第三，管理方法。** 数字知识产权管理方法是指数字知识产权管理机构对数字知识产权工作进行管理时所采取的具体做法。在数字时代，数字知识产权管理方法多采用人工智能、大数据、区块链等技术融合管理模式。

**第四，管理目标。** 数字知识产权管理目标是指数字知识产权管理机构对数字知识产权工作进行管理时所预期的目标。一般而言，可分为近期、中期和远期目标。近期目标主要是通过数字知识产权管理制定适当的数字知识产权管理制度和相关计划，达到增加数字知识产权产出、加强数字知识产权保护的效果。中期目标主要是通过数字知识产权管理，制定和实施数字知识产权战略，促进其创造、运用、保护。远期目标则是实现数字知识产权的良性循环，利用数字知识产权提高数字经济时代创新能力。

**第五，管理手段。** 不同的数字知识产权管理主体可以采取不同的管理手段。一般来说，管理手段可以划分为行政手段、司法手段和市场手段。

## 二、数字知识产权管理特征

### （一）合法性

合法性，就是数字知识产权管理机构应当依据有关的知识产权法律规范、规章制度和具体的管理规则进行数字知识产权管理。合法性包括管理主体资格合法、管理行为合法、管理方式合法、管理制度合法。

## （二）动态性

数字知识产权相较于传统的知识产权形式，成果载体更加数字化，其可复制性使数字知识产权的边际成本很低，数字知识产权的市场实时动态变化，数字知识产权管理也应当根据市场变化而做出相应调整。

## （三）国际性

知识产权制度是国际上通行的保护创新的法律制度，但各个国家和地区却有不同形式的知识产权管理政策。数字知识产权管理助力创新发展，在全球互联网治理体系变革的关键时期，强化国际化数字知识产权管理是实现高质量发展的客观需要，也是保护消费者权益、营造让消费者放心的消费环境的必要条件。

## 三、数字知识产权标准化管理现实意义

### （一）提高知识产权创造能力

从确定权利归属的角度来看，专利、商标、集成电路布图设计等知识产权，需要创作者、设计者或持有人向国家知识产权行政管理机关提出授权或登记申请。随后，相关机构依据法律法规代表国家进行授权许可或登记备案。国家知识产权行政管理机关的业务水平、管理水平、审查速度和质量，直接影响了知识产权创造的数量和质量。因此，提升这些机关的业务水平和管理水平，加快审查速度，保障审查质量，对于促进知识产权的创造、保护和运用具有重要意义。尤其对数字经济及其核心产业涉及的专利、商标、集成电路布图设计等知识产权更是如此。

数字知识产权运营标准化有助于明确知识产权创造的目标。其中，建立数字产业或企业以专利策略为主导的知识产权战略是关键任务之一。在这一框架下，应根据企业总体经营和创新策略，规划创造数字知识产权，特别是针对与数字技术相关的专利申请数量、质量、时机和类别，应制定明确的目标和方针。

数字知识产权管理有助于提升创新研发起点，避免重复低水平发展道路。

通过加强数字知识产权信息管理，能够建立完善与数字产业相关的知识产权信息数据库，充分利用知识产权文献信息，及时了解国内外数字技术发展动态，节约人力和资金。同时，数字知识产权管理还能激发发明人、设计人的创造激情，提升知识产权创造能力。

### （二）提高知识产权运用能力

知识产权运用是实施知识资产策略的关键，加强知识产权的创造、管理和保护旨在提升知识产权的运用效能，全面提高企业的市场竞争力和国家的核心竞争力。数字知识产权管理水平的高低和规范程度直接影响着数字经济及其核心产业知识资产能否充分发挥。加强知识产权的执行和运用，以增强国家和地区的竞争力，是行政管理的重要任务之一。政府发布了一系列鼓励创新的政策，例如，2006年国务院印发《国家中长期科学和技术发展规划纲要（2006—2020年）》，并相应制定了涵盖科技投入、税收激励、金融支持、政府采购、知识产权保护和人才队伍建设等方面的配套政策。2021年12月，国务院印发《"十四五"数字经济发展规划》，强调从"强化协同治理和监管机制"的角度出发，健全完善数字经济治理体系，探索建立与数字经济持续健康发展相适应的治理方式，制定更灵活有效的政策措施，创新协同治理模式。

深化"放管服"改革，优化营商环境，通过分类清理规范不适应数字经济发展需要的行政许可、资质资格等事项，可以进一步释放市场主体的创新活力和内生动力。这样的改革措施有助于简化审批程序，降低企业的准入门槛，促进市场竞争，激发企业创新和发展的积极性。同时，也有助于提高监管效率和服务水平，营造良好的营商环境，吸引更多投资者和创业者参与数字经济，推动经济持续健康发展。

### （三）提高知识产权保护水平

加大数字知识产权保护力度对于激励数字产业创新、维护公平市场竞争环境至关重要。知识产权保护和管理的两大方面，即事后救济和事前预防，两个方面密切相关，共同构建了完善的知识产权保护体系。

科学的知识产权管理是保护知识产权的基础，有效管理企业的知识产权能够帮助企业更好地维护其权益，降低侵权风险。合理分类管理和完整保存知识产权取得和实施过程中的重要资料，有助于为维权提供可靠的证据支持，特别是在商业秘密保护方面。在数字时代，加强对技术人员和技术成果的管理，明确权利义务和成果归属，可以有效减少知识产权纠纷，降低维权成本，并选择合适的维权途径和方案。

## 四、数字知识产权管理面临的难题

信息化是指企业的业务系统和办公系统开始高度依赖信息网络和信息系统，知识产权领域的信息化带来了一系列显著变革：知识产权形式数字化、存储设备小型化且容量巨大，以及信息交换方式的多样化和便捷化。这些变化为知识产权保护带来了新的挑战。在高度信息化的时代背景下，建立有效的数字知识产权保护体系成为每个拥有自主知识产权的企业所面临的重要问题之一。在数字知识产权管理方面，普遍存在以下 4 个问题。

**第一，企业内部的数据信息分级管理措施不够完善。**目前，许多企业仅在内部网络设置了简单的服务器访问授权控制，而缺乏细致的共享控制，导致数字知识产权资料在企业内部网络中随处可见，给网络窃听、木马软件和系统漏洞等带来了可乘之机。

**第二，内部数据安全管理未能及时适应新形势的需要。**大多数企业仅在网络出口处采用防火墙等网络边界安全设备进行防护，对内部信息网络和系统可能发生的安全事件几乎没有有效的防范措施。这种基于网络边界的防护十分脆弱，容易被非法外联和非法接入所突破。同时，企业对可能由内部信息网络的计算机终端和网络设备发起的安全事件或数字知识产权泄密事件的防范意识和措施也不足。

**第三，缺乏有效的事前防范和事中控制机制。**一些重视知识产权保护的企业仅采用审计或监控系统，虽然可以在事后查找相关责任人，但无法有效阻止数字知识产权泄密事件的发生，也无法挽回企业因此遭受的损失。

第四，缺乏完善的数据信息保密整体解决方案也是一个值得关注的问题。随着信息技术的不断进步，存储设备越来越小型化，通信接口和数据输出接口也日益丰富。如果没有完善的整体信息保密解决方案，数字知识产权保护所面临的漏洞将日益增多。

# 第二节　数字知识产权管理维度

## 一、基于价值链的数字知识产权管理维度

知识产权的价值链是一个连续的进程，其强调了任务分配与系统的改良和统合。它衔接相关的知识权益环节，并组织各相关要素，通过协调互助、交流合作，共同提高知识产权管理的整体成效。

基于价值链的数字知识产权权益管理包含了 5 个首要方面，分别是数字知识产权取得管理、数字知识产权开发管理、数字知识产权运营管理、数字知识产权保护管理和数字知识产权组织管理。

数字知识产权取得管理维度，是指对自主创新过程中或通过市场交易获得的数字知识产权进行管理。

数字知识产权开发管理维度，是指数字知识产权产品化的过程中，在知识创新的开发阶段，对创新实施知识产权保护的过程。

数字知识产权运营管理维度，涉及所有者或依法有权处分的组织和个人应用数字知识产权取得相应的竞争优势或收益的过程中，对数字知识产权的转移、扩散和自营进行管理的行为。

数字知识产权保护管理维度，包括面向数字知识权益开发管理和运营管理的技术服务、知识权益保护和冲突处理。

数字知识产权组织管理维度，旨在激发数字知识权益创造、促进数字知

识权益开发、利用和保护，通过组织架构、人员配置、制度建设和文化建设来实施。

## 二、依知识产权客体分类的数字知识产权管理维度

将知识产权客体作为知识产权管理的分类依据是最常见的做法。以传统知识产权为基础，可将数字知识产权划分为科技成果的数字知识产权管理、文化创意产品的数字知识产权管理、商业标识的数字知识产权管理和其他数字知识产权管理四大类。

数字知识产权的管理，既包括对传统的著作权、专利、商标等的继承和发展，即对数字著作权、数字专利权、数字商标权的管理，又包括对数据、数字信息资源、计算机软件和代码等新型数字知识产权管理。

## 三、依知识产权主体分类的数字知识产权管理维度

基于数字知识产权管理者的分类，可以将其大致划分为五大类型，包括数字知识产权行政管理、数字知识产权行业管理、企业数字知识产权管理、科研院所数字知识产权管理和数字知识产权管理中介机构。

数字知识产权行政管理是国家组织的管理活动，涵盖了授权、规章制定、指导、监督、检查和行政司法等方面。政府机构是最典型的数字知识产权行政管理主体，包括国家知识产权局、国家数据局、国家专利局等。

数字知识产权行业管理则是指各行业协会或组织，例如互联网协会、数据知识产权协会等，根据行业发展状况和法律规定，通过规范管理和行业保护促进技术创新。

企业数字知识产权管理实际上是企业对自身知识资本的优化管理过程。通过挖掘企业固有的隐性知识，依托数字知识产权，吸收和借鉴国际先进经验和做法，最大化利用知识资本。

科研院所数字知识产权管理是指科研院所根据各自特点和法律规范对单

位运行过程中获取的数字形式知识产权进行的管理活动。

数字知识产权管理中介机构是指在数字知识产权贸易过程中提供咨询、代理或评估等专业服务的中介组织，例如数据经理人、数据价值评估机构等。这些机构在促进数字知识产权交易和保护方面发挥着重要作用。

## 第三节　数字知识产权管理体系

### 一、数字知识产权行政管理

数字经济的进展离不开数据元素的推动，而政府在其中扮演着关键的角色。一方面，数据并非直接蕴含使用价值的实体形态，而是连接数字经济各个环节的纽带。数据的制造、传输和应用牵涉到多方利益，不同主体之间存在明显的利益冲突，因此需要政府介入进行协调。另一方面，数据元素的聚合和运用具有明显的规模经济特性，导致市场上处于优势地位的主体很容易形成垄断，甚至滥用和违法运用数据，因此需要政府进行监管。在数字经济发展中，政府究竟如何定位自身角色、采取何种路径成为当前急需讨论的重要理论和实践问题。

政府在推动产业发展方面主要依赖各种政策工具，产业政策的制定和执行展现了政府治理产业的逻辑。在设定目标时，政府着重于促进应用创新，供给型政策工具直接影响技术创新，而需求型政策工具更有助于推动应用创新。数字经济的快速发展需要政府不断进行治理创新，尤其是在推进政府数字化转型方面。例如，数字经济急需实现数据要素的市场化配置，政府应将数据作为治理的核心内容，建立数据要素的供需、竞争和定价机制，以解决数据要素市场出现的"失调"问题。数字化转型可以为数字经济发展提供动力，其中的具体路径包括基于数据开放的要素释放、基于快速响应的协调促进、基于信用档案的主体培育、基于在线共管的市场规范，以及基于场景相关的政策创新。

数字经济的迅速发展导致其所代表的先进生产力与现有生产关系之间存在内在张力，政府治理面临着"推动力""错位"和"重新定位"的三重压力。数字经济的崛起要求政府进行治理创新，同时也促进政府治理方式的创新，包括政务服务的优化、监管方式的转变及公共服务供给模式的创新。因此，数字经济发展与政府治理之间存在多方面的联系和互动，数据要素推动数字经济发展的治理逻辑不仅需要考虑这两个领域的治理，还需要关注二者之间相互作用的关系。

## 二、数字知识产权集体管理

建设数字知识产权集体管理体系是推动数字经济发展的重要措施。在场景互联和数据融通的背景下，多元主体之间的协同治理至关重要，是实现数字经济发展的关键所在。政府应采取一系列措施，促进多元主体之间的协同治理，包括关系协同、主体协同和机制协同。企业在数据资源和技术创新方面的优势使其在多元协同中发挥着日益重要的作用。因此，企业在数字经济发展中的共同治理作用也日益凸显。多元主体之间的协同更多地体现为共同治理，旨在为数字经济的发展共同策划、共同努力、共享成果并各取所需。

应强化数字知识产权服务业及社会组织管理，放宽服务业准入门槛，促进数字知识产权服务业优质高效发展，加快建设数字知识产权服务业集聚区。积极探索开展数字知识产权服务行业协会组织"一业多会"模式。完善执业信息披露制度，及时公开知识产权代理机构和从业人员信用评价等相关信息。规范著作权集体管理机构收费标准，完善收益分配制度，让著作权人获得更多的收益。

## 三、数字知识产权企业管理

在数字化快速发展的时代背景下，企业必须进行统一规划，为了有效保护数字知识产权，需采取多种技术措施，例如身份认证、授权管理、数据加密和监控审计等，构建起一套"主动防护、强制保密"的体系。然而，要建立完备的企业数字知识产权保护体系，不是简单地依赖安全产品堆砌所能实现的，它是一个涉及多方面内容的复杂系统工程。

**第一，用户身份认证是必不可少的。**这是建立数字知识产权保护体系的基础，需要确立有效的安全身份认证措施，为企业信息系统中的每位员工确定唯一身份标识，并采用统一安全的身份识别方式。

**第二，要健全数字知识产权的授权管理机制。**通过全面管理企业的应用系统访问权限、文件使用权限、终端使用权限、网络进出权限、外设使用权限及应用使用权限等各类信息资源，将信息资源共享和使用范围限定在最小访问范围内，并建立有效的控制措施，从而大幅度降低因信息资源失控带来的数字知识产权保护风险。

**第三，建立有效的数据信息保密系统对于保障数字知识产权的安全至关重要。**该保密系统主要依赖存储加密技术和网络加密技术的结合应用，其中包括但不限于 U 盘加密、硬盘加密、文件加密和网络加密等多种手段。通过使用这些加密技术，企业可以确保其信息在存储、处理和传输过程中得到充分的保护和授权管理，从而防止敏感数据泄露或被未经授权访问。此外，为了建立安全可控的数字知识系统并实现准入控制，服务器操作系统可以安装特定的准入控制软件。这些软件可以在计算机终端访问服务器时主动检查访问者的安全状态，并根据预设策略来决定是否允许访问，有效地防止未经授权的访问行为。客户端准入控制也十分重要，通过在终端设备上安装相应软件来检测访问者的安全状态，确保访问的合法性及数据安全。在网络环境中，基于主机的准入控制点通常部署在代理服务器、邮件服务器、内网 Web 服务器、DNS 服务器或 DHCP 服务器上，这些控制点能够覆盖员工频繁访问的场所，仅在 1～2 台服务器上部署控制点即可实现全局准入控制。与基于网络的准入控制相比，基于主机的准入控制配置更为简便，尤其在大规模网络环境下，能够有效地阻止未经授权的数字知识产权扩散。因此，在数字时代，建立完善的数据信息保密系统和准入控制机制是十分必要的。

第四，构建完善完备的审计监控机制对于维护数字知识产权同样非常重要。该机制能够全面记录和监视企业信息网络中关键用户活动和资源利用情况，并及时发出违规行为或其他安全事件的警报。另外，还需具备健全的数据分析功能，供管理者评估企业数字知识产权保护系统的状况，以便不断优化和升级系统。

# 本章小结

知识产权是无形资产的中心，是将技术创新成果转化为资产和生产力的桥梁，也是技术创新成果转化为无形资产、生产力的基石和保障。知识经济的发展过程实质上是持续创新的过程，而持续创新的进程则是不断完善、发展知识产权制度的过程[1]。所以，数字知识产权管理实质上是知识产权管理部门，以及知识产权权利人对与数字技术相关的知识资产的调控、管理与监督，其根本目的在于提高数字知识资产的经营、使用效益，进而提升市场竞争力。

数字知识产权管理是一个综合的系统工程，包括数字知识产权战略的制定、管理措施的设计、流程的监控及人才培训等。这些管理活动相互关联、相互衔接，构成了我国知识产权战略的重要组成部分，贯穿于政府、企业等各个社会组织与知识产权工作相关的方方面面。

在国家层面，知识产权管理涵盖了立法、行政许可、行政执法、政策制定和司法保护等方面。而在企业管理层面，有效管理知识产权是企业创造、运用和保护知识产权的基础。因此，无论是从国家整体治理的角度还是从企业内部管理的视角来看，都必须有效地管理知识产权。

---

1　陈仁竹，马亚良，石澂 . 标准化基础教程 [M]. 北京：中国计量出版社 ,2008.

# 第十一章

# 数字知识产权保护与纠纷解决

## 第一节　数字知识产权法律风险分析

### 一、数字知识产权法律风险的表现

数字化产品是知识产权的新形态，例如，数字出版物、网络视频、网络存储、网络直播、虚拟歌手等被纳入著作权、专利权、商标权等知识产权法律框架内。这样从司法实践上拓展了知识产权的保护范畴，同时也对知识产权保护提出了新的要求。

数字经济时代，一些人借助网络抓包、视频解析、深度链接等技术手段实施知识产权方面的侵权行为。这类新型侵权手段隐蔽性强、不易被察觉、取证难度大，导致一些侵犯知识产权的案件长期无法立案、侦破和判决。

### 二、数字知识产权法律风险产生的原因

数字知识产权作为一种新兴的知识产权形式，随着网络的迅猛发展而崛起。它除了涵盖传统的知识产权形式，例如专利、商标、著作权等，还包括新兴的数字化领域所产生的各种财产形式，例如多媒体、计算机软件、数据

库、网络域名及电子著作等。这些数字知识财产在网络时代具有重要的价值和意义，对于创新、发展和经济增长起着关键作用。

**一是网络发展带来的变化。**网络发展带来了数字知识产权类型的不断增加，然而在法律上仍存在一些不完善之处，因此存在一定的法律风险。

**二是数字知识产权法律保护不足。**当前，对于一些侵犯数字知识产权的行为，法律打击力度较小，侵权行为难以得到有效的惩罚，这也会导致数字知识产权产生法律风险。

**三是互联网领域的竞争乱象。**在互联网领域，各种竞争乱象也给数字知识产权带来了很大的风险，价格歧视、隐私侵犯、流量造假、数据垄断等行为都可能侵犯数字知识产权，从而带来相应的法律风险。

**四是数字产业发展的特殊性。**数字产业技术创新和商业模式创新的速度非常快，该产业的发展涉及多个领域的知识产权交叉保护，增加了数字知识产权保护的难度和风险。

# 第二节　数字知识产权行政保护

## 一、数字知识产权行政执法必要性分析

### （一）知识产权行政保护概述

广义的行政执法，涵盖能够保障法律实施、保护法定权利的各种途径；狭义的行政执法，是各级行政机关基于法定职权或相关单位基于授权，按照法定程序对判定为违法的行政相对人实施法律处分，改变受侵害的权利义务关系的具体行政行为。

知识产权保护对企业绩效具有显著的提升作用，竞争强度和反应型市场导向均显著强化了知识产权保护与企业绩效之间的关系[1]。知识产权行政执

---

1　王永贵.知识产权保护影响企业绩效的机理和边界——对市场环境和营销导向调节效应的实证分析[J].深圳大学学报（人文社会科学版），2020, 37(1):69-77.

法就是其中一种最为高效且直接的保护知识产权手段。

知识产权行政执法属于狭义的行政执法范畴，是根据知识产权法律法规，对知识产权违法行为所实施的行政处罚和行政强制等行为的统称。

### （二）数字知识产权行政保护内容

数字知识产权行政保护主要有以下 4 类内容。

**一是数字知识产权常规监管。**日常事务性管理工作是知识产权行政执法保护的前置性程序，服务于知识产权行政执法，同时驱动着知识产权行政执法的开展。知识产权行政管理部门在日常巡检工作中一旦发现侵犯知识产权行为的线索，就转入调查取证、责任认定，以及后续的处罚程序。

**二是数字知识产权执法专项行动。**执法专项行动是知识产权行政保护的重要组成部分，体现了国家强制力，并且容易被社会公众所感知，因此其实质意义与形式意义并重。

**三是数字知识产权执法部门的合作交流活动。**这类活动主要包括在不同国家和地区的政府知识产权管理部门之间、政府知识产权管理部门和具有知识产权保护功能的民间组织之间，围绕数字经济核心产业，开展知识产权信息、技术、人力、制度等方面的合作，以协调不同国家和地区在数字知识产权保护认知和规则方面的差异。通过交流建立信任和合作关系，使知识产权的执法广度和深度得到有效增强。

**四是数字知识产权的宣传与教育。**数字知识产权宣传与教育虽然不会针对具体的行政相对人设定必须完成的法律上的义务，但是其具有潜移默化的效果，能够对潜在的知识产权利益相关方产生普遍的内在影响，营造保护知识产权的社会环境氛围。如此一来，知识产权执法意图就能够比较容易被大众接受，有助于实现知识产权保护的预期行政执法目标。

### （三）数字知识产权行政执法社会接受度分析

知识产权权利人对行政机关主动采取行政措施干预，通过持续性的行政执法活动提升知识产权保护效果，使其有较强的社会认同感，使相当一部分知识产权权利人愿意选择借助知识产权行政执法来处理自己受到侵害或潜在受侵害的知识产权[1]。

随着现代法治社会建设的不断完善，我国知识产权行政管理部门对知识产权纠纷处理的权威性与公信力得到了全社会的普遍认可，从历史与现实两个方面为知识产权行政执法营造了良好的社会环境。

## 二、数字知识产权行政执法面临的挑战

### （一）互联网环境下电子商务领域知识产权状况

在经济全球化的背景下，市场经济发生了深刻变化，新业态不断涌现，基于互联网的电子商务也顺势迅猛发展。近年来，我国培育了多个大型电子商务购物服务平台，这些平台提供交易接口、撮合工具、支付结算工具并负责网络店铺的准入审核等服务。根据中国 2022 年电商产业的统计数据，2022 年电商交易总额达到 43.83 万亿元，较上年同期增加了 3.5%，凸显了我国电商的庞大规模和不断发展的势头。在这些数据中，全国网络零售总额达到了 13.79 万亿元，与上年同期相比增加了 4.0%，而在农村地区，则达到了 2.17 万亿元，较上年同期增加了 3.6%。跨境电商的进出口总额达到了 2.11 万亿元，较上年同期增加了 9.8%，在全国进出口总额中所占的比重达到了 5.0%。这一数据展现了中国电子商务市场的蓬勃发展，反映了消费者购物习惯的变迁、数字技术的驱动以及政策支持等多方面因素的综合作用。电子商务已成为中国经济发展的重要引擎之一，为经济结构转型和消费升级提供了有力支撑。

电子商务领域中的知识产权包括著作权、专利权、域名和商标权等。在网络环境下，电子商务的版权侵权问题变得尤为突出，涉及网络内容或链接的侵权等情况。互联网的开放性和普及对专利的新颖性、创造性和实用性提

---

1　孔祥俊. 论解决知识产权权利冲突的民事司法与行政程序之界分 [J]. 河南社会科学 ,2005 (6):9-14.

出了全新的挑战，使其面临着前所未有的考验。《关于审理涉电子商务平台知识产权民事案件的指导意见》（以下简称"《指导意见》"）要求，电子商务平台经营者知道或者应当知道平台内经营者侵害知识产权的，应当根据权利的性质、侵权的具体情形和技术条件，以及构成侵权的初步证据、服务类型，及时采取必要的措施。采取必要的措施应当遵循合理审慎的原则，包括但不限于删除、屏蔽、断开链接等下架措施。平台内经营者多次、故意侵害知识产权的，电子商务平台经营者有权采取终止交易和服务的措施。《指导意见》规定了四种情况，当出现一种情况时，法院即可以认为电商平台的经营者具有"应当知道"侵权的事实。具体表现为未履行法定义务、未对店铺进行资质审核、未采取有效的技术措施阻止侵权链接、未尽到合理的审查和谨慎义务。

### （二）互联网环境下面向协同创新的知识产权执法难度

数字经济发展依托于互联网环境，我国知识产权执法从外部环境支持到内部资源保障都有了根本性改善。然而，与互联网知识产权违法行为不断增长的趋势相比，知识产权执法的现有条件略显滞后。在互联网环境中，潜在消费者的数量巨大，容易造成被侵权消费者数量不具体、侵权时间不确定、侵权范围和程度不一致等复杂情况，这无形中增加了互联网知识产权执法的难度。

知识产权权利人受到我国法律的保护，如果权利人的行为被损害，我国知识产权行政执法机关应为权利人提供保障。根据知识产权的地域性特征，一种较为特殊的情形是，如果包含他人知识产权的产品在中国生产而在其他国家的电子商务平台上销售，海关在履行货物出境检验时发现违法线索，但权利人在国外享有知识产权，在中国和货物销售国不享有知识产权，这种情况算不算侵权、中国知识产权执法机关应不应该保护，尚无定论。

从执法效果上看，确定知识产权行政处罚和赔偿的计算依据、最终数额、实际到位金额，以及可以查封、扣押、销毁的违法产品数量的指标是执行知识产权保护工作中至关重要的一环。计算依据涉及侵权商品销售额、侵权行为的持续时间等因素，而最终数额需要综合考虑侵权行为的严重程度、造成损失的程度等方面。在执行过程中，实际到位金额可能与最初确定的数额存在差异，而对违法产品的查封、扣押、销毁则是有效维护知识产权的重要手段之一。这些指标强调了保护知识产权的重要性，同时也凸显了在执行过程中应确保公平、有效的原则。网络知识产权违法行为的变化性与复杂性给行政执法带来了巨大挑战。随着技术的发展，侵权者可以在短时间内发布、传播侵权内容，并通过各种手段遮掩其真实身份和侵权线索，使行政执法机关难以及时有效地介入和调查。在此情况下，仅仅依靠传统的行政执法模式，会导致执法效果不佳。

## 三、加强数字知识产权行政执法的建议

### （一）加强数字知识产权行政执法组织建设

数字知识产权执法是一个宽泛的命题，执法环节包括行政受理、行政调查、行政认定、行政裁决、行政查处、行政执行、行政强制、扣留、没收和处理侵权货物、行政处罚，拓宽了知识产权的保护范围。数字经济时代，加强数字知识产权行政执法的组织建设需要采取以下措施。

**建立健全的数字知识产权执法信息库。**记录电子商务经营者的过往涉嫌知识产权违法记录和侵权商品的品类、特征、痕迹记录，以便行政机关能够快速搜索、查验可能涉嫌违法的信息。

**完善知识产权行政保护工作平台。**在知识产权管理部门行政执法过程中，需要制发规范的行政文书，且需要把内部讨论、审批手续集成在办案电子系统中。一旦进入立案环节，电子办案系统能够自动分配办案人员，判断是否存在回避等情形，根据办案程序的要求提示办案人员收集、固定、录入涉嫌违法的经营者的违法证据，提示办案人员通知违法行为人接受调查，并给予其申辩的机会，最终依据综合违法情节和法律法规，决定是否给予行政处罚。电子办案系统也可以根据违法行为的严重程度、权利人的请求内容、是否需要保全保证金等情形，设置对侵权商品进行查封、扣押等保全性措施

程序。通过电子办案系统，办案人员在办案过程中能够方便地找到对应的办事程序规定，并做到所有行政行为都有记录，法理依据充分，流程可以追溯。

**加强数字知识产权行政执法组织建设。**应完善知识产权行政保护工作平台，建立健全数字知识产权执法信息库，完善知识产权行政保护工作平台，加强数字知识产权行政执法组织建设，提升数字知识产权行政执法的效率和质量。

### （二）加强数字知识产权协同行政执法依据建设

在互联网环境下，开展电子商务领域的知识产权执法面临着诸多新挑战，对执法职能、执法主体、执法手段等方面的法律违规有着极高的要求。尽管我国的《著作权法》《专利法》《商标法》等单行法在不断修正和完善以适应互联网电子商务的快速发展，但在日益严峻的知识产权保护形势下，我国知识产权法仍然存在一些局限性。

在《中华人民共和国知识产权海关保护条例》和《关于〈中华人民共和国知识产权海关保护条例〉的实施办法》中，关于海关恶意扣留侵权货物，收发货人在提交双倍担保金后才可以请求海关放行货物的规定，是对知识产权权利人较为有力的保护，对设计数字知识产权协同执法制度有一定的借鉴意义。互联网电子商务平台也可以在接到行政执法机关通知后，代扣或拒绝涉嫌侵权的商品货物在线上和线下流通，或者在与网络商户签订入网协议时，提前引入这一条款，即网络商户认可电子商务平台在发现侵权时暂时冻结交易、暂时停止货物的物流，等待进一步的调查结果。而这种做法也可能会导致网络商户利益受损，因此在设计相关制度时需要进一步平衡各方权益，赋予电子商务平台自由度的同时处理好互联网电商主体提出的异议等问题。

### （三）统一数字知识产权行政执法工作标准规范

在知识产权协同行政执法的过程中，知识产权行政执法机关的依法建设和保障作用不能被弱化 [1]。当前，知识产权行政执法机关要优先考虑的是如

---

1　姜林希，叶敏. 电子商务领域知识产权行政执法机制完善之建议 [J]. 行政与法 ,2019 (6):78-88.

何优化知识产权行政执法的办案程序，提高执法效率 [1]。互联网实现跨境交流，虽然使各国公民之间的交流变得方便快捷，但各国之间对知识产权的非法使用的界定难以统一规范。究其原因，各国在经济上的差异和法治建设的程度不同，导致了知识产权侵权行为的评价标准和构成要件存在差异。这需要各国共同努力，制定和完善更加合理与统一的判断标准，签署多国条约、双边和多边协定等。

我国已经建立了相对完整的知识产权保护法律规范体系，并且互联网的普及缩短了各个地方的空间距离。然而，不同省份的地方性法规对于侵权行为的认定还存在差异，并且各个地方的知识产权管理部门对于执法程序要求的不同理解与适用也影响着各地互联网知识产权侵权标准的评价。因此，统一国内的知识产权行政执法标准规范，完善互联网知识产权侵权的认定和处罚工作流程，是当前知识产权保护刻不容缓的工作。对此，需要采取有效的措施，例如，加强地方性法规的协调和统一，加强对知识产权管理部门的培训和监督，以及完善互联网知识产权侵权的认定和处罚工作流程等，以确保数字知识产权得到有效的行政执法保护 [2]。

## 第三节　数字知识产权司法保护

### 一、数字知识产权司法保护必要性分析

#### （一）业态更新派生新型网络服务提供者

随着数字经济时代的到来，互联网已经成为人们生活和商务活动中不可或缺的一部分。从社交媒体到电子商务，从在线支付到云计算，互联网正在

---

1　陈越 . 我国知识产权行政执法模式新探——兼论《专利法修改草案》在专利行政执法方面的修改 [J]. 当代经济 ,2015 (16):6−10.

2　李春晖 . 我国知识产权行政执法体制机制建设及其改革 [J]. 西北大学学报（哲学社会科学版）, 2018, 48(5):64−74.

以前所未有的速度和规模改变着我们的生活方式和商业模式。然而，这种快速发展也带来了一系列新的挑战。首先，随着互联网的普及和信息技术的不断创新，新的商业模式层出不穷。传统的商业模式已经无法完全适应数字化、网络化的环境，而一些新兴的商业模式则需要更加灵活的法律和政策支持。例如，在平台经济的兴起下，许多企业既是信息平台，又是商品或服务的提供者，这种双重身份使它们承担了更多的责任和义务。其次，新技术的迅猛发展也带来了数据安全、隐私保护等方面的挑战。大数据、人工智能、区块链等新技术的应用，虽然为商业发展带来了无限可能，但也引发了一系列关于数据安全和隐私保护的问题。企业需要思考如何在保护用户数据的同时，实现商业的可持续发展。最后，互联网的全球化特性使得跨境合作和国际规范变得更加迫切。随着互联网跨越国界，企业面临着不同国家和地区的法律法规、文化习惯和市场需求的差异，需要制定更加灵活和更具包容性的策略来适应多样化的环境。

### （二）新兴技术萌生新型权益客体

数字技术的迅速发展已经促使数字经济成为全球经济的重要组成部分。数字经济的最大不同之处在于，其贸易对象不再局限于实物产品或传统服务，而是涵盖了以数据形式存在的要素、产品和服务。数据作为数字经济的关键要素，与传统民法中的物权、身体权等传统权利存在差异，更接近知识产权的概念，目前主要通过知识产权法律来加以保护。

随着信息技术的飞速发展和数字化进程的加速，大数据已经成为当今社会的重要资源和生产要素。大数据具有规模庞大、速度快、多样性强、价值丰富等特点，在经济、科技、社会等各个领域都发挥着重要作用。然而，与传统知识产权不同，大数据的权益主体众多、信息类型多样，因此在法律和司法实践中面临着诸多挑战。

### （三）流量争夺滋生新型不正当竞争行为

数字贸易时代，用户的注意力与经营者的利益密切相关，用户及流量成为互联网企业的竞争核心。在早期，流量竞争主要体现在用户数量和点击量上，各大平台通过推广、广告等手段争夺用户访问量，以此获取更多的市场份额。然而，随着技术和商业模式的不断发展，传统的流量竞争方式已经不再适用，新型竞争行为不断涌现。在这样的背景下，确定合法竞争边界成为知识产权司法领域的一个关键问题。

## 二、数字知识产权司法保护存在的问题

### （一）简单集合的数据无法适用《著作权法》保护

对于以"大数据""数据库"等形式出现的数据集合，过去受技术条件限制，数据采集、统计、分析存在一定的阻力，为了利用有限的数据样本尽可能展现信息的全貌或典型特征，传统数据库经营者会在数据样本筛选编排中融入智力劳动。由于《著作权法》对于所汇编的对象的作品是否具有著作权没有限制，而且《著作权法》明确将"数据"纳入汇编对象，仅将汇编行为限定在"内容的选择或者编排体现独创性"，因此，在司法实践中，多以"汇编作品"的形式对此类数据集合进行著作权保护。

随着数字经济的深入发展，数据信息的采集成本大幅降低。数据集合的商业模式也发生了变化，大部分数据集合不再对数据进行具有独创性的整合、筛选、编排，而是通过海量数据的收集和呈现赢得用户关注，获取商业价值。此类数据信息的非独创性集合成为最常见的数据集合形态。

由于著作权是一种绝对权和专有权，法律保护力度强，此类数据经营主体迫切希望将"非独创性数据集合"纳入《著作权法》的保护范畴。但在探讨数据集合的著作权保护时，判断集合过程中的劳动是否属于独创性劳动是无法回避的核心问题。基于此，仅对数据进行简单集合的劳动付出，在《著作权法》框架下是无法对其进行保护的，这已经在司法实践中达成共识。

### （二）认定数据构成商业秘密存在困难

商业秘密被定义为不为公众所知悉、具有商业价值并且经权利人采取相

应保密措施的技术信息、经营信息等商业信息。商业秘密在现代经济活动中具有重要作用，它是企业竞争中的核心资产之一。《反不正当竞争法》对商业秘密有明确定义，其旨在保护企业的创新成果、商业机密以及其他具有商业价值的信息免受不正当竞争行为的侵害。数据信息本身具有一定的公开性，要平衡数据的公开性与商业秘密保护之间的关系，需要解决数据的秘密性和保密措施的问题。

就数据的秘密性而言，在数字经济领域，市场主体寻求保护的数据信息大多是自公开渠道收集的信息，此类信息是否符合商业秘密"不为公众所知悉"的要求是争议的核心。

关于来源公共性是否影响商业秘密认定的争议，不是数字经济背景下产生的新问题，早在涉及用户名单的商业秘密纠纷中就已出现。在司法实践中，并不会因来源公共性而直接否定秘密性，而是考量数据信息是否被相关领域的人员普遍获悉或者容易获得，权利人在收集并处理该数据信息时，是否付出较多的人力、物力、财力和时间成本，使该信息获得区别于其他公开信息的特殊属性。

就数据的保密措施而言，绝大多数数据信息的商业价值是在数据的流转交互中实现的，必然会导致数据信息使用主体具有广泛性和不确定性。因此，要认定数据是商业秘密，需要设置合理适度的保密措施，以满足商业秘密保密措施要件的要求。在确保保密措施的有效性上，既要防止数据泄露，又要考量保密措施的限度，降低对数据信息流转的负面影响。

## 三、数字知识产权司法保护路径

### （一）加强数字科技创新成果保护

数字科技的快速发展为经济带来了巨大的创新和发展机遇，因此保护数字科技创新成果对于促进经济发展至关重要。在数字时代，创新不再局限于传统的实物产品或服务，而是涵盖了更为广泛的数字化领域，例如人工智能、区块链、大数据等。因此，加强对数字科技创新成果的保护，不仅能够保护创新者的合法权益，还能够推动数字经济的持续健康发展。加强数字科技创新成果的保护，需要从多个方面入手。首先，建立健全的法律框架是至关重要的，这包括完善知识产权法律体系，特别是与数字化相关的《著作权法》《专利法》《商标法》等法律法规，以确保创新者在数字领域的权利得到充分保护。同时，司法实践和案例指导也至关重要，法院在审理相关案件时应审慎处理涉及数字创新成果的知识产权纠纷案件，确保司法保护的有效性和公平性。除了依靠法律手段，还需借助技术手段和保护机制加强数字科技创新成果的保护。这包括加强网络安全技术，防止创新成果被盗窃或侵权；建立数字版权管理系统，确保数字作品的版权得到有效管理和保护；推动数字水印等技术的应用，加强对数字内容的追踪和监管。此外，创新生态环境的建设也是保护数字科技创新成果的重要保障。鼓励和支持创新活动，提供相关政策和资金支持，培育创新人才和企业，激发创新活力和创新潜能，从而促进数字经济的健康发展。

### （二）加强著作权和相关权利保护

加大对《著作权法》的执法力度，提高司法审判工作的效率与质量，实现对版权的合理保护。在加强对文化创造者权利的保护的过程中，应当注意平衡各种利益，保护作品传播者的正当权利，推动其在更大范围内传播与使用。同时，也要强化网络版权的保护，以应对数字时代出现的新问题，构建完善的法律体系和监督体系，促进网络文化的健康发展。在此过程中，要注重对传统文化和传统知识的保护，推动其与现代科学技术的融合与创新，促进文化产业的不断发展。在此过程中，健全和实施司法保障制度是非常关键的。因此，必须对有关法律进行持续修改与改进，提升司法机关的专业水准与审判效率，保证版权及权利人有关权益能够得到全面的保护，进而促进文化事业的繁荣与社会的发展。

### （三）强化知识产权专业审判机制

强化知识产权专业审判机制，以实现知识产权保护的全面深化。主要包括以下几个方面。

**法院和法庭建设优化。** 构建专业、高效的审判机构，优化内设机构设置，建立完善的人才梯队，提高审判质量和效率。

**互联网法院功能加强。** 充分发挥互联网法院在信息时代的引领作用，积极解决互联网环境下知识产权保护的新挑战。

**行政执法与司法衔接机制优化。** 加强各部门之间的信息资源共享，构建统一的数据交换平台，实现行政执法和司法审判的有效衔接。

**线上线下融合发展。** 推动知识产权保护线上线下的融合发展，加强与知识产权行政职能部门的协同合作，共同构建知识产权保护的新格局。

**科技和信息化保障。** 充分利用智慧法院建设成果，实现信息化建设与知识产权审判的有机融合，提升审判效率和质量。通过电子卷宗在线归档、互联网案件在线查阅等措施，实现审判工作的数字化和智能化，提升司法效率和服务水平。同时，加强司法大数据的收集、分析和利用，为知识产权相关决策提供科学依据和支持。

# 第四节 数字知识产权替代性纠纷解决途径

## 一、知识产权纠纷诉与非诉解决方式衔接

诉讼手段，是当事人提起诉讼而由司法机关来解决纠纷的方式。诉讼涉及国家公权力的应用。与诉讼手段相对的是替代性纠纷解决方法（Alternative Dispute Resolution，ADR），谈判、调解、仲裁都属于此范畴。当前，部分知识产权纠纷相关当事人之间的关系错综复杂，诉求往往不再是单纯地解决特定纠纷，因其纠纷背后很可能还有合作的机会。仅依靠诉讼手段已经无法从根源上解决复杂的纠纷案件，因此，此时把目光投向非诉讼手段，形成多元化的诉讼纠纷解决机制，能为司法资源的紧缺现状分担压力。

同时，构建系统性的争议解决机制是推行知识产权保护战略的重要保障。我国目前知识产权争议的解决方式主要有诉讼、仲裁、行政处理、调解及交涉等 [1]。调解在解决知识产权争议中最为常用，可以帮助纠纷当事人找到一个使双方获益的建设性解决方案，是减少冲突、增加建设性的替代性纠纷解决方式。多主体参与协同创新所产生的知识产权纠纷，在涉及金钱赔偿的事项外，纠纷当事方往往更重视后续的权利交叉许可。调解形式的纠纷解决方案节约了当事人的时间和金钱成本，满足了双方的各自需要。调解本身就是强调争议各方的对话，比诉讼或仲裁更有可能促成当事人在双方业务长远发展上达成共识。调解取决于争议各方的意志，可以作为纠纷解决机制单独适用，也可以和其他类型的诉讼和非诉纠纷解决方式共同适用。

2002 年 9 月，最高人民法院发布了《关于审理涉及人民调解协议的民事案件的若干规定》。尽管调解协议在民事纠纷解决中发挥了重要作用，但其法律地位仍然存在一定争议。一方面，承认调解协议的合同效力表明法律对民间调解具有一定认可，同时也体现了司法实践中对当事人自主解决纠纷的支持。然而，未授予调解协议强制执行力也意味着法院在执行阶段可能不会直接强制执行调解协议的内容，而是根据法律和事实审理案件，可能根据调解协议内容做出相应裁决或判决，但并非直接执行调解协议。然而，调解协议仅具备证据效力，而非强制执行力。因此，尽管双方可能达成调解协议，但其法律关系仍未完全解决，存在不确定性。当前，知识产权法的立法速度远远落后于科学技术的发展速度，诸多新技术领域和新问题都存在法律空白。例如，近年来我国关于生物医药领域知识产权侵权案件数量大幅增长，凸显了产业链相关企业维权难的问题。这不仅需要针对新出现的权利保护需求，完善专项制度，给予协同创新参与企业便捷而坚实的维权保障，还需要通过法律落实侵权判定标准、明确侵权赔偿标准，增强可操作性，让知识产

---

1　倪静.论知识产权争议 ADR 的功能、价值及模式 [J].重庆理工大学学报 (社会科学),2010,24(9):29-33.

权侵权损害赔偿标准不再仅是抽象化的表述。

## 二、数字知识产权纠纷诉调对接主导机构

我国诉前调解制度化方面的发展趋势和法院在调解过程中起的主导作用强调了法院主导的调解模式是解决纠纷的基本趋势，并提出了在此基础上实现庭审与调解良性互动、构建完善调解机制、引导当事人选择非诉讼调解机构的重要性。同时，还指出了法院在知识产权纠纷诉讼与调解衔接中的主导作用，包括诉前调解法院保护、审前调解法院指导和审中调解法院委托等方面。诉前调解的重要性在于能够有效解决纠纷，减轻法院的工作压力，提高司法效率。法院作为调解的主导者，应该在调解过程中充分发挥其引导作用，引导当事人主动选择调解，提高调解协议的合法性和可执行性。此外，法院还应该加强与非诉讼调解机构的合作，共同推动纠纷解决工作，形成政府、法院和社会力量共同参与的多元化解决机制。

特别是在知识产权领域，法院的主导作用尤为重要。因为知识产权纠纷往往涉及专业性较强，需要专业调解机构的介入和专业知识的支持。法院可以通过委托调解等方式，将案件移送给专门的机构进行调解，从而更好地保障知识产权的合法权益，促进知识产权保护工作的顺利进行。

## 三、数字知识产权纠纷诉调对接工作平台

应对数字经济发展带来的挑战，需要加强制度设计，并构建多主体参与的诉调对接机制，以实现诉讼内外纠纷解决的有效衔接。在此基础上，特别针对知识产权案件，应着力构建司法机关、知识产权行政执法部门、维权援助公共服务机构、行业协会等多方合作机制，建立立体保护网络。为了确保合作顺利进行，应强调加强调解员之间的横向协调，并建立联席会议制度，促进衔接机制的顺利实施。通过联席会议，需要制定诉讼与非诉讼矛盾衔接工作方案，解决工作中的问题与困难，并应向相关部门提出防范措施建议。

另外，针对知识产权纠纷的复杂性和专业技术性，建议允许争议双方自由选择专业技术背景的专家参与裁决，以达成最佳解决方案。通过这些举措，我们致力于构建一个适应数字经济发展的完善机制，促进知识产权保护工作取得更大成效。

# 本章小结

数字知识产权行政保护具有较强的主动性、灵活性和直接性。行政机关贴近数字知识产权开展实践活动，熟悉数字知识产权行业情况，行政机关进行数字知识产权执法的力度和效率有充分保障，并且社会公众对数字知识产权管理部门的治理行为总体上是接受和认可的。从成本来看，数字知识产权行政执法主要由政府财政经费予以保证，当事人不需要承担取证、固定证据、提出诉讼等方面的开支，节省了维权成本。因此，数字知识产权行政保护的高效、便民、低成本优势比较明显。

数字知识产权的司法保护同样是保护工作的关键环节。为了推动知识产权保护法治化，我国不断完善知识产权保护模式，提高侵权法定赔偿上限，在加大数字知识产权保护的措施中，实施惩罚性赔偿和由侵权人承担实际开支等举措被强调为关键步骤，以强化侵权行为的打击力度并提高侵权成本，从而有效遏制侵权行为的发生。此外，进一步推进知识产权快速维权机制的建设，将为知识产权权利人提供更为高效的维权渠道和保护机制，确保其合法权益得到及时有效的维护。而加强海关知识产权执法保护，则是在国际贸易环境下对知识产权的重要保障措施，有效遏制跨境侵权行为的发生。在加强知识产权司法保护的同时，我国还积极推动知识产权国际保护合作，帮助我国解决知识产权国际纠纷。

建立和完善数字知识产权保护机制，以加强对数字知识产权的保护，促进创新创业环境的健康发展。为实现这一目标，需要采取一系列措施，包括将故意侵犯数字知识产权行为纳入信用记录、推动完善相关法律法规、加强商业秘密保护、开展社会满意度调查、建立信息收集工作机制、加强市场管理、发挥行业组织作用、运用新一代信息技术、加大对小微企业的保护援助力度等。在建立健全数字知识产权保护机制方面，应采取多方面的措施。首先，可以通过将故意侵犯数字知识产权行为纳入企业和个人信用记录，形成惩戒机制，从而有效遏制侵权行为。其次，还需要推动完善商业秘密保护法律法规，加强人才交流和技术合作中的商业秘密保护，以确保企业核心技术和商业机密的安全。此外，开展数字知识产权保护社会满意度调查，可以及时了解社会对知识产权保护工作的认可程度和存在的问题，为进一步改进政策提供参考。建立收集假冒数字产品来源地相关信息的工作机制，并定期发布中国海关数字知识产权保护状况报告，有助于及时发现和打击侵权行为。加强大型专业化市场数字知识产权管理和保护工作，发挥行业组织在数字知识产权保护中的积极作用，也是非常重要的举措。同时，运用大数据、云计算、物联网等新一代信息技术，加强在线创意、研发成果的数字知识产权保护，有助于提高保护效率和水平。最后，为了构建公平竞争的创新创业和营商环境，应该加大对小微企业数字知识产权的保护援助力度，确保它们在创新发展过程中的合法权益得到有效保护。通过这些措施的综合推进，可以有效提升数字知识产权保护水平，促进经济社会的健康发展。

针对数字经济发展背景下的数字知识产权纠纷解决，应该注重引入新技术和新的解决模式，构建多元、快速、准确的纠纷解决机制，以满足当事人的需求和市场的需要。可建立数字知识产权仲裁机构，利用网络仲裁系统解决数字知识产权纠纷。针对数字知识产权纠纷的特殊性，开发相应的纠纷解决软件系统，实现线上提交证据、仲裁程序自动化等功能，提高解决纠纷的效率和准确性。可借鉴传统调解机制的经验，引入数字知识产权调解机制，通过第三方调解机构协调当事人达成和解协议，降低诉讼成本、提高效率。

# 第十二章

# 数字知识产权与制止不正当竞争

## 第一节　数字经济领域反垄断必要性分析

### 一、数字产业领域知识产权垄断产生原因

在数字化和智能化飞速发展的今天，数字知识产权在数字企业创新和垄断方面具有极其重要的作用。数字企业的垄断与传统企业垄断不同，数字企业享有优势数字资源是提升市场效率、降低市场主体运行成本的自然结果。数字化和智能化业务的利润来源于企业对其他市场主体运行数据进行自动化的分析和处理，进而提升其他市场主体的运行效率、降低其他市场主体的获利成本并增加其他市场主体的收益。数字知识产权的创新和保护是数字经济可持续发展的重要保障，也是数字企业创新的核心竞争力。

知识产权保护制度的完善是构建外部秩序的过程。政府在不同时间节点采取了一系列政策和措施，旨在促进数字经济的健康发展，并加大市场监管和反垄断力度，以维护公平的竞争环境和经济的稳定。这些举措包括，在2018年全国网络安全和信息化工作会议上，政府明确了培育公平市场环境、加强知识产权保护、反对垄断和不正当竞争的目标。2019年8月，国务院

办公厅发布《关于促进平台经济规范健康发展的指导意见》，强调依法查处互联网领域滥用市场支配地位、不正当竞争等违法行为，并严禁平台单边签订排他性服务提供合同，以保障公平竞争。2021 年，国务院印发《"十四五"数字经济发展规划》，提出了一系列重要举措，包括加大反垄断力度、建立健全监管体系、引导社会各界积极参与数字经济治理等，以推动数字经济规范健康发展。2022 年，国家发展和改革委员会在数字经济发展情况报告中强调，持续深化对数字经济发展规律的研究，完善制度体系和反垄断执法标准。

在构建更健全的数字经济环境下的知识产权保护制度时，必须认识到数字经济内部秩序及其所代表的价值理念与知识产权保护制度之间可能存在巨大的冲突。一是知识产权保障制度对创作者及其创新工作的保护价值，二是互联网和数字经济所倡导的共享理念。根据《专利法》第一条，制定该法是为了保护专利权人的合法权益，鼓励创新，推动发明的应用，提高创新能力，促进科技进步和经济社会发展。在网络环境下，不论是网络建设者还是用户，其核心目标都是实现知识的共享和传递，而不是以获利为准绳。

互联网本身具有高度的自治性。在信息时代，互联网广泛应用于各行各业，但其自治性受到了一定限制。互联网的自治性与其内部的规则和秩序密切相关，这些规则和秩序与网络技术的发展和应用息息相关。

在互联网技术广泛应用于日常生活后，尤其是在法律制度尚未完善的早期阶段，互联网的自治性使其能够顺利运行并不断发展。数字经济的迅速发展使数字知识产权的保护日益重要，而互联网的自治性也往往成为产权保护的障碍，不可避免地引发了大量的数字知识产权侵权案件。我国便持续针对互联网引发的知识产权问题进行立法，2000 年中国全国人大常委会通过了《全国人民代表大会常务委员会关于维护互联网安全的决定》，并在知识产权法方面颁布了《著作权法》《商标法》《专利法》及《反不正当竞争法》等多部法律，对互联网知识产权问题进行规范。在数字经济环境下，知识产权保护制度需要更加注重平衡互联网自治生态和相关法律法规之间的关系，以促进信息的自由流动和创新活动的持续发展。

## 二、互联网平台经营者滥用市场支配地位

在互联网时代，平台经济的兴起是最显著的现象之一。平台市场由多方参与者组成，其特点是存在同边网络效应和跨边网络效应。同边网络效应指的是平台侧的使用者数量增加，将增加对该边使用者的价值，例如在社交平台上，随着用户数量的增加，平台对所有参与者的价值也增加。而跨边网络效应则是指平台一侧的用户数量增加，会增加对另一侧用户的吸引力和价值。平台的双边网络和跨边网络效应，形成了巨大的需求刺激供给，供给反向需求的价值聚合效应，而这种价值聚合效应的重要特征是数据价值的聚合。

平台经济的崛起是对传统产业和商业模式的颠覆性挑战。通过网络平台，个人、企业和社会可以实现更便捷的交流和合作，从而创造出新的商业机会和增长点。这种平台的聚合价值不仅体现在数据的集合与整合，更表现在创新的生态系统和价值链的重构。在这个新的经济环境下，创新和合作成为推动力，而数据则成为驱动力。通过充分利用数据资源和信息技术，平台经济正在重新定义生产关系和市场格局，为全球经济的可持续发展开辟了新的路径。

网络超级平台的出现已经彻底颠覆了传统产业经济时代对商品或服务的界定方式。这些超级平台提供的服务已经超越了传统意义上的经营范畴。实际上，超级平台已经演变成为数字经济时代的基础设施，是超级数据聚合的重要载体。超级平台所带来的网络效应、双边效应及边际成本趋近于零的特征优势，使海量数据的聚合成为数字时代不可逆转的趋势。

## 三、互联网平台商业混淆行为及虚假宣传

在互联网平台的快速发展下，商标的价值和影响力更加显著，商业混淆

行为也更加猖獗。侵权者获取他人商标的虚拟控制权，不仅侵犯了知识产权，更是在一定程度上抹杀了企业的品牌价值和声誉，给企业带来了难以挽回的损失。因此，加强对商标和知识产权的保护，构建公平竞争的市场环境，成为当务之急。只有通过加大立法和执法力度，以及加强企业自身的知识产权保护意识和能力，才能有效遏制商业混淆行为的蔓延，维护市场秩序并营造公平竞争的环境。

这种不正当竞争行为侵蚀着消费者的信任和权益。当下，消费者往往对广告宣传持有一定信任，但广告中夹杂的虚假信息，往往导致消费者做出错误的决策，进而遭受经济损失。特别是一些虚假宣传往往伴随着夸大的产品功效或性能，容易使消费者做出不理性的消费选择，进而损害其合法权益。因此，加强对网络广告的监管和审查，严厉打击不实广告和虚假宣传行为，是维护市场秩序和消费者权益的重要举措。只有建立起高效的监管体系，提高广告宣传的诚信度和透明度，才能构建一个公平竞争的市场环境，保护消费者的合法权益，促进数字经济健康发展。

## 四、利用技术手段实施的不正当竞争行为

在数字时代，不正当竞争行为已不再局限于传统的商业竞争手段，其凭借数字技术的发展呈现出更加隐蔽和复杂的形式。例如，通过搜索引擎优化技术将竞争对手的信息排除在搜索结果之外，以及利用软件攻击手段破坏竞争对手的在线服务等。此外，利用算法，将自家产品或服务优先推送给消费者，从而抑制竞争对手的展示和销售机会，也是数字化竞争中常见的手法。这些不正当竞争行为不仅损害了企业的商誉和利益，还直接影响消费者的选择和权益。因此，针对数字经济时代的不正当竞争行为，需要制定更加精细化、针对性强的监管措施，加强对数字技术运用的审查和监管，以维护市场的公平竞争秩序，保护企业和消费者的合法权益。

深圳市腾讯计算机系统有限公司、腾讯科技（深圳）有限公司（以下统

称腾讯公司）与浙江搜道网络技术有限公司、杭州聚客通科技有限公司不当竞争纠纷案（以下统称两名被告）中，腾讯公司开发运营个人微信产品，为消费者提供即时社交通信服务。个人微信产品中的数据主要包括用户的账号信息、好友关系、操作记录等个人身份和行为数据。两名被告开发的"聚客通群控软件"涉嫌利用 Xposed 外挂技术，将其所谓的"个人号"功能模块植入个人微信产品，以此为购买该软件服务的微信用户提供在个人微信平台上进行商业营销和管理活动的支持。这种行为显然是在微信平台上进行商业化操作的一种尝试，但违反了微信平台的使用规定和商业合作协议。通过这种手段，开发者试图通过微信这一巨大的社交平台来扩展其商业服务的影响力和用户基础，但其行为不仅可能导致微信平台秩序的混乱，也可能对用户的个人信息安全构成潜在威胁。因此，这一案件呼吁加强对数字平台上商业行为的规范和监管，以保护用户的权益和维护平台的安全稳定。腾讯公司向浙江省杭州铁路运输法院提出诉讼，声称拥有微信平台的数据权益，而两名被告未经授权获取和使用相关数据，涉嫌构成不正当竞争。一审法院认为，网络平台方对于数据资源整体与单一原始数据个体享有不同的数据权益。两名被告通过指控的侵权软件自行收集微信用户数据，并将其存储在自己控制的服务器上，这种行为不仅威胁微信用户的数据安全，还对腾讯公司基于数据资源所获得的整体竞争优势造成了实质性的损害。两名被告的行为有违商业道德，且违反了《网络安全法》相关规定，构成不正当竞争。

# 第二节　数字经济核心产业知识垄断分析

## 一、数字经济核心产业知识垄断特点

在数字时代，信息技术、设备、产品生产和信息服务等领域构成了数字经济的核心，其发展受到全球的重视，全球信息产业的转移、结构调整和战略转型正在加速进行。在这个过程中，集成电路、软件、新型元器件等核心基础产业成了产业竞争的关键。

创新和知识产权在数字经济核心产业中起着至关重要的作用。创新推动产业的发展和转型，是企业持续保持竞争优势的动力源泉。而知识产权则保护着这些创新成果，为企业在竞争中保持竞争优势提供保障。因此，加强对创新和知识产权的保护对于数字经济核心产业的持续发展至关重要，是实现产业长期竞争优势的关键所在。

数字经济核心产业涉及的垄断特征包括以下几个方面。

**规模经济影响。** 供给方和需求方的规模经济共同影响数字经济核心产业。由于边际成本较低，垄断企业倾向于提高产量，使消费者能够享受到更多的剩余价值。

**技术创新依赖。** 数字经济核心产业的发展高度依赖于技术创新。新的技术创新推动产业的发展和经济增长，因此，保护创新者的利益及刺激和鼓励创新至关重要。

**短暂的垄断地位。** 由于信息产品更新换代快，企业垄断地位通常是暂时的。一旦新的产品或技术被引入市场，原有垄断地位可能会迅速受到挑战或消失。

**自动抑制垄断效应。** 信息产业的特性决定了其存在自动抑制垄断效应的力量。由于产品生命周期短暂，垄断地位不可持续，垄断企业需要不断更新和升级产品以保持竞争优势。

**市场准入相对容易。** 相对于传统产业，数字经济核心产业的市场准入相对容易，这使新进入者更容易进入市场，从而减缓了垄断程度并促进了竞争[1]。

## 二、数字经济反垄断监管趋势与要求

就反垄断执法而言，与知识产权交易相关的反垄断，是反垄断执法的难

---

1 钮京晖. 公平的逻辑——反垄断立法与 ICT 竞争环境博弈分析 [J]. 电子知识产权,2007 (7):8-10.

点，也是国际国内反垄断执法的新热点。随着知识经济的深入推进，知识产权已经成为企业的核心竞争力和战略性资源，知识产权交易也日益频繁。这些交易与新经济、新业态、新产业或商业模式紧密相关。因此，保护知识产权的合法性和防止其滥用成为反垄断执法的重要任务。在这样的背景下，执法机构需要平衡保护知识产权创新和促进市场竞争之间的关系，确保反垄断执法既能有效维护公平竞争，又不损害知识产权的合法权益。

美国社会对科技巨头公司垄断行为日益增长的忧虑在众议院司法委员会 2020 年 10 月发布的《数字市场竞争状况调查报告》中得到了明确体现。该报告提出了《数字服务法》和《数字市场法》两项重要法案。《数字服务法》强调了数字平台对保护用户合法权益的责任，并通过制定事前监管规则来确保市场的公平自由竞争。而《数字市场法》则重点解决了市场封锁问题，禁止科技巨头公司采取自我优待行为，并设定了严厉的罚款措施对违法行为进行惩罚。

这两项法案引发了广泛关注，因为它们揭示了科技巨头在数字市场中的巨大影响力和可能对竞争产生的不利影响。报告指出谷歌、脸书等公司滥用其市场主导地位阻碍其他竞争对手的发展。

值得关注的是，美国司法部和联邦贸易委员会对大型科技公司的起诉和调查，进一步凸显了政府对于这一问题的重视。这些举措将为未来美国对于科技巨头垄断行为的监管和反垄断政策发展带来重大影响，可能重塑数字市场的竞争格局，促进创新和公平竞争的生态环境的形成。

因此，在网络行业垄断现象日益严重的今天，为了促进我国数字经济的蓬勃发展，必须采取措施来确保竞争的公平性。

### 三、《反垄断法》在数字产业领域的适用

知识产权法律和《反垄断法》都是以推动技术创新和发展为宗旨的，二者的保护目的是一致的，但二者的保护途径却是不同的。《反垄断法》是一

部以公法为准绳、以法律为准绳的法律规范体系，对其进行规制时，存在着较强的介入与放大作用，应当审慎使用。《反垄断法》在对知识产权进行规制时，应当坚持"不缺位、不越位"的原则。就其适用顺序而言，应从知识产权法→《民法》→《反不正当竞争法》→《反垄断法》这一次序来进行。在对限制竞争行为的认定上，应由伦理评价转向经济性评价，以私法规制为主，避免滥用公法手段。我国《反垄断法》对其进行规制，需要有充足的根据和正当性。《反垄断法》应以尊重知识产权为第一位，对知识产权方面存在的问题，只要有足够的知识产权法来解决，都应该与之相适应；在知识产权法自身无法解决问题的情况下，可以借鉴《反垄断法》中的有关规定。

## 第三节　数字知识产权涉及的制止不正当竞争规制

### 一、平台企业与政府监管关系分析

在数字经济背景下，政府是构建新型监管制度的关键。在此基础上，政府要主动构建互联网平台市场的协作治理架构，以完善其监督职能，同时应关注如何应对多种管制方式错位等问题。对互联网平台企业的业务模式进行分期、分类指导是必要的，使其适应数字经济发展的内在规律和特征属性。在平台企业发展的早期，可以通过对各类平台企业的经营模式进行激励，并对其实行"负面清单"，以清晰界定禁止经营的领域，来保障市场秩序和公共利益。其有助于促进创新、推动经济发展，同时也能够规范平台企业的经营行为，防止其滥用市场优势或者从事不当竞争行为。在平台企业出现恶性竞争、损害平台发展环境的情况时，政府要适时制定相关的标准与规则，对其进行规制。

政府管理应当关注更加严格的市场准入审批，转向打击垄断经营的不当获利行为以及保护消费者权益。为此，政府可以建立跨部门、跨区域的整合机制，整合原有分散的监管力量，推进信息共享，完善政府治理理论和实践，推进政府职能转变。在此基础上，通过"宽严相济"的调控方式，强化对企业的有效监督，构建新的政府和市场相互作用的体系。

网络平台公司对其平台进行监管可以明显提高监管效率，但同时面临着无法直接进行法律处罚和追求利益最大化的双重限制。

政府作为中立的、有执法权的第三方，能有效规避平台监管的双重局限。这要求网络平台企业自律和政府监督相互补充，并在法律的框架内进行协作。平台企业的规制应该在政府规制的范围内进行，这是规制市场和规制的界限。

同时，针对网络平台企业，应按照其发展阶段、市场地位等特点，对其进行分类。对于起步较晚，市场占有率较低的公司，政府应尽量避免过度的管制，以营造一种公平的竞争氛围。同时，对于成熟的、占有较大市场份额的公司，要强化垄断管制与公共管制，以保证平台生态系统的良性发展。这一分类管制不仅为网络平台市场和政府之间的内部管制提供了界限，而且还为维持网络平台市场秩序提供了必要的保障。

## 二、数字产业领域不正当竞争的认定

数字经济领域的新型不正当竞争行为多发生在互联网软件及服务提供者之间。这些行为通常具有较深的专业背景和较高的技术性，因此在司法实践中，区分技术中立与不正当竞争、满足用户偏好与恶意引导用户之间的界限面临较大挑战。即便现行《反不正当竞争法》已经以"互联网专条"的形式规定了部分互联网行为构成不正当竞争，但实践中仍有大量的数字经济领域新型竞争行为无法完全被纳入该条款的具体规定，其可能适用互联网专条的"兜底条款"，或者转而适用一般条款。

一般条款的适用本身存在模糊性，且一般条款的适用本身需要遵循适用规则。因此，对新型不正当竞争行为进行《反不正当竞争法》评价时，应当依照审慎适用的原则适用一般条款。具体而言，一般条款的适用可以分为 3 个步骤。

第一，判断涉案行为属于《反不正当竞争法》调整范围。这一点主要指如何正确把握《反不正当竞争法》与知识产权专门法的关系，避免因认知错误导致应当由专门法调整的问题转而由《反不正当竞争法》调整，甚至出现专门法存在争议或根据专门法立法精神不应予以保护之"利益"，通过《反不正当竞争法》一般条款绕道保护的情况。

第二，遵循"先特别后一般"的原则。数字经济发展使各行业之间的交织融合增多，竞争行为的复合性、复杂性大幅提高。法院在审理此类案件时，仍需要适用法律关系分析方法。首先以《反不正当竞争法》类型化条款评价涉案行为，当涉案行为无法被特别条款调整时，方能适用一般条款。

第三，根据合法利益是否受到实质性损害、行为是否具有不正当性或者可责性来判断涉案行为是否为不正当竞争行为。需要指出的是，此处"合法利益受到实质性损害"，既不代表所谓"合法利益"属于《反不正当竞争法》为经营者划定的既有利益，也不意味着利益受损即表明涉案行为具有不正当性或可责性。利益受损更重要的意义在于表明原告与涉案行为的实际关联，即说明原告诉讼主体实质适格问题。整个认定逻辑的核心在于从动态的市场竞争中去考量涉案行为的不正当性或可责性。

## 三、数字平台知识产权制止不正当竞争治理体系的构建

数字互联网平台特别是超互联网平台具有两个方面的特征：第一，信息聚集的共同空间特性；第二，公共数字化服务体系的特性。目前，不同类型的数字平台对数据的掌控，特别是超级平台对数据的垄断，远胜于其他竞争平台之间的"二选一"，而《反垄断法》关于"相关产品市场""相关区域市场"等概念的界定，并不能有效解决超平台的数据垄断问题。互联网平台，特别

是超互联网平台，通过对数据资源的垄断与滥用，构建了一道自我加强的进入壁垒，使潜在的竞争对手很难在短期内突破。

在数字时代，超级平台已成为信息聚合和数字服务的主要提供者。然而，这些平台对数据的控制和垄断已经引起了广泛关注。为了维护公共利益和促进公平竞争，有必要对超级平台的行为进行深入研究，并采取相应的措施加以规范。首先，我们需要深入了解超级平台对数据的聚合和利用方式。这涉及对平台数据收集、处理、存储和运用的全面分析，以及平台对用户数据的控制程度。通过了解平台数据的具体运作机制，我们可以更好地评估其对数字经济和社会发展的影响。其次，将超级平台的数据聚合和数字服务基础设施纳入数字经济立法是至关重要的。这意味着我们需要通过法律手段来规范平台的行为，确保其符合国家的数字发展战略和公共利益。在立法过程中，应当明确国家对数据的主权原则，强调数据的公共属性和社会价值，防止个别平台滥用数据资源，破坏市场竞争秩序。最后，要让超级平台数据回归公共空间属性的定位，需要建立起相应的监管机制和政策框架。这包括加强对平台数据使用的监管和审查，确保数据的公平共享和透明使用。同时，也需要通过技术手段和行业标准来确保平台数据的安全和隐私保护，维护用户权益和社会稳定。

在数字时代，互联网平台企业拥有大量的交易数据和用户隐私信息，这些数据是企业商业利益的重要组成部分。因此，保护用户隐私和合法合规地使用用户信息是企业的首要责任。这意味着企业需要建立健全的内部治理机制，确保数据的处理和利用过程符合相关法律法规，以及尊重用户的隐私权。除了保护用户隐私，企业还需要防止各种损害用户权益的行为。例如，不得为了市场竞争而采取伪装成用户、强迫用户只能选择某项服务、串通算法、歧视大数据等不正当手段。这些行为不仅违反了法律法规，也损害了用户的权益和信任，对企业的声誉和长远发展都会造成严重影响。另外，企业应该确保内部治理与社会价值一致。这意味着企业的经营战略应当符合社会的法律、道德和伦理标准，满足用户的合理期待。统一内部规则和管理设置是实现这一目标的关键，通过建立完善的管理环境和措施，可以确保企业的管理方式合法合规，并维护管理环境的稳定性和可持续性。

# 本章小结

　　数字经济的迅速发展带来了经济和社会的巨大变革，同时也伴随着一些新问题的出现。一些网络平台企业凭借其在特定领域的垄断地位，滥用市场力量，限制竞争，损害了其他市场参与者的利益。例如，它们可能通过操纵搜索结果、提供偏向自身利益的信息、阻挠竞争对手等手段，扭曲市场竞争环境，导致不公平竞争现象出现。

　　随着数字经济时代的到来，传统反垄断和不正当竞争规则体系面临前所未有的挑战。传统规则可能无法有效适应网络平台等新型市场主体的行为，因此需要建立适应数字经济时代的新规则体系。这包括更加灵活、透明、可执行的反垄断和治理不正当竞争的规则，以应对数字经济中出现的新型市场行为和问题。

　　知识产权保护与反垄断之间既存在一致性关系，也存在冲突，需要在知识产权保护和反垄断监管之间寻求平衡。《反垄断法》要尊重和保护正当的知识产权行使行为，对竞争的某种限制应视为国家实施知识产权制度以鼓励创新。

　　知识产权保护并非引发冲突的直接原因，冲突往往是对其不当使用所致。为了避免知识产权的滥用、排斥或限制竞争，应该规范知识产权的行使，并通过《反垄断法》等法律进行规范和监管，包括制定反垄断执法指南、完善知识产权反垄断监管机制，以及建立"公平、合理、无歧视"的标准必要专利许可政策和停止侵权适用规则。

　　随着社会和产业的不断发展，原有的秩序结构常常会被打破，这为互联网环境下的知识产权保护问题增添了复杂性。在这种情况下，追求技术和商业创新的同时，寻找数字经济时代公共政策的平衡点显得尤为关键。在新的稳定秩序和相关制度尚未完全建立的时期，《反垄断法》就显得至关重要，承担着维护市场竞争秩序和知识产权保护的重要责任。基于产业发展的特点和根本需求，对《反垄断法》的适用应当更为谨慎。

互联网技术的不断发展已经深刻改变了数字经济的主体关系，特别是互联网平台市场呈现出去中心化、开放、扁平和平等的特征。这一变革促进了更广泛、更深入的社会力量协同参与平台公共事务的治理，同时在平台规则制定和交易纠纷处理等方面体现了透明、公正、共享的原则。

首先，去中心化的趋势使互联网平台不再由少数中心掌握主导地位，而是吸引了更多的市场主体参与，从而促使平台规则的制定和公共事务管理更加民主化和透明化。每个交易方都有权表达意见和提出建议，确保了规则制定过程的公开与公正。

其次，采用广泛会员网络投票的方式进行交易纠纷解决，体现了多元决策的理念。这种方式不仅提高了纠纷处理的透明度和公正性，也有助于建立共同的价值观和遵约机制，增强了参与者的归属感和责任感。

此外，平台可以通过给予选择性激励的方式，鼓励会员参与公共事务，并通过退出机制确保参与主体的公正性和质量。这种机制不仅激发了参与者的积极性，也保障了平台治理的效率和公正性。

最后，随着互联网平台市场的发展，反垄断审查也应该从单一中心转向多中心，从自上而下的行政指令转向自下而上的群体决策。这种转变有助于更好地反映各方的利益和意见，促进反垄断审查的公正性和包容性，确保市场竞争秩序的健康发展。在处理纠纷时保持透明和公正，也有助于建立共同的价值观和遵约机制。同时平台可以通过选择性激励来鼓励会员参与公共事务，并引入退出机制以确保参与者的公正性和质量。

# 组织保障篇

　　本篇讨论的数字知识产权组织保障包括人才保障、服务平台保障和集体组织保障。

　　人才是数字知识产权制度建设和战略实施的第一要素。数字知识产权人才培养的定位是服务于数字经济发展的"复合型""应用型"和"国际化"人才。数字知识产权人才的培养离不开基础学科建设和专项培养方案。同时，数字知识产权人才国际交流机制的建立也是当前实现可持续发展的必要环节。

　　知识产权服务平台随着信息技术的发展持续更新迭代。知识产权服务平台基础架构和功能模块应顺应数字经济的发展趋势，知识产权服务平台运营模式和应用推广技术路线应在既有基础上进行调整。

专利池、知识产权联盟由来已久。在当前数字经济背景下，应将数字知识产权联盟的建设及治理提上日程，应将数字知识产权联盟定位为数字化创新的核心要素，并采取"稳健突进"的治理思路，实现高水平治理。

# 第十三章

# 数字知识产权人才培养

## 第一节　数字知识产权人才培养方式

### 一、数字知识产权人才培养的时代要求

近年来，知识产权人才培养的议题一直受到社会各界的广泛关注，当前，在《知识产权人才"十四五"规划》等政策的推动下，知识产权人才培养工作已经取得了一定的成效，为知识产权强国建设提供了强大的人才支撑。但当前各高校对知识产权人才的培养仍然与市场需求存在一定的差距，导致知识产权人才供给量不足，人才与市场需求的能力匹配度也不高。当前，国内培养的知识产权人才在专业知识上主要依托于法学院，知识结构偏文科，专利等技术类知识产权人才匮乏，大量人才缺口主要通过技术研发人员转岗等来解决，在一定程度上限制了我国知识产权事业的发展。

知识产权是一门跨多领域的交叉学科，但当前的知识产权人才培养并不是"全能型"人才培养模式，大部分高校的知识产权专业课程体系设置常采用法学培养模式或跨学科培养等传统模式。在科技迅速发展的当下，社会对智能化、数字化领域人才的需求日益增长，新文科、新工科的建设不断引导和推动着知识产权人才教育教学的变革和发展，而高新科技领域创新人才培养模式仍有待进一步研究。

传统的知识产权人才培养模式在我国的科技创新和知识产权管理中发挥了至关重要的作用。这种模式为培养专业人才提供了有效的途径，为科技发展和知识产权保护提供了坚实的人才支持。依靠传统培养模式，我国已经建立了一支数量庞大且质量较高的知识产权人才队伍，为科技创新和产业发展提供了有力的智力支持。随着数字经济的蓬勃发展，人工智能、大数据等新一代信息技术不断涌现，对知识产权人才的需求也发生了变化。传统的知识产权人才培养模式已经不能完全满足日益增长的知识产权人才需求，人才培养需要进行新的定位与转型。在数字时代，知识产权人才需要具备更加丰富的技能和知识，不仅要具备传统的知识产权管理能力，还要了解数字技术的应用和发展趋势，具备跨学科的综合能力和创新思维。高质量、复合型的知识产权人才培养成为当前的紧迫任务。这需要从培养模式、课程设置、教学方法等方面进行全方位的创新和改革，以适应数字经济时代知识产权人才需求的变化。同时，需要加强与产业界的合作，积极引入企业资源和实践项目，为学生提供更加贴近实际需求的培训和实践机会，培养出既懂理论又懂实践，能够适应未来发展需要的复合型人才。

## 二、数字知识产权人才高校培养

自 20 世纪 80 年代至今，我国国内 50 余所高校积极响应国家政策，建设了知识产权学院，并陆续开设了知识产权专业及相关培训课程，为知识产权高等教育的发展奠定了坚实基础。这些举措在培养专业人才、提升知识产权意识和推动科技创新方面发挥着积极的作用。尤其是大学教育，采用系统性较强的知识产权教育形式，对学生全面掌握知识产权专业知识起到了关键的支撑作用。

知识产权作为一门跨领域的学科，涉及法学、管理科学与工程、工商管理、公共管理等多个领域，其在学科体系中的设置反映了我国对知识产权保护和创新能力的高度重视。随着对知识产权的重视和发展需求，部分高校开始探索知识产权交叉学科，例如，南京理工大学的机械工程（知识产权）和电子信息工程（知识产权）的知识产权创新实践班，以及同济大学的工商管理、应用经济学、生物学、计算机科学与技术、设计学 5 个一级学科交叉的知识产权学科 [1]。

当前，我国上百所大学已开始进行知识产权专业培养，尽管大多数是法学专业的知识产权本科生和研究生，教学内容主要集中在法律课程方面。然而，随着数字经济的快速发展和知识产权领域的新要求，高校需要进一步完善教学内容，培养出更具综合能力和创新思维的知识产权人才，以应对未来的挑战和需求。因此，高校需要加强知识产权教育的深度与广度，结合实践案例、跨学科交叉等方式，提升学生的实际操作能力和综合素养，以适应知识产权领域的新形势和发展需求。企业知识产权管理岗位和知识产权服务业对复合型学科背景的知识产权人才的需求日益增加。这些人才具备跨学科的综合能力、创新意识和适应能力，能够为企业在知识产权保护和管理方面提供更加全面和有效的支持。从整体来看，高校对专利等技术类知识产权人才的培养与社会市场需求存在差异，亟须创新人才培养模式。

### 三、数字知识产权人才职业教育

职业教育在培养知识产权人才方面具有独特的优势和作用。首先，职业培训机构能够根据不同行业、企事业单位以及政府机关的实际需求，有针对性地开展知识产权培训项目。例如针对企业管理者的知识产权保护与运营培训、针对中小学师资的知识产权教育培训等，这些培训项目能够有效提升参训者的知识产权意识和实际操作能力，为实际工作提供有力支持。其次，通

---

1　赵勇，单晓光 . 我国知识产权一级学科建设现状及发展路径 [J]. 知识产权 ,2020 (12):27-39.

过建立科技前沿领域的知识产权实务专家授课培养模式，开设相关领域的知识产权课程，例如量子技术、生物技术等，着重培养知识产权技能人才，职业教育可以更好地满足社会对知识产权技能人才的需求，促进"产学研"合作，加速知识产权人才的培养进程，为科技创新和知识产权保护提供强有力的支持。这种模式能够使学员接触到最新的科技发展动态和实践经验，培养出具备前沿科技知识和实践能力的知识产权专业人才。此外，一些专业机构和代理机构也通过开展内部培训来培养知识产权人才。这种内部培训通常由资深员工担任导师，结合课堂教学、案例分析、分组讨论等形式，向新入职员工传授知识产权相关的理论知识和实践经验。由于这些机构具有丰富的培训经验和专业的管理流程，培训内容丰富多彩、形式灵活，能够满足不同岗位员工的实际需求，提升整体团队的知识产权综合素养。

## 第二节　数字知识产权人才定位

### 一、复合型人才

服务于数字经济的知识产权人才强调的是综合素质，而非仅停留在法律素养层面。应对知识产权人才进一步细化分类，有针对性地进行跨学科培养。对数字知识产权人才能力的要求经常与理工科知识有较强的关联性，学科综合人才培养的方法不应局限在单一学科的体系之内，而应当建立理学、工学、社会学、经济学、管理学等跨学科交融体系。

数字知识产权涉及的领域非常广，包括技术、商业、法律等多个方面，因此，只有具备综合素质的数字知识产权人才，才能有效地处理各种数字知识产权相关问题。此外，数字知识产权人才不仅需要具备理论知识，还需要具备实践能力。

为解决数字知识产权人才培养的难题，需要先深入分析作为复合型人才的数字知识产权人才的特点，从而探索基于此特点下衍生出的跨学科教学模式的具体方案。通过实证分析，找出重点需要数字知识产权人才的行业类型，整合市场对数字知识产权人才的能力要求，明确新时代数字专利等技术类知识产权人才各项能力要求的程度和优先级，以确保得出的数字知识产权人才培养模式与路径能够与实际情况紧密结合。

## 二、应用型人才

随着量子技术、信息技术等前沿科技领域的不断发展，新兴科技正在成为经济增长的主要动力，而这也对知识产权人才提出了新的挑战和要求。为了培养适应这一时代背景的知识产权人才，需要构建产教融合的人才培养模式。这种模式将学术界和产业界紧密结合起来，使知识产权的理论学习与实践技能相结合，为学生提供更加全面的培养。在实践中，产教融合的知识产权人才模式需要建立与现代科技产业密切相关的课程设置和教学内容。课程内容应该围绕前沿科技领域展开，涵盖知识产权保护、技术创新、专利申请等方面的内容，并通过实际案例分析和项目实践，帮助学生深入理解和应用知识产权相关理论。

与传统知识产权相比，数字知识产权的保护和应用面临更大的挑战和推广难题。这就要求数字知识产权人才必须具备应用型能力，能够将所学知识转化为实际操作技能，能够具备开发、运营、维护数字知识产权的实际能力，适应不断变化的市场需求和技术趋势。在数字时代，数字知识产权人才的应用能力也是企业追求竞争优势的重要方面，因此，应用型人才更符合市场需求，更有前景和发展空间。

## 三、国际化人才

国际法在当今全球化的贸易环境中扮演着至关重要的角色，它为解决各国之间的贸易纠纷提供了基本依据和规范。然而，随着贸易规模的不断扩大和跨境交易的增加，国际贸易中的法律问题也日益复杂化，因此，需要更加有效地统筹国内法治和涉外法治建设，加强国际法的运用和合作。在这一背景下，培养涉外知识产权法律人才显得尤为迫切和重要。数字知识产权人才需要具备国际视野和能力。只有具备国际视野和能力的数字知识产权人才，才能够走向国际舞台，这些人才不仅需要具备扎实的法律知识和技能，还需要具备跨文化交流和谈判能力。他们需要了解不同国家和地区的知识产权法律制度和实践，能够在国际贸易中提供有效的法律咨询和支持，保护本国企业的知识产权，并有效维护国家利益。另外，国际化的知识产权人才还能够通过深入了解国际市场和国际竞争环境，提升知识产权预警、布局、管理和运营能力，使本国企业在国际市场中获取更多的竞争优势。他们还能够在跨文化环境下进行有效的谈判与交流，促进不同国家和地区之间的合作与交流，为国际贸易与投资的发展搭建桥梁。因此，加强涉外知识产权法律人才的培养，不仅符合当前贸易全球化的趋势，更是促进国际贸易与投资发展、维护国家利益和企业利益的重要举措。只有通过不断提升人才的专业素养和跨文化交流能力，才能更好地适应全球化的贸易环境，实现国际贸易与投资的可持续发展。

由于数字知识产权具有跨国性，涉及的纠纷也具有国际性，所以只有具备国际法律思维和国际法律知识的数字知识产权人才，才能有效地处理数字知识产权相关的跨国纠纷。

# 第三节　数字知识产权人才培养体系构建

## 一、数字知识产权人才培养基础

### （一）数字知识产权人才多元化培养模式

构建数字知识产权人才多元化培养模式需要高校、企业、政府等多方合作，共同推进。只有通过多元化的培养方式，才能培养出更多具备数字知识产权专业知识和技能的人才，为数字知识产权领域的发展提供强有力的支撑。

**推进"产学研"一体化模式。**数字知识产权人才培养模式必须推进"产学研"一体化，与现代科技企业紧密合作，实现校企联合培养和课程设计。高校应与企业建立稳定的合作关系，将企业所需的技能和经验直接教给学生。同时，也应拓宽学生的就业渠道，增加学生的实践机会。

**强化数字知识产权实践教学。**数字知识产权实践教学内容可以包括专利申请、商标注册、版权登记等实践项目，以此培养学生的实际操作能力，促进知识的应用和转化。实践项目有课内和课外的形式。例如，参与企业项目、参加专利策划比赛、担任知识产权研究助理等，让学生在实践中了解知识产权的不同领域和应用场景。

**推进跨学科教育。**数字知识产权涉及知识产权法律、技术、管理等多个领域，因此，跨学科教育应该成为数字知识产权人才培养的常规模式。跨学科教育应包括对经济学、法律学、信息技术等学科的深入了解和交叉融合。

**多样化教育资源整合。**数字知识产权人才培养要求与时俱进，多样化的教育资源整合能够提高人才培养的质量。高校应该主动整合资源，开设多元化的知识产权课程，建设先进的知识产权理论研究平台。同时，借鉴国外先进的教育模式，积极引进国内外知名专家和教授定期为学生授课。

**实行终身教育培养模式。**随着数字技术的发展，数字知识产权也在持续发展。为了跟上数字知识产权的发展脚步，数字知识产权人才需要终身学习，不断更新知识。高校应该采取终身学习的培养模式，让数字知识产权人才不断接受学术和实践的熏陶，进一步提高教师和学生的数字知识产权素养。

## （二）数字知识产权模块化学科体系

知识产权活动贯穿科学与技术创新活动的全过程，包含知识产权创造、保护、运用3个核心环节。因此，相应的知识产权议题具有典型的学科交叉特征，需要法学、经济学、管理学、哲学、社会学、理学、工学等多个学科的理论与研究方法支持[1]。

应立足数字知识产权核心要素，面向人才培养需求开展学科体系设置。数字知识产权体系包括专利、商标、版权、商业秘密等内容，应从专利、商标、版权等知识产权形式入手，构建数字知识产权模块化学科体系。同时，在构建数字知识产权模块化学科体系的过程中，应充分考虑其他经济和法律问题，例如数字技术、金融、竞争法等。模块化学科体系应该具有针对性和实用性，应充分考虑人才培养需求，例如市场需求、就业形势、行业特点等。应侧重从理论和实践两个方面来构建课程模块，注重培养学生实践能力、社会责任感和创新能力，提高学生的竞争力。

### （三）数字知识产权人才评价体系

数字知识产权人才评价体系是数字知识产权人才培养的重要组成部分，是人才选拔、评价和激励的重要手段。数字知识产权人才评价体系的完善，不仅对数字知识产权人才培养和选拔具有重要意义，也有助于提升数字知识产权工作的水平。数字知识产权人才评价体系应该充分考虑当前数字经济发展对数字知识产权人才的需求，注重学生的实践和应用能力，合理制定评价标准和权重比例，创新考核方式和手段，推广多元化评价。

应从知识储备、能力素质和创新贡献 3 个角度评价数字知识产权人才。数字知识产权人才评价不仅要注重学生的知识储备，而且应着重关注学生的能力素质和创新贡献。知识储备评价应该考察数字知识产权人才相关的基本知识体系和理论储备；能力素质评价应该考虑其数字技术、法律基础、沟通能力、领导力、创新能力和责任感等能力素质；创新贡献评价应该重视其在所在领域的创新贡献，例如创新技术、发表论文、参与专利申请、发起和组织学术活动等。

合理制定评价标准和权重比例。数字知识产权人才评价体系应该根据上

---

1 赵勇, 单晓光. 我国知识产权一级学科建设现状及发展路径 [J]. 知识产权, 2020 (12):27-39.

述评价角度和实际要求，合理制定评价标准和权重比例，清晰明确的评价标准和权重比例对评价的公正性和准确性至关重要。

创新考核方式和手段，推广多元化评价。应将考核与实践相结合，形成多元化评价，围绕校内课程成绩、实验报告、论文作业、实践操作、竞赛获奖、学科排名和对外认证等方面开展评价。这样的多元化考核方式有助于全面、准确地反映学生的个人能力和表现，促进数字知识产权人才的全面发展。

## 二、数字知识产权应用学科建设

### （一）数字知识产权学科建设需求分析

人工智能、大数据、生物技术的发展标志着知识容量与专业分工必将迎来新一轮的爆发式增长。当前，全球知识产权制度体系的理论基础主要以工业产权和国际规则为核心，无法完全适应新一轮科技革命的技术创新和专业分工体系。因此，有必要加强知识产权与科技创新速度和强度的匹配，发展新的理论框架，并建立交叉学科体系，以确保在严格保护知识产权的同时，也能够保障公共利益并激励创新。为实现这一目标，设立知识产权一级学科是至关重要的路径之一。学科作为知识的系统集合，是理论产生和发展的基础。长期以来，知识产权研究停留在单一学科的下位层级中，呈现出散点化、兴趣化的特征。尽管每年有关部门组织专项研究，但由于跨学科、跨领域合作较为困难，所以我国亟须调整知识产权学科与其他学科的关系，围绕知识产权议题与知识产权制度发展规律，迎合当前数字化、智能化知识产权管理需求，优化学科结构，推动建立科学系统的知识产权理论体系，以满足国家创新发展的战略需要。

为了加强知识产权相关学科建设，完善"产学研"联合培养模式，可以采取以下措施：支持学位授权自主审核高校自主设立知识产权一级学科；推进论证设置知识产权专业学位；围绕数字经济时代需求，开发一批数字知识产权精品课程。这些举措将有助于推动知识产权领域的学科建设与发展，为我国在知识产权保护和创新方面提供更加坚实的理论和人才支撑。

## （二）数字知识产权应有的学科架构

根据教育部制定的《法学类教学质量国家标准》，知识产权专业共有 14 门法学核心课程，其中，7 门为法学基础课程，7 门为知识产权专业课。知识产权人才培养主要以法学教育为中心，应进一步强化知识产权人才知识产权法律的研究和学习，提升他们知识产权的法律保护能力和水平。知识产权研究是法学问题，需要结合经济学、管理学、哲学、政策科学等多学科，多视角、全方位深入推进。构建知识产权学科体系，应划分基础知识产权学、法律知识产权学、专项知识产权学、分域知识产权学、边缘知识产权学 5 个学科系组，构成学科体系的发展格局[1]。数字知识产权学科模块如图 13-1 所示。

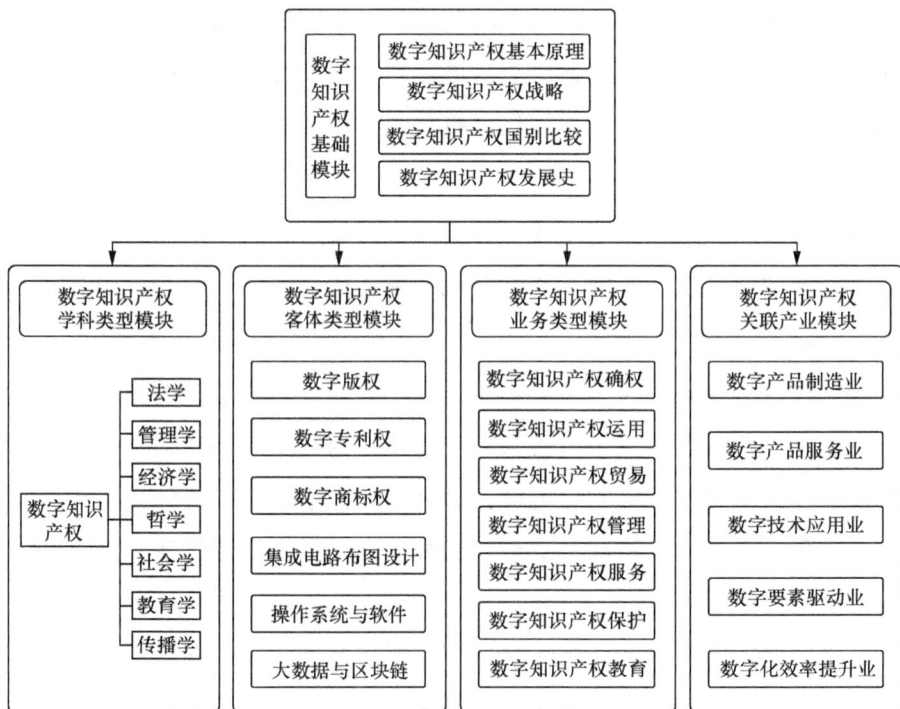

图 13-1　数字知识产权学科模块

1　王续琨，丁堃，曲昭.知识产权学的初创和未来发展 [J].科技管理研究 ,2016,36(8):146-151.

　　数字知识产权学科包含基础模块和类型模块两大模块。基础模块涵盖了数字知识产权的基本原理、战略、国别比较和发展史等内容，而类型模块则是从法学领域发展出来的分支学科，包括法学、管理学、经济学、哲学、社会学、教育学和传播学等。这些模块为研究者提供了深入探讨数字知识产权问题的机会，促进了学科的多元发展。

　　数字知识产权客体类型模块是研究各种类型知识产权和知识产权单项活动的一门分支学科，例如数字版权、数字专利权、数字商标权、集成电路布图设计、操作系统与软件、大数据与区块链等。它们统称为专项知识产权学。

　　数字知识产权业务类型模块是按照知识产权战略实施过程中所涉及的不同任务的内容进行划分的，包括数字知识产权确权、数字知识产权运用、数字知识产权贸易、数字知识产权管理、数字知识产权服务、数字知识产权保护、数字知识产权教育等。对数字知识产权业务类型模块进行细分，有利于从横向将数字知识产权进行合理切块，明确各部分详细任务。

### 三、数字知识产权人才培养专项

#### （一）技术类专业人才

　　随着全球经济结构调整和数字化浪潮的兴起，知识产权的重要性日益凸显。我国政府采取了一系列措施来加强对知识产权的保护和管理，对知识产权人才的需求也日益增加。

　　2022年9月，在中华人民共和国人力资源和社会保障部、国家市场监督管理总局、国家统计局颁布的《中华人民共和国职业分类大典（2022年版）》中，围绕制造强国、数字中国、绿色经济等国家重点战略，新增158个职业，职业总数达到1639个。专业技术人员大类发布了15个新职业，包括人工智能、物联网、大数据、云计算、智能制造、工业互联网、虚拟现实、区块链、集成电路、机器人、增材制造、数据安全工程技术人员等。云计算、智能制造、工业互联网、虚拟现实、区块链等数字技术的广泛应用，对知识产权的保护提出了新的挑战。数字化、网络化发展趋势使知识产权的保护和管理变得更重要，同时也更复杂。因此，建立适应数字经济时代需求的知识产权人才培养体系尤为重要。紧跟行业发展趋势，培养具备实践能力和创新意识的复合型人才，建立以职业为导向、应用复合型的知识产权人才培养体系是当务之急。政府、高校和企业应密切合作，共同推动这一体系的建设，为数字经济时代的知识产权保护和创新发展提供有力支撑。

### （二）服务类专业人才

随着数字技术的发展，数字技术在知识产权行业中发挥的作用越来越明显，例如区块链在存证、人工智能在数据检索或者取证等环节极大地提升了效率。因此，应加大对数字知识产权服务类专业人才培训力度，进一步完善知识产权职业水平评价制度，稳定和壮大知识产权专业人才队伍。

随着社会对知识产权保护和运营的重视日益增强，知识产权经纪专业的设立具有重要意义。在全球化、信息化的背景下，知识产权转移和项目转化已成为企业创新和发展的关键环节。然而，当前知识产权领域缺乏既懂技术又懂管理和市场的复合型人才，这是知识产权事业发展的瓶颈之一。

因此，高校开设知识产权经纪专业，正是应对这一挑战的重要举措。该专业旨在培养具备广泛知识背景和专业技能的复合型人才。知识产权相关专业学生在学习期间将接受系统的知识产权理论和实践培训，包括专利、商标、著作权交易知识，知识产权项目评估、包装和策划，以及商业运作和谈判技巧等内容。而知识产权经纪专业技术水平认证则能够进一步提高其专业水平和竞争力，这一认证涵盖了广泛的知识和技能领域，旨在培养既懂技术，又懂经济和管理，同时具备营销和产业化能力的复合型知识产权经纪人才[1]。

### （三）国际型人才

为了应对全球化竞争和数字经济时代的挑战，我国正在积极探索建立知

---

1 陈勇.培养知识产权经纪人 发展知识产权市场 推动知识产权转移——我国技术市场发展浅议 [J]. 科技成果纵横,2006(1):23-24.

识产权国际化人才储备库机制。这一举措旨在整合国内外优质人才资源，构建一个涵盖各个领域、具备国际竞争力的知识产权人才队伍。同时，利用知识产权人才信息平台，可以帮助企业和组织更有效地发现和吸引具有优秀知识产权专业技能的人才，进而促进知识产权领域的创新和发展。在加强知识产权管理部门公职律师队伍建设方面，我国致力于提升公职律师的专业素养和国际化水平。这些公职律师将承担起维护国家知识产权利益、参与国际知识产权合作和解决国际知识产权争端的重要角色。因此，培养具备扎实法律知识、了解国际知识产权法律体系和实践经验的涉外知识产权律师尤为重要。我国加入了多个国际组织和公约。这加强了我国与国际社会在知识产权领域的交流与合作，为知识产权人才培养提供了更广阔的舞台和更丰富的资源。推动知识产权人才培养国际化，突出国际视野和竞争力，已是我国知识产权发展的重要方向和必然要求。

推动知识产权事业的发展，需要更新教育理念，不断拓展创新教育模式。这包括汇集政府、企业、知识产权律师事务所，以及海外优质教育机构等多方面资源，加强国际交流合作。通过充分利用国外优质资源，开展培训，并探索联合办学与定制化培养模式，构建以双语教学为主的基本教学平台，形成国际化特色鲜明的知识产权专业学科教育平台。这样的举措有助于形成开放的知识产权人才工作格局，满足应用型人才、经营管理人才、复合型人才发展的需求。通过培养具有丰富国际交流经验和处理知识产权国际事务能力的知识产权国际化人才，可以更好地适应全球化竞争的趋势，为企业和社会提供更有价值的服务。

同时，实施更有效的知识产权人才政策，包括探索海外高层次人才引进和激励机制，畅通与知名海外高校的人才流入通道，以建立更具竞争力的国际型知识产权人才培养体系，进而提升我国知识产权人才队伍的国际竞争力。提升我国知识产权领域的国际竞争力需要采取一系列措施。首先，积极探索海外高层次人才的引进机制和激励机制，具体包括制定人才吸引政策、提供优厚待遇并搭建交流平台等，以吸引更多具有国际视野和专业技能的人才从事我国知识产权相关工作。畅通与知名海外高校的知识产权人才流入通道。通过与国外知名高校建立合作关系，可以引进他们的优秀教师和研究人员，促进我国知识产权领域的学术交流和人才培养。这不仅有助于提高我国知识产权领域的学术水平，也能够为培养具有国际竞争力的人才提供良好的学习和研究环境。实施更加有效的知识产权人才政策同样至关重要，这包括加强对知识产权人才的培训和教育，推动知识产权人才的跨学科交叉培养，以及建立健全的评价机制，激励人才在知识产权领域的创新和发展。只有通过政策的支持和引导，才能培养出更多具有国际竞争力的知识产权人才，为我国在全球知识产权事务中发挥更加重要的作用奠定坚实的基础。

## 本章小结

创新驱动的实质是人才驱动，人才是创新的第一资源。知识产权人才不仅是我国经济社会发展的重要支撑，而且是构建创新型国家的关键保障。其重要性不言而喻。实现创新驱动发展战略、加快知识产权强国建设，离不开这些具备专业技能和国际视野的人才的支持和贡献。在当前全球竞争激烈的背景下，知识产权人才的作用愈发凸显。他们在科技创新和产业发展中发挥着重要作用，是保护知识产权、推动知识产权事业发展的中坚力量。因此，加强对知识产权人才的培养和引进，成为我国建设创新型国家、推动知识产权事业发展的当务之急。如果要实现知识产权强国的目标，就必须注重培养和吸引高水平的知识产权人才，这包括加大对知识产权教育的投入，建设高水平的人才培养平台，提供优厚的待遇和激励机制，吸引更多国内外优秀人才投身知识产权事业中来。同时，还要加强与国际知名高校和研究机构的合作交流，吸引更多国际一流的人才来我国工作和学习，推动我国知识产权事业发展。

应不断加强知识产权人才工作顶层设计，完善知识产权高层次人才、国际化人才、实务型人才等重点人才培养模式，为知识产权保护工作提供更加坚实的人才保障和智力支撑。面对数字知识产权人才的培养问题，既不能脱离市场对复合型和应用型人才提出的要求，也不能逃避新时代背景下科技创新带来的挑战。只有注重多学科的知识衔接和体系结合，合理配置理论与实践的教育教学比重，引入多元化专业教育的社会资源，构建信息化、智能化的人才培养环境，才能使数字知识产权人才培养与时俱进。

应建立知识产权教育多元参与机制，整合高等学校、研究机构及重点企业等资源，通过研修培训、学术交流、课题研究、项目资助等方式，择优选拔知识产权领域的骨干教师和学术带头人进行重点培养，建立知识产权领域教育名师和学科领军人才库，为培养专业基础扎实、业务能力较强、学术成就突出的高层次知识产权人才奠定基础。

应结合数字经济核心产业发展对知识产权专业人才的需求，设计特色鲜明、针对性强的知识产权专业课程，构建融合法学、管理、科技、理工等知识范畴的知识系统，培养具有差异性和突出特点的高层次知识产权人才。

应实施更加有效的知识产权人才政策，建立体系完备的知识产权专业技术职称资格认定与聘任制度，培养一大批结构合理、素质优良、拥有复合型知识的数字知识产权专业人才。

# 第十四章

# 数字知识产权公共服务平台

## 第一节　数字知识产权公共服务平台概述

### 一、数字知识产权公共服务平台发展战略

　　建设知识产权服务平台是贯彻落实国家和区域发展战略的现实要求。这一平台的建设旨在指导和鼓励各地区、各有关行业建设符合自身需求的知识产权信息库，以促进知识产权系统集成、资源整合和信息共享。知识产权公共服务平台的建设对于加快知识产权服务业发展至关重要，知识产权服务业是指提供知识产权"获权—用权—维权"相关服务的行业，其发展可以促进知识产权的权利化、商用化和产业化，从而提高产业的核心竞争力。这种新兴产业形态为有效保护和运用知识产权提供了重要支撑。除了构建公共服务平台，还需要加强知识产权服务业的相关基础设施建设，包括完善法律法规、加强专业人才培养、推动技术创新和研发投入等。这些措施将有助于提高知识产权服务业的专业水平和服务质量，进一步推动知识产权的有效保护和运用。另外，建设知识产权公共服务平台也需要充分发挥政府、企业、高校、

科研机构等各方的作用，形成多方合作、资源共享的格局，共同推动知识产权事业的发展。

加快发展高新技术服务业是国家战略需求，是建设产业创新支撑体系、提升企业核心竞争能力的一项重要措施。

数字知识产权公共服务平台发展战略的重点在于实现平台的可持续发展和商业化运营。该平台应该通过建立开放的知识产权数据池，推动知识产权信息的流通和分享，同时，提供各种智能化工具和服务，以支持用户进行可信、高效的知识产权管理。在市场竞争日益激烈的环境下，数字知识产权平台需要不断创新和完善，提高用户的满意度，增强用户的黏性，加强品牌推广和渠道建设，同时扩大平台的应用范围，建立更多的合作伙伴关系，提升平台的商业价值和市场影响力。同时，该平台应注重资源的整合和共享，促进数字经济的发展，推动知识产权保护和创新驱动发展战略的实施。

建设数字知识产权公共服务平台，应充分应用信息技术，优化社会资源配置、提升中介机构服务能力、提高企业知识产权利用水平，从而形成覆盖面广、技术水平高、系统规范的知识产权服务体系，形成主体多元化、服务专业化，公益性与营利性相结合、可持续发展的创新业态，这是加快知识产权服务业发展的重要手段 [1]。

## 二、数字知识产权公共服务平台底层逻辑

知识产权是一种基础性、战略性的信息资源，集技术、法律及市场等多种信息于一体 [2]。建立知识产权公共服务平台能有效地整合区域知识产权服务机构和企业，聚合相关资源，提升资源利用效率，有利于建立区域知识产权服务体系，为中小企业创新发展提供服务。知识产权服务平台通过采用人

---

1　王晓红 , 谢兰兰 . 新发展格局下数字经济发展战略研究 [J]. 开放导报 ,2021(4):80-91.

2　易继明 . 知识产权强国建设的基本思路和主要任务 [J]. 知识产权 ,2021,31(10):13-40.

工智能和大数据技术，有效落实了国家知识产权相关战略，实现了知识产权数据深度加工、自动估价、隐性知识挖掘、智能检索、对比分析等技术和产品的创新。这不仅提高了知识产权的转化率，而且降低了成本，同时构建了开放式创新环境下知识产权的开放、保护和分析系统平台 [1]。数字知识产权公共服务平台底层逻辑具有以下 4 个方面。

**便民利民。** 相较于传统知识产权公共服务体系，数字知识产权公共服务平台更加健全和完善，各类公共服务机构的布局和运行更加高效合理，数字知识产权公共服务机构实现全覆盖，支撑区域经济发展的作用日益明显，社会公众和创新主体享有知识产权公共服务的均等化显著提高。

**智慧便捷。** 数字知识产权公共服务平台的建设是基于全国一体化大数据中心体系的，旨在构建知识产权大数据中心和知识产权公共服务平台。这一平台的建设将实现各级各类知识产权公共服务平台之间的互联互通，以及数据信息资源的关联共享。通过整合各方资源，数字知识产权公共服务平台能够更高效地服务于知识产权领域的各个方面，从而为知识产权保护和应用提供更加便捷和有效的支持。

**丰富多元。** 数字知识产权公共服务平台的参与主体更加多元、服务产品种类更加丰富、服务方式更加多样、服务对象更加精准、公共服务供给机制更加健全完善。数字知识产权公共服务事项清单清晰明确，服务内容标准规范，实现知识产权基础数据应开放尽开放，知识产权信息传播利用效率明显提升。

**牢固坚实。** 数字知识产权公共服务平台的基础理论研究更加深入系统，知识产权公共服务政策保障愈加有力，知识产权公共服务需求更加旺盛。各层级知识产权公共服务组织机构进一步强化，形成一支规模大、结构优、素质高的知识产权公共服务专业人才队伍。

---

1　黄微，王琳娜，赵国君 . 产业集群的知识产权管理平台构建 [J]. 情报科学 ,2010,28(5):784-787,796.

# 第二节　数字知识产权公共服务平台基础架构

## 一、数字知识产权公共服务平台的建设目标

数字知识产权服务平台的建设目标，是形成一个技术项目融合、服务渠道畅通、集成应用创新的基于云服务面向中小企业知识产权的"一站式"服务系统，整合各类型知识产权资源，提供共性服务[1]和专业特色服务[2]。通过线上服务和线下服务相结合、公益服务与增值服务相结合、应用示范与协作推广相结合的模式，构建主体多元化、多方共赢的知识产权服务价值链，提高知识产权信息资源利用率，促进知识产权技术交易的发展，增强科技服务机构和企业的服务能力，形成可持续发展的现代服务创新业态，加快知识产权服务产业的发展，带动科技成果转化与技术交易服务行业发展，促进知识产权服务产业结构调整，优化资源配置，并通过创造自主创新的环境为国家科技长远发展与重点突破提供战略性支撑。

数字知识产权服务平台建设应足以支撑中小企业创新发展、提升国际竞争力。根据 WIPO 统计，全世界 90% 的技术成果可以在专利文献中检索到。中小企业想要摆脱原有技术水平、同质化严重的传统生产模式，需要不断提升企业创新能力，而这离不开知识产权服务。

## 二、数字知识产权公共服务平台建设重点

### （一）夯实数字知识产权公共服务基础

夯实数字知识产权公共服务基础，政府应出台相关政策法规，制定数字

---

1　共性服务包括检索、交易、维权、标准化管理等。

2　专业特色服务包括个性专利地图、专利战略分析、版权监测与保全等。

知识产权公共服务的标准和规范，还应出台激励政策，扶持支持数字化服务的企业和机构，推进数字化服务的普及和应用，提升其服务水平和质量。应优化资源配置，整合知识产权相关机构和企业，包括专利代理机构、知识产权服务机构、企业研发中心、科技孵化器、高校等资源，打造数字化服务平台和网络，促进资源共享和优化配置。同时，应将先进的技术手段应用在数字知识产权服务中，例如人工智能、区块链等，进一步推动数字化服务模式的创新，使数字知识产权公共服务效率更高，覆盖面更广，用户体验更优。

### （二）丰富数字知识产权公共服务产品供给

为了更好地发挥这些平台的作用，应引导和支持平台充分利用自身的资源优势和专业能力，积极提供全方位、多层次的服务。这不仅包括信息检索、宣传培训等基础性服务，而且涉及业务指导等实用性服务，使广大用户能够更深入地了解数字知识产权的重要性，掌握相关知识和技能，为其创新创业提供有力支持。针对知识产权信息服务机构，引导其加强与园区等创新创业生态系统的合作，利用低成本、专业化的手段，提供高级检索和竞争情况分析等更具针对性的服务。这种服务形式不仅能够满足中小企业和初创企业对数字知识产权信息的需求，还能够帮助其更好地了解市场竞争态势，制定战略规划，提升核心竞争力。此外，为了满足不同层次用户的需求，服务机构还需要不断创新服务内容和产品，针对企业、高校和政府高层次的数字知识产权信息服务需求，服务机构应当进行精准定制，推出更加高端的服务产品，以此来提升自身的品牌形象和专业声誉。这种不断创新的服务模式不仅能够满足不同用户群体的需求，而且能够提升整个数字知识产权服务行业的水平和竞争力，为我国数字经济的发展注入新的动力和活力。

### （三）加大数字知识产权信息服务人才培养力度

国家知识产权公共服务平台的丰富资源为开展数字知识产权信息运用专项培训提供重要支持。通过这一平台开展专项培训，可以不断提升企业、服务机构、高校等各界人员在数字知识产权领域的专业水平和运用能力。这种培训不仅可以帮助各界人员更好地了解数字知识产权的重要性和运用方法，还能够提升其在数字时代的竞争力和创新能力。培训内容可以包括知识产权法律法规、知识产权保护策略、数字知识产权管理等方面，以满足不同人群的需求。应鼓励高校积极开展数字知识产权信息运用的教育和实践活动，为学生提供更广阔的知识产权视野和实践机会。可以通过课堂教学、实践项目、企业实习等方式，让学生深入了解数字知识产权的重要性，并培养其在实践中运用数字知识产权的能力。同时，还可以探索学校、企业、行业、政府之间的联合培养模式，为学生提供更多的实践机会和资源支持。此外，开展数字知识产权信息人才交流活动和技能竞赛，也是提升数字知识产权人才能力的重要途径。通过与其他机构或高校的交流合作，可以分享经验、互相学习、彼此借鉴、拓宽视野、提高专业水平，而举办技能竞赛，则可以激发数字知识产权人才的创新意识和竞争力，促进其在实践中不断提升技能和能力。探索开展中关村知识产权（专利）信息实务人才评选工作，推动优秀数字知识产权信息人才的集聚和发展也是一种重要途径，这种评选活动可以为优秀人才提供展示自我的平台，也可以为人才引进、激励提供参考依据，促进数字知识产权人才队伍的不断壮大和优化。

### （四）重点推进数字知识产权信息资源云建设

数字知识产权信息资源云建设是指建立一个数字化的知识产权信息库，以实现知识产权信息的集中管理和共享。数字知识产权资源云的构建应围绕"分散资源集中使用，集中资源分散服务"的思想执行，由于知识产权类型和数据结构存在差异，所以需要首先构建面向不同类型的资源描述模型，并规划资源提供方、资源需求方、资源集成方、平台运营方对资源的使用，并且支持资源的动态组合和优化资源的利用。

建设数字化的知识产权信息平台，包括建立知识产权信息的数据标准和分类方法，建立信息采集和更新机制。优化数据存储与管理体系，建设安全可靠的数字云存储平台，实现知识产权信息的存储、备份和恢复。开发智能化的信息分析和检索工具，提供全面的知识产权信息服务，包括数据挖掘、信息分析、专利检索、专利转化等功能。开展数字知识产权信息资源云建设是一项创新工作，较以往的知识产权信息应用模式有较大的不同。

### （五）开展数字知识产权"一站式"服务系统研发

数字知识产权"一站式"服务系统集成了知识产权信息查询、专利申请、知识产权保护、技术转化等一系列服务，可以快速、高效地实现数字化知识产权管理，为企业实现技术革新、知识产权保护和技术转化提供便利。数字知识产权"一站式"服务系统基于数字技术，可以提供快速准确的知识产权信息查询和专利检索服务，帮助企业实现知识产权保护、技术转化等需求，企业依托平台化服务体系，能够提高知识产权管理效率，降低管理成本。

应针对数字知识产权服务的热点领域，研发"一站式"知识产权服务系统柔性架构和服务集成总线，攻克基于本体的知识产权描述方法和语义搜索技术、版权监测预警和侵权证据保全、面向创新设计的专利知识挖掘等关键技术，构建知识产权资源云，整合各类型知识产权服务资源，集成专业化服务业务支撑系统。

### （六）构建紧密协作、多方共赢的数字知识产权服务模式

当前知识产权服务业面临两个方面问题：一方面，企业特别是中小企业，知识产权需求日益迫切，但知识产权服务成本承受能力有限；另一方面，知识产权服务机构受到用户规模限制，自身服务水平和能力不足，不能有效满足企业需求。因此，必须在服务模式上进行革新，构建数字知识产权服务紧密协作、多方共赢的模式，助力以数字化服务为基础的知识产权服务体系建设。

知识产权服务涉及多个领域和多个企业，需要不同专业领域和不同机构之间的紧密协作和跨界合作。数字技术具有信息获取、处理和传递的优势，可以实现智能查询、全流程管理、智能保护等业务模式的创新，进而提升知识产权服务质量和效率。

## 第三节　数字知识产权公共服务平台功能与运营

### 一、数字知识产权公共服务平台基本构成

结合区域经济特色和中小企业创新发展需求,研究基于资源云(数据云、专家云、机构云等)的"一站式"知识产权服务模式。突破基于本体的知识管理技术、知识产权资源云语义组织技术、数据深加工及专业化服务技术等关键核心技术,以现有知识产权服务基地和平台为基础,研发面向柔性需求的知识产权服务系统,整合各类型的知识产权资源,提供共性服务(检索、交易、维权、标准化管理等)和专业特色服务(个性专利地图、专利战略分析、著作权备案监控等)。

通过线上服务和线下服务相结合、公益服务与增值服务相结合、应用示范与协作推广相结合的模式,构建主体多元化、多方共赢的知识产权服务价值链,培育知识产权服务业,形成可持续发展的现代服务创新业态。

以"激励知识产权创造、提升企业核心竞争力"为目标,以多方知识产权专业服务机构为主干,面向区域企业、高校、科研院所等,以全程专业服务为特色的知识产权服务模式,破解当前知识产权中介服务机构服务能力不足、服务面窄、盈利不及预期,以及企业知识产权利用水平低、对科技创新支持少等问题,为企业和社会提供信息查询、预警、专题分析、代理、托管、培训、投融资、维权援助等全方位服务,贯穿知识产权创造、运用、管理和保护等环节,形成知识产权信息服务、知识产权管理支持、知识产权维权援助等"一站式"知识产权服务系统。

"一站式"知识产权服务平台架构作为知识产权服务系统的承载,具有高可扩展性、高安全性的特点,提供统一用户、数据交换、资源管理、服务集成等功能。

**基础层。**基于资源提供主体，通过虚拟化技术实现分布式资源的虚拟化，构建多层管理系统，实现虚拟资源的统一接入与管理，并为上层应用提供柔性按需扩展的基础资源服务。

**资源层。**基于资源提供主体多类型服务，通过业务能力引擎实现服务的封装与管理以及组装与调度，并为上层应用提供服务调用、测试与运行管理接口。

**支撑层。**在基础层与资源层提供服务的基础上，为构建、部署与运行服务提供全部所需的支撑工具，基于服务总线实现对下层服务的透明调用与统一调度，运用服务互操作技术实现异构服务间的协同。

**应用层。**面向知识产权专业化服务机构、中小企业用户，提供共性服务、面向不同知识产权类型的专业化服务；面向第三方运营商，提供服务管理、业务与运营管理，并提供服务集成开发与运行环境。

**接入层。**作为数字知识产权服务系统门户，用于接纳政府决策机构、企业用户、中介服务机构、专业智库、社会公众及技术服务方等不同主体，通过安全高效的接口实现与平台的交互，确保各类用户能够便捷地访问到与其权限相符的信息与服务。

面向知识产权服务信息智能检索、知识产权评估、知识产权交易、专家咨询等应用，系统将在现有系统的基础上，按平台架构的规范化要求，形成面向"一站式"知识产权服务平台的应用系统，通过平台架构提供的安装部署工具进行装载，从而提供共性服务、专利专业化服务、商标专业化服务、著作权专业化服务等。专业服务提供商和资源服务提供商将应用这些服务系统，经"一站式"知识产权服务平台为用户提供统一的服务。此外，这些专业服务提供商和资源服务提供商根据面向不同的行业、不同的服务内容、提供资源的类型形成各具特色的知识产权服务云。"一站式"知识产权服务系统架构如图 14-1 所示，数字知识产权支撑服务部署实施模型如图 14-2 所示。

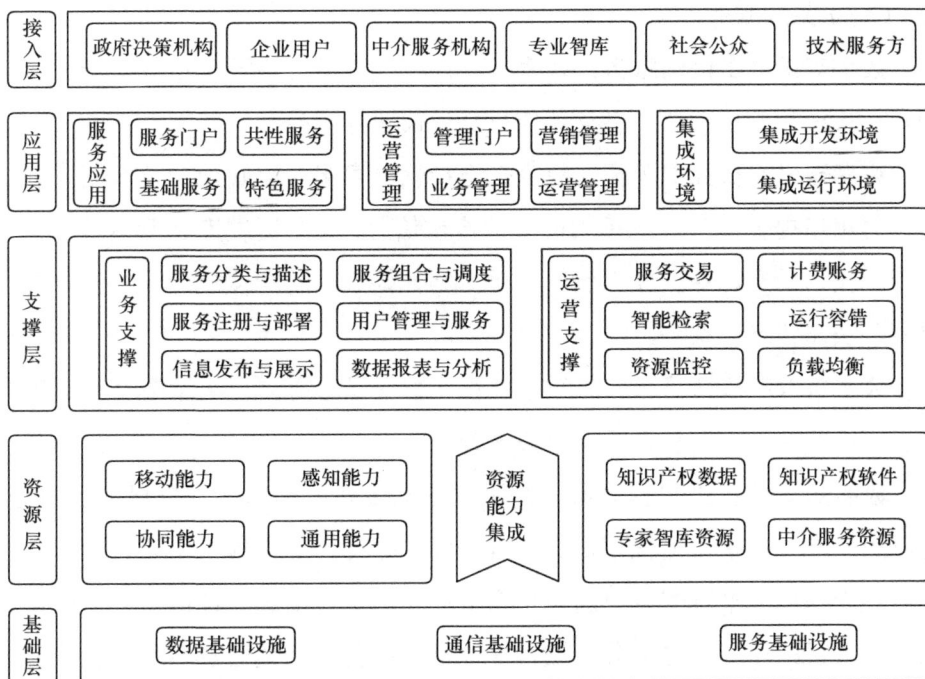

图 14-1　"一站式"知识产权服务系统架构

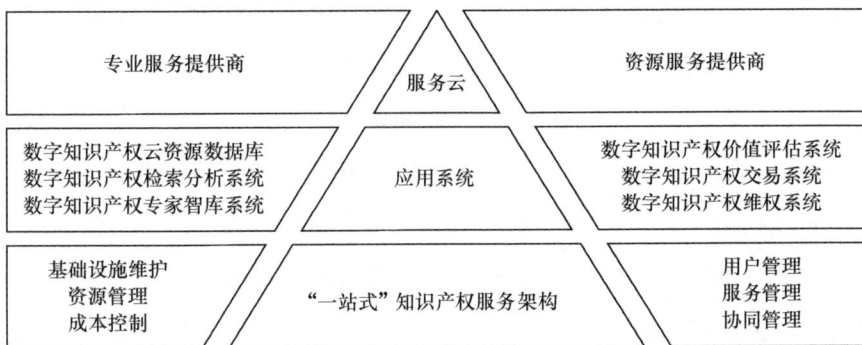

图 14-2　数字知识产权支撑服务部署实施模型

## 二、数字知识产权公共服务平台功能模块

### （一）共性服务

**数字知识产权代理服务**。数字知识产权代理服务主要包括数字产业领域的专利代理和商标代理，以及著作权登记代理等事务。

**数字知识产权检索服务**。数字知识产权检索服务以知识产权数据库为基础，为用户提供数字产业相关的知识产权信息；同时提供定制检索服务，例如专题技术检索、专利权人检索、可专利性检索、防止侵权检索、宣告无效检索、法律状态检索等。

**数字知识产权交易服务**。数字知识产权交易服务主要包括数字产业领域知识产权的展示、交易等配套服务内容。

**数字知识产权投融资服务**。为了更好地推动数字知识产权投融资服务，可以进一步完善相关流程和机制。针对商业银行，可以提供全方位的数字产业领域专利项目推荐服务。这包括对潜在项目进行筛选、评估，并为银行提供相关项目的详尽信息和分析报告，以帮助银行更好地理解项目的价值和风险。同时，数字知识产权投融资服务还可以协助商业银行完成专利质押贷款的程序，包括质押合同的起草、登记等环节，以确保贷款流程的顺利进行。为了提高质押贷款的透明度和效率，可以建立统一的知识产权登记机关，并规范质押登记查询系统。通过统一的登记机关，可以实现对质押合同的集中管理和监督，确保登记程序的规范和标准化。同时，如果建立规范的质押登记查询系统，则可以为银行和其他利益相关者提供便捷的查询服务，提高信息的透明度和可获取性。为了保障服务的公平性和合理性，需要制定合理的收费标准，并确保收费程序的公开透明。这包括明确规定知识产权服务的各项收费，并建立相关的收费标准和计费方式，以确保收费的合理性和公平性。同时，还可以建立收费公示制度，定期公布服务收费标准和收费项目，为用户提供全面的服务信息，增强服务的透明度和可信度。

**数字知识产权法律服务。**数字知识产权法律服务主要是建立数字产业领域的知识产权法律法规数据库和知识产权案例数据库；通过法律咨询、诉讼代理、担任法律顾问执业活动引导数字产业企业增强知识产权意识，提高其运用、管理和保护知识产权的能力；帮助数字产业企业设计知识产权保护的整体方案，根据数字产业知识产权的不同特征，从不同角度、不同层次综合保护知识产权。

**数字知识产权评估服务。**数字知识产权评估服务主要针对数字产业知识产权进行法律状态、技术水平、市场价值 3 个方面进行评估服务。

**数字知识产权管理服务。**数字知识产权管理服务主要研究的是如何帮助数字产业企业建立知识产权标准化管理制度体系，以及如何将其内部知识产权管理制度与各级法律政策进行无缝衔接。

**数字知识产权人才培养服务。**数字知识产权人才培养服务主要涉及的内容包括增强企业知识产权意识，完善知识产权管理体系，帮助企业更好地掌握知识产权战略，提高知识产权管理能力，形成高素质知识产权管理团队，根据培训对象开设集中培训、个性化培训、在线培训等。

### （二）数字专利专业化服务

**数字产业专利专题技术分析。**根据行业用户需求，结合智能化技术，由专业检索人员对数字产业领域专利数据进行检索和分类标引，保证专利数据的准确性和完整性，并为用户开放自定义构建数据库和维护数据库等功能，以更新和完善数字产业专利专题数据库。

**数字产业企业专利管理系统。**为数字产业企业提供具有延展性的专利管理功能、应用性的专利管理流程及良好的专利管理权限管控机制，搭建数字企业高效、稳定的研发及经营环境。

**数字产业相关企业专利战略分析。**利用专利信息，研究分析竞争对手的相关专利发展状况，推进数字产业企业自身专利技术开发，为求得长期生存和可持续发展进行总体性专利战略谋划。

## （三）数字商标专业化服务

**数字商标管理服务。** 数字商标管理服务主要是指进行与数字商标相关的争议、异议、驳回、撤销等方面的服务，以及数字产业领域驰名商标的认定与管理工作。

**数字产业相关企业品牌战略服务。** 数字产业相关企业品牌战略服务主要是建立与完善知名商标数据库、品牌故事数据库、品牌营销案例数据库，以及建立企业品牌策划培训、国际品牌整体收购策划等工作。

**数字商标设计资源与策划。** 建立数字商标设计资源及素材数据库，帮助用户寻找数字商标及品牌形象设计的灵感来源，同时提供数字商标设计策划服务。

## （四）数字著作权专业化服务

**数字著作权备案登记。** 通过对数字作品进行著作权备案，了解数字著作权的内容，预防数字著作权纠纷，减少数字作品的交易成本，降低交易风险，并帮助权利人追究侵权人的侵权责任。

**数字著作权监测与保全。** 利用互联网，研究建立数字著作权的权利状态监控，并及时进行证据保全。

## （五）其他类型服务

根据数字产业及相关企业需求，逐步开展地理标志、技术秘密认定及调查等其他新类型的知识产权特色服务。

## 三、数字知识产权公共服务平台运营模式

围绕区域产业和企业创新发展的应用需求，研究面向数字产业的平台示范应用组织方法、实施步骤等，通过采用应用示范与协作推广相结合的模式，整合知识产权资源云（例如数据云、专家云、机构云等），构建主体多元化、多方共赢的知识产权增值服务价值链。

结合数字产业企业科技创新的需求，以及知识产权服务创新方法，多元化地发展咨询、检索、分析、数据加工等基础服务，培育知识产权服务机构

的评估、交易、转化、托管、投融资等增值服务，加强企业业务的综合性和专业性，在数字知识产权领域，增强企业的知识产权保护意识和管理水平是至关重要的。通过与一流的服务提供商合作，数字知识产权公共服务平台能够为企业提供专业的知识产权保护方案和管理咨询，帮助它们建立健全的知识产权管理体系，从而提升知识产权商业化效率。这一服务模式不仅可以通过数字知识产权公共服务平台实现"一站式"服务，还可以与各类专业机构深度合作，共同为企业提供定制化、个性化的服务。例如，律师事务所可以提供法律咨询和知识产权诉讼服务，会计师事务所可以提供财务评估和会计审计服务，第三方咨询机构可以提供市场分析和战略规划服务，培训机构可以提供员工培训和技能提升服务。同时，建立完善的信用评价体系也是至关重要的。对数字知识产权公共服务平台上的各类服务机构进行信用评价，为企业提供可靠的服务质量和信誉度考量。这种信用评价体系的建立也有助于形成数字知识产权全过程增值服务链，进一步提升整个服务体系的效率和竞争力。

数字知识产权服务模式如图 14-3 所示。

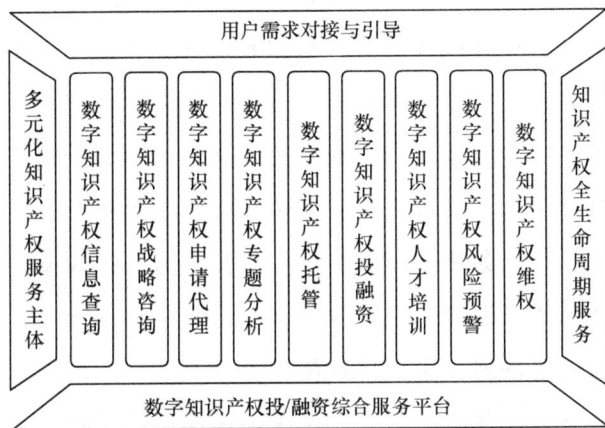

**图 14-3　数字知识产权服务模式**

在服务内容上，构建完整的知识产权全过程增值服务链。提供知识产权项目展示、交易、托管等服务，促进知识产权商品化、产业化；为企业提供专利代理、商标代理服务、著作权登记、诉讼代理等服务；引进知识产权投融资服务相关机构，为企业搭建融资平台，打通知识产权融资渠道；提供专利信息服务及专利技术评估、咨询、培训等服务，促进专利技术的商品化、产业化和国际化。

融合中介服务机构、代理服务商和其他知识产权服务企业，形成知识产权服务网络，采取线上服务和线下服务相结合、公益服务与增值服务相结合、应用示范与协作推广相结合的模式，分区域、分产业、有层次、有重点地开展典型应用推广，实现从局部到整体、从单元到链条的推广模式，从而构建主体多元化、多方共赢的知识产权增值服务价值链。

# 本章小结

随着人工智能应用的迅速崛起，应开展对知识产权的预警分析和可行性评估等产品的研发。在推动科技服务业发展的同时，应重点发展技术交易及技术咨询评估、知识产权和科技金融等领域的服务。此外，应鼓励知识产权服务业与研发设计、金融服务、检验检测等现代服务业相结合，创新知识产权服务模式，将其融入数字经济发展。为此，需要整合利用科技成果转化中心、生产力促进中心等服务机构，构建技术交易机构、知识产权交易机构等科技成果供需转化平台，促进科技成果转化为实际生产力。

应将对知识产权服务平台的数据聚合公共空间属性和公共数字服务基础设施的属性与定位进行深度研究，并将其纳入数字经济立法。应依法确立国家数据主权原则，解决网络平台对数据的控制和垄断，让知识产权服务平台的数据回归公共空间的属性，回归数字服务基础设施属性的功能。由国家统筹知识产权服务平台下的数据中心、云服务、数据流通与治理、数据应用、数据安全等关键环节稳健运行，将知识产权服务平台数据纳入全国一体化大数据中心体系总体架构中。

第十五章

# 数字知识产权联盟

## 第一节　数字知识产权联盟概述

### 一、数字知识产权联盟建设意义

高技术产业是知识经济的支柱 [1]。高技术产业要实现可持续发展，必须采用开放合作、协同创新的模式，不能单打独斗。创新是从无到有的过程，推进创新活动需要集聚大量资源、输入和加工海量信息，而后经过系统整合，才能产出高质量的智力成果。然而，突破性的、可持续性的技术创新需要科学的引导机制、充分的激励机制及良好的权益保障机制三者共同作用，将技术创新主体的积极性、有效地调动起来，实现知识成果规模化及持续涌现。对智力创新成果进行知识产权确权，是一种直接的创新激励手段 [2]。

知识产权法律的精神是促进技术创新，引导技术发展方向，平衡权利人合法权益与社会公共利益，保护权利人因持有知识产权而产生的合法地位不受恶意侵害。这一基本原则是在知识产权法律制度演进发展过程中逐步积累

---

1　罗玉中，易继明. 论我国高技术产业中的知识产权问题 [J]. 中国法学 ,2000 (5):74-85.

2　傅家骥. 技术创新学 [M]. 北京 : 清华大学出版社 ,1998.

的精华，是当今数字经济发展的基础和前提条件。随着技术的不断发展，当单个企业难以支配核心技术时，企业通过多方合作交叉许可知识产权，形成数字知识产权战略联盟，可以实现经济效益最大化[1]。战略联盟作为一种高级的企业协作形式，在本质上是两个或多个具备同等经营影响力的实体企业，或者具体到各业务分支与职能单位。为了有效实现市场占有率的共享、深度优化整体资源分配等高层次战略意图，选择通过正式契约关系缔结形成的相互依存、互惠共赢的战略联盟体系。战略联盟在架构上呈现相对松散性，其特征在于成员间能够进行优势互补、共同承担商业风险，以及促进要素在多维度、多方向上的自由流动，从而达到提升整体竞争力和战略协同的目的。战略联盟是企业自发的，合作的形式以交换技术及资源等为主[2]。

数字知识产权是数字经济的重要基础，数字知识产权联盟的建设可以加强数字经济发展的基础性工作，推进数字知识产权的保护和利用，促进数字知识产权的整合、优化和共享，推动数字经济的发展。

数字知识产权涉及多个学科和行业，数字知识产权联盟的建设可以促进跨界合作和交流，推动数字知识产权的跨领域应用，可以加强数字知识产权的保护和管理，为各领域的数字企业搭建交流平台，提升数字知识产权保护、利用和管理水平。

通过专业化、细分化、分层化的方式，数字知识产权联盟提供数字知识产权的保护和管理服务，推广数字知识产权的保护理念和方法。

## 二、数字知识产权联盟建设依据

基于协同理论的核心原理，任何一个具备充分与外界进行物质与能量交

---

1　韩晓东,王文兰,刘岩峰.生物医药产业专利技术融入标准现状分析与对策研究[J].标准科学,2011(2):32-35.

2　彭纪生.中国技术协同创新论[M].北京:中国经济出版社,2000.

互的开放系统，在经历从混沌至有序的演变历程时，均受制于一套普适性的规律指导。尤其值得注意的是，在特定的内外条件耦合下，该系统内部包含的大量子系统间呈现高度的协同效应，它们相互依存、相互影响，共同驱动整个系统层次的有序化进程。无论是微观世界的粒子群集，还是宏观世界的社会经济系统，只要满足开放系统的基本特征，其在朝着有序状态演化的过程中，都会体现出协同理论所揭示的普遍规律，即通过子系统的有效协同作用驱动系统整体的有序化发展。系统在到达某个临界点时，就会发生根本性的变化，形成一个新的有序且稳定的系统[1]。

近年来，我国颁布了多份促进技术创新战略联盟的部门规章和政策文件，主要是为了规范产业技术创新战略联盟的创新协调活动[2]。引导产业技术创新战略联盟建设，促进"产学研"各类不同性质的创新主体以产业链为中心，聚合发力，有效开展业务活动，实现知识产权共享，形成通用的技术标准。从而实现汇聚各类资源的目标，携手培育符合产业实际需求的高素质人才，极力促进所在行业的创新成果向产业化转化。鼓励行业协会发挥组织、协调、沟通、咨询服务等作用，推动行业联盟的建设。

社会经济发展和公共生活健康运行需要协同治理。政府、企业、民间团体、自然人等不同类型的主体共同构成整体交互的开放系统，此系统中各种类型的要素或子系统之间往往会发生非线性的相互作用，调整系统有序可持续运行，最终实现社会公共事务的协调与发展，最大限度地维护公共利益[3]。在科学技术部等六部门于 2009 年印发的《关于推动产业技术创新战略联盟构建与发展的实施办法（试行）》中，明确产业技术创新联盟是新型的技术

---

1 孙中一.耗散结构论·协同论·突变论[M].北京：中国经济出版社,1989.

2 我国有关促进技术创新战略联盟的部门规章和政策性文件主要有《关于推动产业技术创新战略联盟构建的指导意见》《国家科技计划支持产业技术创新战略联盟暂行规定》《关于推动产业技术创新战略联盟构建与发展的实施办法（试行）》。此外，《国家技术创新工程总体实施方案》等也涉及产业技术创新战略联盟构建等问题。

3 鲍红.知识产权与转变经济发展方式论坛论文集[M].北京：知识产权出版社,2010.

创新合作组织，主要参与成员包括企业、高校、科研机构或者其他社会组织等，基于各自的共同利益目标及发展需要开展一系列创新活动，以实现优势互补、利益共享和风险共担的理想结果。《促进大数据发展行动纲要》（以下简称"《纲要》"）于 2015 年 8 月由国务院印发，该《纲要》从深度整合与完善大数据产业链的战略高度出发，明确提出了构建健全且高效的大数据产业公共服务支持体系的任务目标。其中，特别强调了搭建大数据开源社区和组建行业联盟的重要性，通过构建此类平台来强化多方协同创新机制，进一步催化大数据产业的创新驱动发展。《纲要》还着重指出了加快大数据相关计量方法研究、标准化体系建设、检验检测手段改进和认证认可制度完善的必要性，这些都是夯实大数据产业质量技术基石的关键环节。

## 第二节　数字知识产权联盟治理

### 一、数字知识产权联盟协同需求

协同创新是具有高级复杂性的创新活动，新的技术思路和工艺从构思到实现，再到生产和推广应用，在具有高效率和巨大的发展带动作用的同时，也具有高度的不确定性和风险性。从"投入—产出"维度技术创新与标准化协同耦合角度来看，技术创新与标准化协同对要素效率提升、需求扩大、产业关联和市场结构变动会产生正向驱动效应[1]。协同创新能够促进知识流动，形成产业发展的聚集效应，这与系统化、高层次的数字知识产权联盟的组织形式密不可分。

数字知识产权联盟中的知识产权共享和许可规则可以采取自动许可和专利池的形式，朝着创新参与者多元化和创新行为过程规范化的方向发展；联

---

1　陶忠元，王艳秀．技术创新与标准化协同对中国制造业竞争优势的驱动路径研究 [J]．南京财经大学学报，2019 (5):11-22.

盟应构建知识产权公共服务平台和增值服务平台，开展信息挖掘、特色定制、增值等活动。高技术产业协同创新的成熟组织形式应是"强知识产权规约"之下的"创新社区"，是一个集技术创新出口商、服务接受者和最终用户于一体的有机整体[1]。

组建数字知识产权联盟，是一个协同治理的过程。合力推进数字产业领域的新技术研发和标准化工作，正成为数字产业企业之间进行市场合作的常见行为模式。数字知识产权联盟是一种特殊的生产和技术贸易形式，其以构建新的技术开发体系为目的，以盈利为根本动机，具有极强的灵活性。在治理结构上，数字知识产权联盟具有相对成熟和完善的知识产权管理运行机制，通过构建专业且高效的组织架构体系，集中力量对技术标准进行全方位的研发设计、严格细致的测试验证和权威公正的认证审核，进而将其有效整合并推行至市场，构筑一个闭合的知识产权价值链。在这一价值链中，与技术研发相关的标准制定是起点，权威认证则是对技术价值确认的必要保障。数字知识产权联盟有能力通过精准有效的市场推广策略，将知识产权转化为现实生产力和市场竞争优势，从而完成从知识产权创造、运用保护的全链条闭环管理。

数字知识产权联盟的主要参与者应是企业，辅以多种类型组织，以知识产权为链接媒介，通过集群的形式实施数字技术创新活动。数字知识产权联盟需要精准定位，通常需要在数字经济特定的产业或跨产业技术领域形成技术创新合作组织。例如，在电子信息产业领域，既有的联盟组织包括动态图像专家组、3C联盟、6C联盟、蓝光联盟（Blue-Ray）、HD-DVD联盟、TD-SCDMA产业联盟以及闪联等[2]。这些产业联盟的组织机制与运作模式，可以视作将来数字知识产权联盟建设和发展的样本。

1　董玉鹏.基于协同创新的高技术产业知识产权联盟组织与行为模式研究 [J].人大法律评论,2018(2):260-274.

2　李明星.以市场为导向的专利与标准协同发展研究 [J].科学学与科学技术管理,2009,30(10):43-47.

## 二、数字知识产权联盟重点任务

### （一）推进创新成果技术研发

数字知识产权联盟应具有强大的能力与功能模块，能够有效挖掘与分析知识产权信息，制定与推广知识产权信息服务标准，规划与预见技术专利路线图，从而有效参与全产业链的协同创新，将技术优势转化为权利优势。可以从数字知识产权信息入手，分析数字知识产权信息的组织、存储和加工标准[1]，协作推广以引证关系的专利知识聚类技术、知识产权信息知识地图技术、基于知识发现的企业技术竞争及专利预警分析技术等为代表的知识产权信息加工与服务关键技术应用。

### （二）助力企业知识管理的数字化创新

以国家知识产权局《企业知识产权管理规范》等标准规范为抓手，协同开展知识产权增量和质量工程。针对重点产业集群的创新态势和创新需求进行分析，构思有效的知识产权信息服务平台运行方式，帮助企业做到在知识产权申请方面数量增加、水平提高，在知识产权管理保护方面有预案、有人才，为我国产业发展与转型升级提供有力的智力支持和信息保障。

### （三）培养数字知识产权人才

数字知识产权联盟应针对其内不同职能角色的成员，包括高级管理层、技术研发团队以及专职数字知识产权管理人员，实行分层分类的数字知识产权专项培训。对于高级管理层而言，培训工作的重点在于如何理解数字知识产权在企业创新驱动发展战略中的作用，以及对数字知识产权所涉及的资源如何进行优化配置，从而推动管理层更新数字知识产权管理观念，引入更具有前瞻性和战略性的管理模式；而对于技术研发团队而言，则侧重于强化他们在创新活动和市场竞争各环节中对数字知识产权的实际应用意识与技能，全面提升其在研发过程中数字知识产权的保护力度和使用效能；针对专职数

---

1 洪少枝，尤建新. 高新技术企业知识产权战略评价研究：一个综述 [J]. 价值工程 ,2011,30(16):1-3.

字知识产权管理人员，联盟需要着力培养其拥有深厚的数字知识产权战略思维底蕴、精湛的专业业务处理能力和丰富的实际运作经验，以期打造一批精通数字知识产权事务的高端专业人才队伍。

### （四）建立合作共赢的资源共享和利益分配机制

数字知识产权联盟可以通过构建并运行内部交叉授权许可，以及共享专利权模式，促使联盟内部成员最大限度地发掘专利池中每个独立的专利或专利组合的潜能，实现知识资产在联盟内的深度融合与高效利用。在此基础上，联盟还应通过专业的数字知识产权运营策略，持续激活和积累联盟的资金储备，以较低的成本向具有实际需求的成员单位提供"过桥资金"等形式的支持。同时，联盟应积极推动人力资源的互动与共享，充分利用并高效调配各自的技术人才以及相关智力资源，并依托人才合作项目与平台，实现人力资源的流通共享。

在数字知识产权联盟所涉技术领域的专利池运营管理过程中，应当科学量化每个专利的实际贡献价值，并据此为基础进行运营收益的合理划分。同时，在面对数字知识产权领域的创新创业项目时，数字知识产权联盟应当灵活运用个案审议原则，设计并实施一种既能共担风险又能共享收益的市场化分配方案，以充分激发和保障联盟成员的积极性与创新力。

## 三、数字知识产权联盟治理思路

构建适应市场需求的数字知识产权新型联盟，其组建原则应紧密贴合市场经济导向，数字知识产权联盟的组织运作与管理机制须充分体现市场协调精神。数字知识产权联盟的构建模式通常体现为：在数字核心产业或者一系列存在深度交叉渗透关系的关键产业领域中，由那些具有显著竞争优势和行业影响力的领军企业发起并引领，联合掌握核心技术的企业实体及科研机构等多元主体，以知识产权为核心凝聚力，共同组建一个跨界融合、资源共享的合作组织。数字知识产权联盟的成立，旨在通过整合各方优质资源，打造以知识产权为基础的协同创新生态系统，促进知识产权的高效转化与应用，提升整个行业的知识产权管理水平和技术竞争力。在此过程中，数字知识产权联盟将以市场化的运作模式和利益共享机制，确保各参与方能在知识产权的创造、保护、运用和管理等方面实现合作共赢，共同推动我国数字知识产权事业迈向新的发展阶段。

数字知识产权联盟的协调管理机构，可以由数字知识产权联盟成员组成共同委员会，也可以聘请专业的第三方作为主体。对于这种类型的联盟组织，其运行和发展已不能过度依赖传统的政府行政指令作为驱动机制，而应转向以市场规律为主导的企业间自发协调机制。这意味着数字知识产权联盟内部的决策与管理更多地取决于各参与企业的市场行为、商业策略和彼此之间的契约约定，政府的角色逐渐转变为提供政策引导和支持，而非直接介入联盟的具体运作与决策过程。

从数字知识产权联盟内部成员之间的相互联系视角考量，各成员倾向于更为积极主动地与其他成员之间建立互补性知识和能力的共享交流机制，实现更深层次的互动[1]。

在数字知识产权联盟构建和运行中，除了需要以知识产权和标准化战略为指导，还需要在项目立项、研发、产权认定等活动过程中，有效规范知识产权管理。数字知识产权联盟的构建与有效运营，无疑对汇聚创新要素、催生产业技术创新链条及助力关键产业、支柱产业的蓬勃发展起到了积极的推动作用。具体而言，联盟的建立实现了知识产权资源的整合与优化配置。它作为一种协同创新载体，通过集合多元化市场主体，能够汇集各类创新要素，包括但不限于技术、人才、资本等，形成强大的创新驱动合力，有力促进和推进形成产业技术创新链，支撑数字经济核心产业发展[2]。数字知识产权联

1　王加莹.专利布局和标准运营：全球化环境下企业的创新突围之道[M].北京：知识产权出版社,2014(7).
2　冯晓青.产学研一体化技术创新体系的作用机制及其实现研究[J].福建论坛（人文社会科学版），2013(8):24-30.

盟所取得的创新知识成果必然涉及知识产权归属、利益分配和知识产权保护管理[1]。

数字知识产权联盟治理有待建立新规则。第一，"算法黑箱"有待破除，"数字向善"原则应予以确立。算法在数字经济领域呈现"代码即法律""算法即规则"的特征。"数字向善"既是伦理要求，也是责任原则的发展，更是对"技术中立"概念的超越和变革。第二，"避风港规则"呼唤变革。算法推荐与算法过滤技术在网络平台的广泛使用，使"技术中立"越来越难以作为免责的理由。针对算法推荐技术，数字知识产权联盟有必要承担明确且适度的治理责任，而此治理审查行为不应缩减合理的使用范畴。同时，应当积极推动算法信息的透明化，使算法运作能得到社会公众的有效监督。

## 第三节　数字知识产权联盟运行保障

### 一、数字知识产权联盟运行与政府引导

在构建数字知识产权联盟生态系统的过程中，互动是复杂多样的，并且沟通的渠道和链条越多、链条越长，那么这一创新系统的生命力就越顽强。在传统行业中，数字知识产权联盟的构建模式常常表现为若干行业内具有领军地位的企业主动发起倡议，在数字产业的背景下组建，旨在维护市场竞争优势为核心的知识产权合作联盟。这种方式极大地减少了联盟内部企业在知识产权交易过程中可能产生的额外成本，有效地降低了因知识产权纠纷而导致的潜在壁垒和摩擦，最大限度地规避了知识产权侵权诉讼的风险。通过组建这种知识产权联盟的形式，各联盟成员能够在共享知识产权成果的基础上，增强集体防御能力，提高资源配置效率，进而促进整个行业的协同发展

---

1 冯晓青. 国家产业技术政策、技术创新体系与产业技术创新战略联盟——兼论知识产权战略的作用机制 [J]. 当代经济管理,2011,33(8):19-26.

与技术进步。数字知识产权联盟内部形成的互助合作机制，不仅巩固了成员企业在各自细分市场的既有地位，而且通过共同对抗外部知识产权威胁，确保了行业内部的良性竞争环境，为传统产业在数字化转型过程中奠定了坚实的基础。

为规范产业技术创新战略联盟的活动，我国出台了一系列部门规章和政策文件，主要有《关于推动产业技术创新战略联盟构建的指导意见》《国家科技计划支持产业技术创新战略联盟暂行规定》《关于推动产业技术创新战略联盟构建与发展的实施办法（试行）》等。其中，2009年发布的《国家技术创新工程总体实施方案》要求各类创新主体构筑并维持稳固的合作联系，共同进行科研攻关，形成完整的创新链条，这涉及产业技术创新战略联盟建设的关键问题。2015年，国家知识产权局发布了《产业知识产权联盟建设指南》（以下简称"《指南》"），《指南》系统阐述了产业知识产权联盟的概念内涵、工作原则及其肩负的主要使命，并针对联盟的组建步骤、运作模式，以及管理规程等各方面做了具体而详尽的解读与指导。《指南》能够有力地推动数字产业的创新和发展，为数字技术的保护和应用提供指导，也能够为数字经济的国际交流和合作提供支持。

## 二、数字知识产权联盟运行的企业主导

从开放创新的视角来看，企业将知识产权注入公有领域，有助于形成联智发明，企业和竞争对手都会互相公开自己的研究思想和成果，促使企业之间形成非正式的合作网络，从而实现成功的渐进式创新。

数字知识产权联盟能够产生创新聚合效能。针对创新活动的前期策划、中期执行直至后期成果转化等各个阶段，均需要制定严谨的行为准则和运作机制，同时需要运用现代信息技术，编织出一张立体创新矩阵网络，构建活跃的创新社区环境，强化联盟内各创新主体之间的沟通、互动与交流[1]。

---

1　陈劲，郑刚．创新管理：赢得持续竞争优势 [M]．北京：北京大学出版社，2009.

企业是数字知识产权联盟组织建设的基石。企业以联盟组织形式推进数字产业领域知识产权战略布局，从某种意义上讲，摆脱了知识产权权利在时间性和地域性等方面的时空束缚。组建数字知识产权联盟，凝聚企业界、高等教育机构以及科研单位等多元主体的力量，通过高效有序地整合各自拥有的优质资源，集中力量在技术创新的关键领域和自主知识产权的创新创造上发挥强大的整体效能[1]。

## 三、数字知识产权联盟运行与行业协作

当前，知识产权开放许可作为一种新兴的组织范式，已经广泛融入高新技术产业知识产权联盟的构建与发展之中。以中关村半导体照明工程研发及产业联盟（Zhongguancun Solid State Lighting Alliance, CSA）为例，在其制定的《国家半导体照明工程研发及产业联盟章程》中，明确提出要构建专利协作平台与机制，以此强化行业在国际竞争中的地位；拓展国际合作疆域，力推自主品牌崛起，稳步提升联盟在国际舞台上的影响力与规则制定的话语权；借助技术创新引领标准制定，攻克制约产业技术升级的核心难题，形成一套既能规范产业技术发展方向又能引导产品质量提升的标准，并积极开展与之配套的产品质量认证服务；同时，积极推动专利集合体的构建工作，在联盟内部建立起知识产权优先流转与专利技术优先使用机制，最大限度地实现知识产权资源的共建共享[2]。作为一种新型的多元化合作方式，协同创新不同于一般意义上企业之间的市场拓展合作，协同创新方面更深层次的知识产权风险在于合作目标的不一致。在大多数情况下，协同创新组织合作方不仅包括企业，还包括高等院校、科研院所，以及生产性服务机构等。协同创新组织中的企业优先追求短期经济效益的最大化，对投资回报的预期极为敏感。而高等院校和科研院所的目标定位与企业存在一定偏差，经济利益并

1 斯亚奇，陈劲，王鹏飞.基于知识产权外部商用化的知识收入研究 [J].技术经济,2011,30(2):1-7.
2 王炳富，刘芳.产业技术创新战略联盟网络能力与治理绩效案例研究 [J].社科纵横，2018,33(12):47-52.

不是其开展相关科研攻关的第一追求，其进行创新活动的目的更偏重取得高水平的科研成果，以及如何最大化地提升社会效益而非经济效益，而且也较少考虑知识成果产出之后的市场转化情况，所以其对创新时间节点的把控不直接受制于市场规律[1]。

构建数字知识产权联盟是推进产业结构深度优化调整的重要举措。此类联盟能够更加有针对性地实施差异化政策引导，实时同步协调数字经济及其核心产业的各项发展促进措施。在数字知识产权联盟框架下，恰当运用知识产权运营策略，能够强有力地推动掌握尖端技术的企业进行前瞻性的战略部署；通过引导企业强化数字技术核心及其相关专利的研发和完善，增强产业内部知识产权交叉授权机会，拉动技术水平薄弱环节得到改善和提升，促进整个产业集群实力的增长与壮大。

因此，数字知识产权联盟应当精确定位市场角色，着力实施数字产业链条的纵深化整合，无缝连接产业链的上游与下游各组成部分，通过有目的、有规划的技术扩散行动，确保数字知识产权内容嵌入并成为行业内广泛采纳的标准核心。与此同时，数字知识产权联盟应构建起一套完整严密的治理体系，凭借专门化的组织架构，全面负责数字技术的研发创新、品质测试与认证、市场拓展等关键环节，从而编织出一条完整且富有成效的数字知识产权联盟运营价值链[2]。数字专利池基本架构如图 15-1 所示。

结合目前数字经济的发展趋势，随着未来商业环境的变化，企业间竞争形态正逐渐趋向于联盟化、区域化和集群化相整合的发展模式[3]。数字知识产权联盟内部所形成的跨组织、跨领域的广泛知识交流与信息共享机制，对于构建稳固且积极的学习型伙伴关系是至关重要的。这种建设性的合作互动将进一步促进大规模的知识迁移与扩散。然而，鉴于联盟成员间可能存在企

1  李朝明. 基于协同创新的企业知识产权合作 [M]. 北京：经济科学出版社, 2018.

2  曾德明，朱丹，彭盾，等. 技术标准联盟成员的谈判与联盟治理结构研究 [J]. 中国软科学, 2007(3):16-21.

3  周辉. 基于专利联盟的企业专利战略研究 [J]. 科技情报开发与经济, 2012,22(9):85-87.

业文化、经营理念等方面的差异，这在一定程度上加大了知识转移的复杂性和难度。因此，为确保知识转移的有效落地和联盟组织的顺畅运作，亟须导入科学、合理的治理机制，以妥善化解成员间的矛盾冲突，推动联盟内部形成和谐统一的合作氛围，从而实现知识产权资源的最大化利用与价值共创。

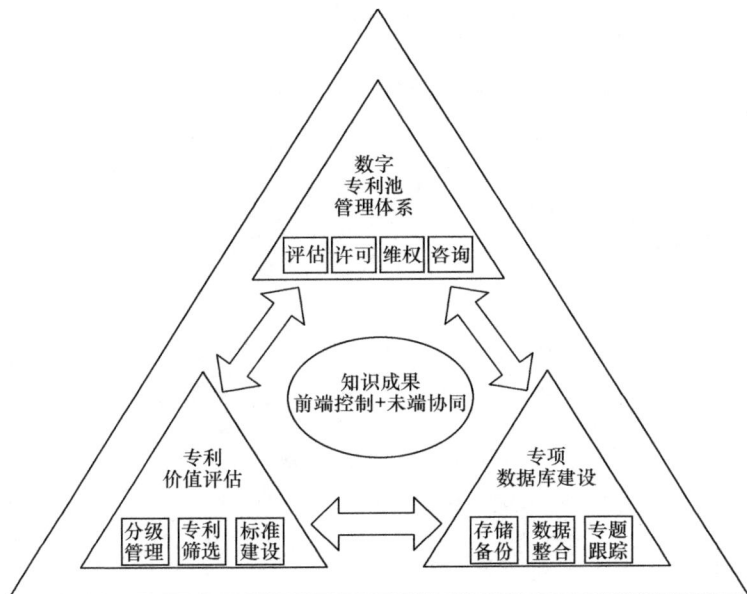

**图 15-1　数字专利池基本架构**

## 本章小结

在全球一体化的大背景下，随着技术网络效应的影响，近年来，数字产业技术的作用和地位愈发凸显，数字技术的竞争成为世界产业竞争的前沿热点。现代数字产业往往与专利战略发展相结合，数字技术发展的过程也伴随多个专利池的形成，大量专利的许可问题可能变得错综复杂。数字技术相关专利权人共建数字技术专利池，进而形成数字产业知识产权联盟，这可能是解决数字专利技术运用问题的最佳选择。

# 涉外事务篇

　　国际贸易中的知识产权问题不容忽视。数字知识产权在国际贸易中的地位与作用更是如此。传统 WTO 制度框架下的知识产权规范体系，是否能够有效调节当前数字时代知识产权贸易需求，是一个重要的问题。

　　后 TRIPS 时代，国际知识产权格局亟须重组。数字贸易知识产权规则具有技术上的复杂性。数字知识产权对技术性贸易壁垒产生了冲击，中国应积极参与国际数字贸易及知识产权规则的制定，完善数字知识产权国际贸易规则，依靠国际知识产权多边体制提升国际话语权。

　　新形势下全球知识产权治理需要考虑数字化因素：数字经济由"外生"

到"内生"的增长模式；全球知识产权治理主体的变化；国际知识产权规则调整与制度创新加速。

应将数字知识产权全球治理作为知识产权国际竞争战略中的关键一环，强化新兴领域的知识产权保护，注重知识产权国际执法及业务合作，构建体现中国立场的数字知识产权话语体系。

# 第十六章
# 数字知识产权与国际治理

## 第一节　数字经济知识产权全球治理的影响

### 一、知识产权全球治理形势

随着数字技术的迅猛发展，TRIPS 协定逐渐无法适用于当下的知识产权治理需求，我国作为发展中国家，应参与知识产权国际治理规则的改进，将数字技术融入其中。

TRIPS 协定在构建时呈现出显著的技术导向性特点，这一特性与其对于发展中国家知识产权特别保护的需求之间形成了期望落差。TRIPS 协定在很大程度上聚焦于对具有明显技术属性的知识产权（例如专利等）的保护力度，而在处理那些技术特征相对较弱或非物质文化遗产、民间艺术、遗传资源等领域的知识权益保护的议题时，力度则显得相对不足。因此，近年来发展中国家在这些资源保护实践上的努力，大多是在独立于 TRIPS 协定机制之外的路径上展开的。另外，TRIPS 协定所固守的独占性权益原则与全球公共物品供应的需求之间也构成了不可忽视的冲突点。气候变化、疾病防控、粮食安全、水资源管理等全球性挑战，亟须全球各个国家和地区共同参与并进行相关技术的深度交流与广泛合作。然而，当前 TRIPS 协定中相关的规定倾向知识产权的地方保护，同时对于知识产权权利人的独占其知识成果的规定显得比较僵化有必要指出的是，TRIPS 协定在制定之时未能充分顾及数字技术环境下的知识产权治理问题。特别是在网络侵权的司法管辖范围的界定、相关裁决的执行等方面规定缺失，致使 TRIPS 协定难以有效地应对和规制与数字技术相关的知识产权活动，揭示出其在新兴数字化领域立法滞后的问题。因此，TRIPS 协定有必要针对数字技术背景完善知识产权相关制度，促进数字技术的成果转化。

## 二、全球知识产权治理主体

### （一）主权国家

在以《保护工业产权巴黎公约》（以下简称"《巴黎公约》"）架构为核心的现行国际知识产权制度体系内，主权国家扮演着制定与实施国际知识产权规则的决定性角色。而在 TRIPS 协定框架的影响下，则更倾向于技术维度的议题，着力解决例如专利分类细化、数据检索机制的完善以及学习先进技术在知识产权领域的应用等实质性操作层面的挑战。随着全球经济版图的深刻变化，知识产权规则的修订和完善受到新兴经济体现实需求的深刻影响，调整方向开始关注生物多样性的维护、基因资源特别是动植物遗传资源的合理利用、公共健康体系的健全、人权保障等立法体系内的新议题，从而反映出全球治理在兼顾经济发展与社会公正、环境保护等多重目标方面的深刻转变。

### （二）国际组织

在当前的国际体系中，国际组织肩负着统筹和执行国际协议的重任，它们在国际知识产权治理体系中占据至关重要的位置。在《巴黎公约》签订之前，没有专门管理知识产权国际条约的国际组织机构，是《巴黎公约》孕育出了"巴黎联盟"，《伯尔尼公约》催生了"伯尔尼联盟"。这两个联盟均设立了各自的"国际局"以履行相关职能。直到 1893 年，原先的两个"国际局"在职能上完成了实质性的整合与统一，进而转为"知识产权国际保护联合局"这一单一实体。20 世纪 70 年代，在《创建世界知识产权组织公约》框架下，这一联合局的职责系统性地移交给了 WIPO。1974 年，WIPO 正式成为联合国专门负责知识产权事务的分支机构。此后，随着 1994 年 TRIPS 协定的签订，WTO 开始参与到国际知识产权规则的制定与执行环节之中，进一步深化了全球知识产权治理体系的构建与实施 [1]。

随之而来的是，一系列国际组织逐渐加大对各自业务范围内知识产权事务的关注与管理力度，其中包括但不限于世界卫生组织、世界海关组织、万国邮政联盟、ISO、国际刑警组织、ITU，以及亚太经济合作组织等。这些国际实体纷纷着手制定适用于自身领域的知识产权规则，并相继参与国际知识产权治理体系中，分担起相应的治理职责。

### （三）社会团体

社会团体是解决国际知识产权议题不可或缺的力量。这些社会团体涵盖国际非政府组织、行业协会、学术机构、消费者与用户组织等多种类型，从人文关怀和社会责任的角度出发，探讨并推动国际知识产权治理架构的变革，为全球知识和技术创新的均衡发展拓宽了思路，增添了路径。

当前活跃于国际知识产权治理舞台的社会团体着重关注公共健康与药品获取，以及农业、遗传资源与传统知识的保护这两大核心议题。通过一系列务实举措，这些团体对全球知识产权治理体系的动态演进产生了实质性的影响。具体展开来说，包括：致力于赋能发展中国家，增强其在国际知识产权谈判中的议价与决策能力；在多边论坛平台上，努力协调各国在知识产权议题上的政策立场，寻求共识，确保国际法规的一致性；同时，以专业身份参加相关的国际会议，代表所在国家和地区发声，推动知识产权问题的公正解

---

1 董涛.全球知识产权治理结构演进与变迁——后 TRIPS 时代国际知识产权格局的发展.中国软科学,2017,(12):21-38.

决；此外，通过教育宣传等方式，营造尊重和保护知识产权的良好氛围，从而全方位地推动全球知识产权治理架构的持续完善与发展[1]。

## 三、国际知识产权规则调整

随着数字时代的到来，知识产权治理规则也需要不断进行改进，以适应新时代的需求。在制定知识产权规则时则需要世界各国参与，在此过程中，各国能够根据具体的知识产权需求制定规则。

在全球范围内，知识产权规则制定权成为各国竞相角逐的关键领域。众多知识产权强国越发意识到掌握国际规则制定权的重要性，旨在追求本国利益最大化，巩固和提升自己在全球竞争中的优势地位[2]。2010年，以美国、日本、欧盟为代表的国家和地区启动了ACTA协商进程，旨在强化国际间的协作，以更高效、更严格的方式应对包括网络盗版在内的知识产权侵权行为。

知识产权全球治理成为利益博弈的重要工具。现有全球知识产权治理方式包含复杂的区域协定、多边及双边条约，然而，随着新兴市场经济体的快速崛起，新经济业态的层出不穷，原有的全球知识产权规则无法有效适用和应对。部分发达国家和地区正逐步调整战略部署，将重心从全球性多边协议转移至覆盖范围有限、地域针对性较强的区域性协议，例如TPP、CPTPP和《跨大西洋贸易与投资伙伴关系协定》等，这些新型地区性规则正不断涌现并在各自的地理区域内得到有效实施与推行[3]。

---

1 董涛.全球知识产权治理结构演进与变迁——后TRIPS时代国际知识产权格局的发展.中国软科学,2017,(12):21-38.

2 陈绍玲.建设知识产权强国：我国面临的国际规则挑战及对策[J].南京社会科学,2016(7):91-96,109.

3 张惠彬.后TRIPS时代国际知识产权保护新趋势——以《反假冒贸易协定》为考察中心[J].国际商务（对外经济贸易大学学报）,2013 (6):118-125.

# 第二节　数字知识产权国际治理宏观布局

## 一、数字知识产权全球治理构想

随着全球性挑战的增多，中国参与全球治理已是大势所趋。中国主张全球性挑战需要全球性应对，要坚持共商共建共享原则，坚持理念、政策、机制开放，充分听取国际社会各利益相关方的建议和诉求，鼓励各国积极参与和融入，不断寻求最大公约数，使关于全球治理体系变革的主张转化为各方共识。

近年来，中国始终在寻求最优路径，以便更好地在知识产权保护领域开展更广泛的国际合作。在这一过程中，中国同样注重强化对本国企业知识产权的保护，旨在有效保障中国企业在全球范围内的合法权益，助力其在海外取得并能够有效运用知识产权，从而提升知识产权海外战略布局与实施效果。与此同时，中国也计划建立一整套涉外知识产权风险预警和应急响应机制，并且积极探索知识产权维权援助工作机制。

## 二、中国数字知识产权话语体系建设

在构造国际秩序的过程中，理念与话语的影响力不容小觑。应秉持"多元化参与、广泛合作"的基本原则，积极推动 WIPO 开展国际合作。主动强化与世界各国的深度合作，开展相关议题的理论研究与实践经验探索，旨在构建一套成熟且面向未来、紧密契合时代发展脉络、兼收并蓄、公正普遍适用的知识产权国际规范体系，从而确保创新成果能够更广泛而深远地惠及全球。

全球治理的理念与数字知识产权治理理念之间存在着一种普遍性与独特性相结合的内在逻辑联系，这意味着数字知识产权治理应当在秉持全球治理基本原则的基础上，结合其自身特性，不断探索和完善，从而实现与时俱进的发展。在全球治理视野下，数字知识产权治理不仅需要顺应普遍性的全球治理潮流，还需要紧密结合数字时代的特点，构建符合国际发展趋势和国情特色的数字知识产权治理体系，以推动全球知识产权治理格局的优化与进步。

国际知识产权保护的诸多公约，在关注数字化知识产权范畴时，一方面显著增强了对缔约国国内法律制度的规范效度，另一方面也充分顾及了国家间差异化发展的需求，为此类公约赋予了一定的政策适应空间。尽管这些国际协定确立了全球范围内数字知识产权保护的基础，各成员国在切实履行这一标准的前提下，仍然可以根据自身的国情特色和社会经济条件，审慎灵活地设计并推行适应性措施。考虑中国在数字知识产权领域中各行业间存在的显著异质，不同行业对知识产权的依赖程度不同，中国有必要深入研究并推行适应于各个行业或部门具体情况的数字知识产权政策措施。借此，中国可充分利用现行国际知识产权体系所提供的宽泛空间及灵活的执行手段，以达到针对不同产业实施差异化数字知识产权保护等级的目的，从而确保各个行业在数字知识产权保护方面的适宜性和有效性[1]。

## 三、数字经济知识产权国际战略布局要点

### （一）加强数字技术创新发展规划

加大数字技术创新成果知识产权转化工作的力度，推动数字知识产权战略布局。聚焦数字产业核心领域，构建一套服务于数字产业发展的知识产权导航机制，推进涵盖战略规划层面和企业运营层面数字产业知识产权导航项目。绘制服务于我国数字产业发展进程中的关键国家与地区知识产权布局蓝图，并以此为核心动力，有力地促进我国数字产业在国际竞争格局中深层次

---

1  徐元．中国参与知识产权全球治理的立场与对策．国际经济法学刊,2018,(4):95-116.

地嵌入全球产业链条，提升我国在价值链与创新链中的整合地位，从而驱动我国数字产业在全球范围内实现更高层次的创新发展。

### （二）完善数字知识产权海外风险预警体系

构建和完善涵盖数字知识产权管理与服务体系，鼓励和支持行业协会、专业服务机构等组织密切关注并定期发布数字产业知识产权的最新进展和市场竞争状况报告。着手编制详尽周密的数字知识产权贸易调查应对策略与风险防控国别手册，以指导相关企业和个人有效防范国际贸易中的知识产权风险。优化数字知识产权信息服务平台的功能布局，增设面向国际服务的功能模块，及时上传和更新相关国家和地区的前沿技术领域知识产权法律法规、制度环境和政策动态信息，以为用户提供准确、全面的跨境知识产权信息服务。

此外，要建立健全数字知识产权问题与案件信息收集上报机制，加强对数字产业内重大知识产权案件的追踪监测，并在第一时间对外发布预警信息和风险提示，以期提前预防和妥善处置可能出现的知识产权争议，切实保障数字产业的稳健发展和知识产权的安全。

### （三）提升海外知识产权风险防控能力

完善技术进出口管理相关制度，优化技术进出口审批流程，健全数字知识产权在涉外环境下转让和许可的管理体系，确保数字科技成果合理利用与有效保护。同时，鼓励法律服务机构紧跟数字经济时代的步伐，从战略角度出发，为企业提供全面而专业的知识产权法律风险防控服务，涵盖知识产权的创造、运用、保护和管理等环节，确保企业在数字经济发展浪潮中游刃有余。此外，鼓励数字产业相关企业建立完善的知识产权分析评议机制，特别针对人才引进、国际展览参会、产品和技术进出口等重要业务环节，深入开展知识产权风险的识别与评估工作，帮助企业全面提升在数字技术领域的知识产权风险管理能力，使其能够有效地预判和应对可能出现的国际知识产权争议。

### （四）加强海外知识产权维权援助

探索构建应对数字产业知识产权争端的策略性框架，增强我国在国际组织、主要国家和地区外交机构中从事知识产权事务的人员配置，确保在国际层面上有足够的专业力量保障我国数字产业知识产权权益。对外公布详尽的海外和涉外知识产权服务及维权援助机构名单，通过整合国内外资源，有力推动构建起一张覆盖全球的海外数字知识产权维权援助支持网络，为我国数字产业在国际市场上遇到的知识产权问题提供及时有效的解决方案和援助支持。

## 第三节　数字知识产权全球治理体系

### 一、构建数字经济知识产权法律体系

构建数字经济知识产权法律体系需要结合《网络安全法》《个人信息保护法》等统一体系规则，搭建适用于数字经济的知识产权基础立法框架。此外，应加强数字经济相关各类新产业、新业态、新领域的知识产权保护，营造健康发展的数字经济创新发展环境。制定关键领域的法规，重视借助高级别的基础立法工具，通过基础性法律的引领，驱动新兴产业和业态发展模式的规则创新，为新技术产业形态的升级进化奠定坚实的制度基石。

基于我国在全球互联网发展领域的实际情况，应战略性地创新布局，积极主动地介入全球数字技术标准的建构过程。顺应数字经济的时代潮流与发展方向，持续且深入地完善适应数字经济特性的知识产权保护机制与运用规则，致力于构建一个健全且充满活力的互联网经济法治环境，从而有力支撑和保障数字经济向健康、有序的方向发展。

### 二、强化数字知识产权对外合作水平

积极推动全球数字知识产权规则体系的构建与发展。在联合国体系下积极参与数字经济与知识产权相关的全球发展议题讨论，例如，推动《视听表演北京条约》的全面生效与发展，深度开展加入《工业品外观设计国际注册

海牙协定》《马拉喀什条约》等国际公约之后的执行工作，致力于推动知识产权国际规则向着更加包容普惠、平衡高效的格局演进，尤其关注数字知识产权领域的公平合理规则建设。

加强数字知识产权国际对话交流与合作。积极倾听国内外权利人知识产权保护诉求，加强与各类国际组织驻华机构、行业协会、商会、社会团体等组织的定期沟通，开展海外数字知识产权观察企业和社会组织遴选。强化与全球知识产权领域相关国际组织的协作关系，旨在健全和完善多边及双边知识产权合作与协调机制。

拓宽参与数字知识产权国际公共事务的通道。构建具备国际水准的数字知识产权智库，并创设相应的研讨与交流机制，增进全球范围内数字知识产权领域的学术交流和实务经验分享。把握"一带一路"倡议深入推进的历史机遇，积极推动构建服务于"一带一路"国家和地区合作的数字知识产权治理区域性合作平台。

### 三、提升海外知识产权公共服务能力

强化数字知识产权保护与合作，积极融入全球数字知识产权治理体系，提升海外数字知识产权公共服务能力。面对我国知识产权面临的数字化与国际化挑战，需要提前做好顶层设计与战略规划，统揽全局，构建一体化的数字知识产权对外交流合作机构，以及高效协同的跨部门知识产权问题协调机制。同时，打造国家级的数字知识产权情报研究中心和大数据综合服务平台，以及覆盖全球的数字知识产权服务网络和企业服务体系，以实现对知识产权数字化和国际化问题的前瞻性布局与有效应对。

构建全球数字知识产权服务联络网络，旨在为我国数字知识产权在国际市场的保护与运用提供有力支撑。为此，在海外展会体系中建立长效的数字知识产权快速响应与维权机制，完善快速维权与常态维权援助相互配合、协调联动的工作流程，以确保我国企业在全球各地参展期间遭遇数字知识产权

侵权时，能够得到及时、有效的法律援助与服务。

构建数字知识产权信息服务平台。依托国家海外数字知识产权信息服务平台智南针网加强信息资源整合，逐步实现全国海外数字知识产权信息的高效流转和共享。优化国家海外数字知识产权纠纷应对指导中心工作网站，推动国家指导中心与各地方分中心及海外分中心工作网站的顺畅互联。推动业务模块升级，不断健全网站、服务号、小程序和线下沙龙"四位一体"的信息服务网络。

强化数字知识产权涉外服务高级人才队伍建设。通过系统性选拔与培训活动，培养一支兼具国际化视角和卓越国际知识产权运营能力的专业人才队伍。特别关注在数字知识产权领域培养高水平服务机构和高端人才，支持国内知识产权服务机构提升处理涉外知识产权事务的能力，同时积极推动本土数字知识产权企业的国际化经营与管理，培育具有国际竞争力的数字知识产权服务企业。

# 本章小结

知识产权是创新驱动发展的"刚需"，也是国际贸易的"标配"。加强知识产权保护，有利于推进国家治理体系和治理能力现代化。在人类命运共同体理念的引领下，我国正在统筹推进知识产权领域的国际合作和竞争，积极参与全球性的知识产权治理活动，推动知识产权规则以及相关国际贸易规则、国际投资规范等方面的持续改进和完善。我国着重强调在现行国际规则和标准的基础上，寻求更加公正和平衡的发展路径，以促进全球知识产权治理体系结构不断与时俱进，实现更理性和包容的增长。具体而言，这意味着要在尊重既有国际共识的基础上，结合全球化时代的特性和挑战，积极参与探讨和制定新的知识产权保护策略与措施，以满足不同国家和地区在国际贸易和投资领域中对知识产权日益增长的需求。通过这样的努力，我国将助力全球知识产权治理体系逐步迈向一个更加公开透明、兼顾效率与公平、能够有效保障各方权益并激发全球创新活力的新阶段。

全球知识产权治理体系进入初始阶段的标志是 19 世纪末《巴黎公约》的签订。自此以后，随着新一轮技术革命的涌动以及全球经济相互融合的加深，国际社会对于知识产权规则进行全面更新与革新的需求愈发迫切。WTO 于 1995 年在其架构下制定了具有里程碑意义的 TRIPS 协定，将知识产权保护问题嵌入了全球贸易自由化进程。WTO 通过战略性地将知识产权保护纳入国际贸易自由化的大框架内，有效地提升了知识产权执行的力度和效力，这一根本性的转变对国际知识产权规则体系产生了深远的影响。它不仅重塑了全球知识产权法律与实践的版图，而且实质性地推动了国际知识产权环境的蓬勃发展与制度进步，为世界各国在知识产权领域开展更广泛的国际合作与协调奠定了坚实基础[1]。

国际话语权在本质上是关乎国家发展与安全的关键要素，它直接关系到对国家主权、尊严及利益的有效维护。党的十八大以来，从外宣工作的"把握国际话语权，有效传播中国声音"到"努力提高中国国际话语权"，再到提出"国际规则话语权"和"制度性话语权"，体现了我国对核心领域国际规则话语权的重视。同时，网络空间治理是一个对国家主权及安全具有深远战略意义的重要领域，然而，当前这一领域的国际规则体系尚处于构建之中，有待完善。

我国作为发展中国家阵营的重要一员，面对当前错综复杂的国际形势所带来的严峻挑战，积极面对数字经济领域国际知识产权的诸多风险与挑战，坚持推进数字知识产权国际共治，是契合时代发展需求和国家战略目标的必然选择[2]。

---

1　董涛. 全球知识产权治理结构演进与变迁——后 TRIPS 时代国际知识产权格局的发展 [J]. 中国软科学，2017 (12):21−38.

2　李玲娟，温珂. 新形势下我国知识产权全球治理环境挑战与对策建议 [J]. 中国科学院院刊，2019，34(8):847−855.

# 第十七章

# 数字知识产权与对外贸易

## 第一节　数字贸易国际规则的建立

### 一、国际数字贸易本质与特征

目前，全球关于国际数字贸易还没有形成统一的概念。概括而言，国际数字贸易是通过电子商务渠道跨越国界交易商品或提供服务的商业模式。国际数字贸易参与主体具有多元化特征，其交易标的既涵盖了传统的货物与服务，也包含了可以通过数字化手段或其他物理形式交付的数字产品。相较于传统的国际贸易形态，国际数字贸易在交易方式、贸易属性及其伴随的风险类别等诸多方面，均表现出鲜明的独特性和差异性。

从贸易交易方式层面来看，传统国际贸易交易方式主要为依靠飞机、货轮等大型运输工具进行产品的跨境运输交付，易受时空限制；而国际数字贸易全流程均基于互联网平台，实现了交易的即时性、虚拟性和无纸化。数字贸易内涵不只是线上商品零售交易和各类在线服务供给，而是涵盖了多个维度的经济活动。其中包括实物商品在网络市场上的跨国营销流通；数据要素在全球价值链中的高效流动与整合运用，这一过程支撑着现代制造体系的智能化转型与升级；此外，还涉及大量依托网络平台和应用程序所提供的多元化服务接入。因此，数字贸易相关的规则与传统的货物及服务贸易相比复杂很多[1]。

从贸易属性层面来看，WTO 构建起的多边贸易规则体系对货物贸易和服务贸易做出了严格的区分，并分别以关税与贸易总协定（General Agreement on Tariffs and Trade，GATT）和服务贸易总协定（General Agreement on Trade in Services，GATS）相应条款进行规制；而国际数字贸易领域内的某些交易对象同时兼具产品与服务双重属性，且难以进行明确的区分，例如流媒体数字产品、在线视频服务平台与产品销售平台的结合等，一旦某一种数字贸易形式可以同时向消费者提供多项功能时，其分类就显得模棱两可。事实上，之所以会出现难以准确分类的情况，是因为数据本身的性质就是难以界定的。数据既可以被视为服务，也可以被视作产品，甚至是两者兼而有之。

从贸易风险层面来看，传统国际贸易风险往往源于时空因素引起的交付问题，而国际数字贸易的风险却更多源于数据的控制权问题。如果反映本国消费者偏好的海量数据掌握在外国企业平台手中，主权国家往往会出于维护国家安全的目的而采取措施限制数据跨境自由流动。

## 二、国际数字贸易演进与知识产权的关联

国际贸易历经了多个发展阶段。最初的国际贸易采用的是传统贸易模式，在交通运输成本等多方面成本削减的推动下，基于全球价值链的新型贸易模式应运而生。如今，信息交流与传输手段日臻迅捷、便利且成本低廉，从而孕育了数字贸易这一新型贸易形态。数字贸易作为贸易体系在多种驱动因素作用下不断演进的产物，既继承了传统贸易的部分特征，又展现了诸多

---

1　孙益武. 数字贸易中的知识产权议题 [J]. 南京大学法律评论 ,2019 (2):241-258.

前所未有的特性。

第一，相较于先前的传统贸易和全球价值链贸易，数字贸易的形式创新体现在其交易的商品与服务范畴更广泛，既包括纯粹的数字产品，也涵盖了服务业交易和实物商品的交换。

第二，数字贸易的发展深深根植于云计算、大数据等技术领域的持续创新与升级，这也意味着数字贸易的内涵和外延处于不断更新与扩展的状态，这对于包括制造业在内的众多行业走向智能化转型具有显著的催化作用。

第三，数字贸易的崛起，归功于信息与通信技术及相关基础设施的持续革新与日益完备。随着云计算、大数据、移动互联网及社交媒体等现代信息技术在全球范围内的广泛应用与普及，数字贸易的地理边界得到了前所未有的拓展，切实构建起了全球互联的新型贸易模式，实现了不同地域间无缝隙、无时差的商业互动。

### 三、国际数字贸易的困境

当前，全球数字治理体系的构建尚处于起步阶段，远未达到成熟和完善的程度。主要原因是全球各国在数字经济的发展阶段、法律制度框架、文化观念背景等方面存在显著的差异性。这种差异性在数据跨境流动与保护、数字市场竞争机制的确立、数字税制的统一、数字货币的监管、数字平台的责任界定、人工智能伦理标准的制定、网络生态环境的营造、数字安全保障等多个关键领域中表现得尤为突出，导致全球数字治理呈现分散化和碎片化的态势。这种全球数字治理的无序状况，不仅阻碍了全球数字资源的有效配置与合理利用，而且进一步扩大了全球"数字鸿沟"，使得数字贸易的均衡发展面临严峻挑战，从而可能加深国家间数字发展水平的失衡状态。因此，建立一个统一、公正、包容的全球数字治理体系，是当前国际社会亟待解决的重大课题。

数字安全问题日益显现其紧迫性和严重性。当前，部分国家在数字安全领域的投入和关注度并不充足，数字安全技术和理念的发展相对滞后，这导致在应对各种新型威胁时，处理能力受限。同时，国家间在数字安全领域的合作机制尚不健全，跨国协作和信息共享的程度亟待提升，这也成为制约全球数字安全防护体系建设的一个短板。在此背景下，数字贸易发展中所面临的数字安全问题愈发突显，表现为个人隐私数据的泄露事件频发、黑客攻击活动日益猖獗，甚至对工业生产体系的数据系统发起恶意侵袭等现象屡见不鲜。这些严重的数字安全事件不仅侵犯了公民权益，破坏了商业秩序，还严重影响了数字经济的健康发展，构成了阻碍数字贸易稳健增长和全球数字经济持续进步的重大难题。因此，加强数字安全意识，提升数字安全技术水平，构建全方位、多层次的国际合作体系，已成为当前保障数字贸易安全、促进全球数字经济发展刻不容缓的任务。

### 四、国际数字贸易对知识产权规则的要求

首先，鉴于各国在数字经济发展程度和数字贸易竞争实力方面的差异，对于建构全球数字贸易规则体系的目标诉求呈现多样性与利益交织的复杂局面，导致各国在若干核心议题上分歧显著，首要议题为跨境数据流控制。鉴于信息安全风险与网络安全隐患日益凸显，众多国家不断强化对个人信息及敏感数据跨境流动的限制，并提出计算设施本地化部署的要求。其次，电子传输免税政策与数字税制安排成为国际规则制定争论的热点。随着数字贸易规模急剧扩张，税收制度改革与国际协调一致成为磋商中的关键环节。再次，在当前国际谈判中，数字知识产权的保障议题扮演了至关重要的角色，特别是在涉及诸如源代码这类核心技术资产的保护层面，尽管大部分参与国原则上达成了无须强制公开与知识产权保护息息相关的源代码信息这一共识，然而，在如何精确定义那些允许源代码信息披露例外的具体情境及其适用范围等方面，各方意见并不一致，形成了明显的争议焦点。此外，关于数字产品的非歧视性对待以及数字平台的法律责任等方面，各国意见也存在较大的分歧。

相较于传统的实物商品，数字贸易知识产权保护所面临的复杂性更高。数字产品和服务的核心知识产权表现为源代码、特有算法等，这些无形资产归于商业秘密范畴，理应获得较强的技术保护；然而，基于国家安全与信息保护的考量，可能还需要对源代码乃至商业密码进行托管，如何妥善处理这两个方面的矛盾，确实是一个亟待深入研究的议题。目前，WTO的货物与服务贸易规则主要针对的是通过互联网进行的信息传输和接收过程，而对于用户下载后的信息使用行为，则缺乏详尽、明确的法律规定。

在数字知识产权保护方面，各国均有责任强化保护力度，涉及领域既包括著作权在内的各项权利，也涵盖了平台运营者的责任与义务。一是坚持在跨境电商交易环境中贯彻涉及知识产权许可要求的产品和服务的交易规范。这要求我们深入探究并精确界定知识产权在跨境电子商贸活动及信息技术交流背景下的实际适用范围，确保对涉及数字贸易的各种交易标的物的知识产权性质做出明确、详尽的规定与解读。换言之，必须在跨境电子商务运作过程中，严格遵循涉及知识产权授权的商品与服务交易准则，同时，细致梳理和界定信息通信技术背景下数字贸易交易主体所承载的知识产权特征，从而为构建有序、合法的全球数字贸易环境奠定坚实的基础。二是支持各国提高著作权等相关法律的执法效率，提升执法过程及结果的透明度。三是防止对本国数字知识产权的过度保护，各国应在充分理解和把握数字产业相关知识产权发展态势的基础上，通过开展广泛深入的磋商与交流，共同制定并不断完善适应时代发展的数字知识产权保护规则体系[1]。

传统意义上的国际贸易规则，建立在GATT和GATS基础上。鉴于数字贸易固有的高虚拟化特征和随之而来的监管挑战，当前，WTO框架下的各个成员国在界定数字贸易究竟应当遵循GATT抑或是GATS的问题上尚未取得一致意见。尽管两大协定——GATT与GATS中确实存在部分条款

---

1 熊鸿儒，马源，陈红娜，等.数字贸易规则：关键议题，现实挑战与构建策略[J].改革,2021,(1):9.

涉及对数字贸易的监管，但至今为止，全球范围内尚未构建起一个具有广泛法律约束力的数字贸易规则体系[1]。

数字贸易规则体系的缺失与不完善，引发了近年来国际贸易摩擦的持续加剧，这些摩擦波及了全球经济活动的多个层面，对全球经济增长潜力、产业链供应链稳定性，以及地区间的和谐发展态势构成了严峻挑战。与此同时，传统国际贸易规则在应对日新月异的数字经济时代表现出一定程度的滞后性，无法充分适应数字化、网络化和智能化所带来的全新贸易形态和商业模式。这种现状无疑强化了构建和完善数字贸易规则体系的重要性，使之成为构建国际贸易新秩序和新规则体系中不可或缺的关键组成部分，以满足全球经贸关系发展的现实需求与未来趋势。

## 第二节　数字时代知识产权贸易规则解构与重构

### 一、WTO 相关规范

TRIPS 协定第 10 条第 2 款明确指出，任何形式的数据或其他材料的汇编，无论是采用机器可读格式抑或是其他表现形式，只要内容选择排列体现了原创性智力劳动，就应当依法享有版权保护。然而，这种保护并不涉及数据或信息本身所享有的任何潜在版权，也不会削弱数据及信息原作者的合法权益。此项规定为数据汇编作品的法律保护确立了基本准则，但强调保护的范围必须严格限于具有原创性的选材和编排构思，不可逾越 TRIPS 协定第 10 条第 2 款所划定的界限。另外，TRIPS 协定第 2.1 条要求成员国遵循《巴黎公约》相关条款，这意味着《巴黎公约》第 10 条第 2 款关于禁止不正当竞争的规定，也同样适用于 TRIPS 协定的执行与解释。

TRIPS 协定内设有一系列针对数据汇编的保护机制，该机制特别关注

---

1　徐金海，周蓉蓉. 数字贸易规则制定：发展趋势、国际经验与政策建议 [J]. 国际贸易 ,2019,(6):61-68.

那些因内容选择或编排的独特性而展现出创造性智慧的作品。根据 TRIPS 协定，数据库创作者依法享有复制权、翻译权、改编权和广播权等专有权利。然而这些权利的行使并非绝对，多种例外情形被明确列出，其中包括但不限于日常新闻报道的使用、出版物目录引用、官方信息公开的豁免、公开演讲活动以及为教学用途而复制的内容等。TRIPS 协定要求各成员国均须设立有效的执行机制，以保障任何成员国均可以通过 WTO 争端解决机制维护自身知识产权权益，并对其他成员国的不当行为加以制约。

此外，TRIPS 协定第 7 节第 39 条关于"非披露信息保护"规定，自然人和法人享有对特定信息的专有控制权，有权禁止任何第三方未经授权，通过违反公认的商业道德和诚信原则，擅自获取、披露或利用其合法拥有的信息资源。这一原则同样适用于数字知识产权领域，确保数字信息产品和服务的创造者和拥有者能够在法律框架内对其智力成果进行有效保护，防止未经授权的不当使用、泄露或剽窃行为。需要注意的是，本条规定的适用有个前提，即该信息需满足以下条件：一是信息必须具备秘密属性，表现为整体结构或内在组合并未被同一行业内通常从事类似工作的人员广泛了解或轻松获取；二是此类信息因其独有的隐秘性而具有显著的商业价值；三是合法的信息所有者须基于实际情况采取合理且有效的保密措施，以确保信息的秘密状态得以持续保护。

TRIPS 协定未明确对不具备创造性劳动的数据库是否进行知识产权保护，但它相比《伯尔尼公约》和《世界知识产权组织版权条约》来讲，具有更强的适用性。首先，TRIPS 协定虽未直接规定对非创造性编纂而成的数据集合给予绝对的法律保护，但却在某种程度上为这类集合的特殊权益保护留下了可供解释和扩展的空间，从而可能通过对间接手段或特殊法律机制的应用，认可与保护非独创性数据库。其次，TRIPS 协定引入了一个潜在的纠偏机制，允许知识产权侵权受害方可通过对违约国采取贸易制裁的方式实现其法定权益，前提是该违约国未能忠实履行其在 TRIPS 协定项下的承诺和义务。再次，TRIPS 协定开辟了一条新的路径，旨在扩大对非原创性数据集的保护范围，即通过适时修订相关规定，有望将非原创性数据集合纳入知识产权保护范畴。

## 二、WIPO 相关规范

WIPO 作为联合国的下属机构，在其成员国之间进行知识产权议题的多边谈判中发挥了重要作用。WIPO 的核心宗旨，在于通过成员间的协同，以及与其他国际组织建立有效配合机制，推动全球知识产权保护体系的强化和完善，同时确保不同联盟间在知识产权事务上能够实现高效、有序的合作，以达成国际共识与共赢的局面。

《伯尔尼公约》第 2 条第 5 款规定了对构成智力创作的文学或艺术作品的汇编进行保护。从历史上看，《伯尔尼公约》在要求每个成员承认最低保护标准和协调成员国《著作权法》方面发挥了重要作用。然而，该公约在非独创性数据库的保护问题上至少面临三大挑战：首先，尽管《伯尔尼公约》承认对汇集作品的保护，但其并未同时涵盖独创性和非独创性数据库的全面保护；其次，即使《伯尔尼公约》确实为数据库提供了某种程度的法律保护，成员国中的数据库制造者仅能期待享受到符合该公约所设定的最低限度保护水平；再次，该公约未能提供一个公正、有效的国际平台以解决涉及数据库著作权的跨国争议[1]。

《世界知识产权组织版权条约》第 5 条以"数据汇编（数据库）"为主题，明确指出对于任何类型的具有创新性的知识数据和其他素材的集合，当其具有创造性特征时，应赋予相应的法律保护。尽管从 1996 到 1997 年，WIPO 曾尝试修订《伯尔尼公约》或另拟全新的国际法规，以增强对不具备原创性的数据库的法律保护力度，然而时至今日，无论是原创性数据库还是非原创

---

1　马忠法，胡玲．论数据使用保护的国际知识产权制度．电子知识产权，2021,(1):14-26.

性数据库，在其数据保护的具体实践与法律适用上依然面临不少悬而未决的复杂问题。

## 三、后 TRIPS 时代国际知识产权格局

TRIPS 协定是当时国际社会各方利益交汇与折中的产物。从强化全球知识产权立法基准的角度审视，TRIPS 协定已达成当初预设的目标，圆满完成了其阶段性历史任务。然而，若从构建全球一体化知识产权执行机制的角度着眼，其所面临的挑战与困难较之单纯的技术层面合作，例如统一审查授权机制的构建，显然要繁复得多。

随着数字经济的快速崛起，国际贸易体系中的知识产权问题逐渐向数字化领域渗透。发达国家在维护和强化其知识产权优势的过程中，采用了多元立体的战略布局，包括但不限于在多边、区域和双边层面不断升级知识产权保护的标准和要求。尤其在数字领域，知识产权保护的重要性愈发凸显，然而现有的协定难以完全适应和有效应对数字经济时代所提出的全新挑战。

数字经济相关的知识产权保护在 WCT 和 WPPT 中可以找到框架性的规定。尽管 WCT 和 WPPT 这两项国际公约仅触及了信息技术措施和权利管理信息保护等议题，但它们却为网络环境下的知识产权协同执法机制开辟了先河。美国认为这两项国际公约在数字环境下的知识产权保护标准尚不够详尽，因此制定了《美国与智利自由贸易协定》，其作为一个里程碑式的双边协议，明确指示美国和智利两国执法机构需承担联合执法责任，其中第 17 章特别针对通过互联网传播的软件、程序、视听内容及图书等数字产品制定了严谨的保护条款。在多边合作的层面上，ACTA 和 TPP 等国际协议则进一步建立了以美国为主导的、更为严格的数字经济知识产权保护标准与执行架构，从而在全球范围内对数字环境中的知识产权保护标准进行了显著强化和升级 [1]。

---

1  吕晗 . 国际贸易知识产权数字壁垒研究 [J]. 技术经济与管理研究 ,2021 (10):26-31.

在 ACTA 中，专设了"数字经济知识产权执法"章节，明确规定了各国在该领域内的知识产权执行方法和保护层级，同时要求各成员国承担相应的法律修订及政策适应责任。相较于 TRIPS 协定，ACTA 在数字经济知识产权保护的力度和跨国执法协作的要求上均呈现出显著的强化态势。TPP 作为 21 世纪初首部设立高标准数字贸易规则的多边契约范本，其电子商务篇章（第 14 章）全面探讨并设置了涵盖数字产品流通、数字认证有效性、电子签名法律地位以及消费者权益保障等核心议题的高标准保护措施。与此同时，在知识产权章节（第 18 章）中，TPP 在借鉴并整合 ACTA 和 TRIPS 协定相关内容的基础上，对知识产权的获取、利用及其执行力的新规范进行了更精细化和先进的阐释，特别是在一些关键性的衡量指标和实质性内容上，超越了 TRIPS 协定原有的制度框架，这标志着数字知识产权保护进入了新的发展阶段 [1]。

## 四、数字知识产权对技术性贸易壁垒的冲击

### （一）数字贸易壁垒的产生

随着全球经济一体化进程的不断深化，知识产权国际保护机制与全球贸易体系间的深层次耦合将进一步彰显知识产权国际规则内在的"贸易逻辑"特质及其独特性。这意味着知识产权保护已不再仅仅是单纯的技术和法律问题，而是逐渐演化为影响国际贸易格局与国家竞争力的关键要素 [2]。

数字贸易这一新兴概念，是随着全球贸易和技术发展的逐步深入而诞生的时代产物。尽管其尚处于不断探索与完善的阶段，但数字贸易对于基础设施的完善性、技术进步的持续性和法律法规的适配性均提出了较高的要求。然而，现行的法律法规体系往往难以迅速适应数字贸易的迅猛发展和变化，这在一定程度上会阻碍数字贸易的顺利进行，甚至对其健康发展产生不利影

---

1　吕晗 . 国际贸易知识产权数字壁垒研究 [J]. 技术经济与管理研究 ,2021 (10):26-31.

2　刘劭君 . 知识产权国际规则的内在逻辑、发展趋势与中国应对 [J]. 河北法学 ,2019,37(04):62-71.

响。这种由法律环境不适应所带来的影响，形成了所谓的数字贸易壁垒。

美国国际贸易委员会对数字贸易壁垒进行了明确而细致的分类，将其划分为七大类别，分别是本地化要求、市场准入限制、数据隐私及保护规定、知识产权保护要求、不明确的法律责任规定、审查措施和海关措施。针对每一类型的数字贸易壁垒，美国国际贸易委员会都给出了精确的定义，为相关研究和应对提供了有力的参考。这样的分类不仅全面，还有助于更深入地理解和分析数字贸易壁垒的实质问题和关键点。

### （二）发达国家和地区的做法

在美国所引领的区域贸易协定架构中，美国积极倡导并推进其在数字知识产权规则制定方面的优先利益诉求。例如，在 USMCA[1] 关于数字贸易知识产权条款的磋商进程中，美国借鉴并以 CPTPP 为蓝本，精心制定了多项深化规则，并力求在多边层面上推广采纳其倾向的知识产权法规，将管控边界延伸至基础设施的关键软件层面，不再仅仅局限在面向消费者市场的软件产品；同时，法规将"算法""密钥"及"商业秘密"等关键要素纳入了"信息公开限制"范畴内的管控对象；进一步明确了互联网服务提供商在数字知识产权保护领域的法律责任，加大了对互联网服务提供商的监管力度与合规要求。

欧盟发布了《数字化单一市场版权指令》，其中引入了若干引人关注的条款，例如，针对在线内容分享平台，其增设了专门的特殊法律责任条款（第15条），以及所谓"链接税"的规定（第17条），这些新内容引起了著作权持有者、权利人团体、互联网服务提供商等多方利益相关者的热议。该指令在很大程度上体现了对知识产权权利人的保护与《通用数据保护条例》所规定的个人信息保护两者间相互协调的深思熟虑，势必会对全球数字经济的市场走向造成较大的影响。

---

1　USMCA（The United States-Mexico-Canada Agreement，《美墨加贸易协定》）。

### （三）RCEP 的规定

2020 年，RCEP 对知识产权议题给予了高度关注，其中的知识产权专章是协定最丰富且篇幅最大的内容。该章节明确规定，在数字化环境中，涉及侵犯著作权或相关权益以及商标权的行为，应等同于实施民事救济和刑事救济程序。

RCEP 精心构建了一套关于跨境数据传输的规制架构，旨在规范并放宽对数据跨国流动的限制，尤其针对各缔约国政府可能施加的种种针对数字贸易的束缚性政策。例如，数据境内保存要求在内的多种措施均在此框架下受到了相应的限定和调整。协定同时针对贸易相关文档的数字化处理、电子签名和电子认证的运用，以及垃圾邮件管控等事项作出了规范化规定，在促进区域内跨境贸易便利化的同时，确保消费者个人信息的安全性。

此外，在金融服务等其他章节中，RCEP 也反映了对数据跨境传输问题的高度重视。与数字贸易密切相连的是协定中关于知识产权保护的部分。第 11 章详尽阐述了知识产权保护的各个方面，不仅是 RCEP 中内容最详尽且篇幅最大的章节，也是我国迄今为止签署的所有自由贸易协定中涵盖知识产权内容最全面的一章，尤其在互联网时代背景下，对知识产权保护给予了格外突出的关注。

例如"缔约方认识到在互联网上向公众提供的信息可以构成在先技术的一部分""缔约国的民事救济和刑事救济应在相同范围内适用于数字环境中侵犯著作权或相关权利以及商标的行为"。

同时，RCEP 在兼顾不同缔约国发展水平的前提下实行高水平知识产权保护，坦承"缔约方认识到部分缔约方在知识产权领域的能力存在重大差异"。

### （四）CPTPP 的规定

CPTPP 由启动 TPP 谈判的 11 个亚太国家于 2017 年 11 月更名而来，2018 年 12 月正式生效。CPTPP 构建了代表全球最高标准的数字贸易规则。

CPTPP 给予消费者自由接入网络的权利，禁止缔约国要求在跨境数据传输中使用特定的技术、设备或服务供应商，强调数据跨境流动的无限制性。与 RCEP 相比，CPTPP 在贸易保护措施方面更详细和严格。CPTPP 明确禁止缔约方提出强制共享关键基础设置之外的源代码的要求，禁止将转移软件源代码作为在其境内销售或使用该软件的条件。

在数据跨境流动领域，CPTPP 明确了保障数据跨境自由流动，对禁止数据存储本地化的例外条款限制较为严格。在数字产品知识产权保护领域，CPTPP 对源代码的保护，是出于避免损害软件所有人的知识产权与商业利益的考虑，提出允许网络自由接入并禁止强制共享软件源代码。

**（五）DEPA 协定的规定**

新西兰、新加坡、智利 3 个国家于 2019 年 5 月发起了全球首个专门数字经济区域协定——DEPA[1]。2021 年 11 月，中国正式申请加入 DEPA。DEPA 是当前最为全面和完整的区域数字经济协定之一，是全球迈向数字经济贸易新规则和新方法的重要探索和基石。DEPA 主要围绕数字贸易展开，旨在建立一个高水平的数字经济协定，促进数字经济和数字贸易的发展，同时充分考虑到各方的价值观、法律体系和实践情况。DEPA 由 16 章构成，涵盖了非常广泛的区域贸易相关议题，例如商业和贸易的便捷化措施、数字产品及相关议题的处理机制、数据管理问题、拓展信任环境建设、商业和消费者信任机制的确立、数字身份识别系统的应用、新兴趋势和技术的应对策略、创新与数字经济的推动、中小企业间的国际合作、促进数字包容性发展、透明度原则的贯彻实施，以及争端解决机制的构建等内容。

在第 3 章 "数字产品待遇和相关问题"中，DEPA 规定了 "数字产品的非歧视待遇"，强调不得适用于一缔约方参加的另一国际协定中所含与知识产权有关的权利和义务不一致的情况。在第 10 章 "中小企业合作"中，也

---

1　DEPA（Digital Economy Partnership Agreement，《数字经济伙伴关系协定》）。

明确了共享知识产权的法规或程序等信息的要求。

总的来说，DEPA 的核心内容主要围绕以下 3 个方面展开：一是致力于提升电子商务活动的整体运行效率和便捷性，通过一系列规定来优化相关流程；二是积极推动数据跨境流动的自由化进程，旨在打破数据流通壁垒；三是加强对个人信息安全保障的重视，提出了强化个人信息保护的相关措施。此外，该协议还特别强调在人工智能、金融科技等新兴领域加强国际合作，安排了明确且具体的条款，以促进全球数字经济的健康有序发展。DEPA 的数字条款部分充分体现了数字经济的特征，重点关注电子商务、数据和数字知识产权等方面。

## 第三节　数字知识产权国际贸易规则中国应对方案

### 一、通过推进国家战略增强核心竞争力

欧美等先进经济体倚仗其在数字经济领域的早期领先地位，正在积极推动磋商并构建一套完整的数字贸易规则架构，旨在树立起一套全球公认的、具有广泛法律约束力的数字贸易标准，以此抢占国际贸易新秩序的规则制定先机。经由它们在 TPP 和 TTIP[1] 等多边框架中的主导作用，欧美已经系统性地建立起各自的数字贸易规范系统，这两套体系分别代表了"美国模式"与"欧洲模式"的数字贸易规则范例。

虽然美国和欧洲在构建数字贸易规则方面有着显著的影响力，但在某些具体议题上，双方并非没有分歧。尤其是在数据本地化存储要求和个人隐私信息的保护方面，双方的观点存在明显的差异。美国主张数据应能在国家间自由流通，它强调信息和数据的自由化原则，反对数据的本地化存储要求，甚至将这种做法视为一种新型的贸易障碍。欧盟则对此持有更为审慎的态

---

1　TTIP（Transatlantic Trade and Investment Partnership，《跨大西洋贸易与投资伙伴关系协定》）。

度，它更重视对个人隐私权益的保障和对国家安全的维护。因此，欧盟在对待跨境数据流动这一议题上，制定了一系列严格的规制措施，规定只有当数据流动受到充分有效的监管保障时，才能允许其自由传输。欧盟在原则上要求数据存储应当在其境内进行，仅在符合特定法规要求和标准的前提下，数据才获准传输至其他国家和地区。这种制度设计上的差异，在相当程度上反映了双方在数据治理理念上的不同取向。

相较于美国等发达国家推崇的"开放、公正、自由"的规则架构，新兴经济体在制定规则时更倾向于依据各自的发展阶段和实际需求，着力构建与自身利益与总体发展目标契合的制度体系。以中国、俄罗斯、印度、巴西等为代表的新兴经济体，对数字贸易规则制定尤为关注 [1]。

### 二、依靠多边机制提升国际性话语实力

在数字时代，数字知识产权的保护和规则体系的建立，成为全球治理体系中的重要议题。无论对于国家抑或企业而言，支持与响应多边数字知识产权规则体系，既是保障自由贸易往来与可持续发展的必然要求，也是保障知识产权权益和打击侵权盗版的重要手段。

在全球层面，应充分发掘利用现有 WTO、WIPO 等国际性平台的功能，谋求构建更加公平的知识产权规则，突出数字时代特色，打造全球数字知识产权保护的"标准化"和"法治化"机制，有效防范知识产权的侵权现象。同时，应当充分利用并充分发挥多边贸易争端解决机制的作用与效能，以有效缓解和遏制数字贸易保护主义带来的消极影响及其潜在危害，积极推动数字贸易步入健康有序的良性发展轨道。

在国内层面，应建立与数字知识产权相关的立法和行政规范，进一步加强对数字知识产权的保护和管理。同时，鼓励科技人员、企业、实验室或其

---

1  赵龙跃. 统筹国际国内规则：中国参与全球经济治理 70 年 [J]. 太平洋学报,2019,27(10):47-62.

他机构在社交网络、云计算、区块链、人工智能等领域的知识创造和创新，推动数字知识产权的创造和应用，并通过技术手段防范数字知识产权的侵权现象。

数字知识产权规则所构建的多边体制，是顺利开展全球自由贸易不可或缺的保障机制，也是对知识产权全球治理体系至关重要的补充。因此，应积极维护既有的知识产权规则的多边体制，并在数字贸易自由化、数字知识产权保护、数字技术创新等方面适时提出中国方案，为数字经济和全球治理体系的健康发展贡献中国智慧。

### 三、主动参与国际规则制修订

在数字经济的时代背景下，数字贸易已经成为国际贸易的新常态。为了有力推动产业结构迈向高端化和智能化，中国应积极拥抱数字技术，大力实施产业的智能化和数字化重构战略，尤其强调在技术领域的前瞻布局，以期在未来数字贸易中有效应对可能出现的数字知识产权壁垒。

除加强内部数字化布局外，中国还应积极参与国际数字贸易及知识产权规则的制定。更为关键的是，中国应主动投身于国际贸易新规则的构建进程，尤其是在数字贸易新规则的制定方面起到积极的作用。ACTA、TPP 中所确立的知识产权标准，从长远看也应当了解未来数字贸易中知识产权保护的基本方向，且有些标准已经被 CPTPP、USMCA 延续 [1]。

### 四、精准监管跨境数据活动

跨境数据传输作为推动数字贸易进步的核心载体和关键表现形态，面对由此产生的安全隐患，应当参照国际社会广泛接受的原则与标准，构筑一套严密的个人信息及知识产权防护机制，确保企业在向官方机构传递个人数据过程中严格遵守合法性和标准化原则，从而营造对外部数据导入安全可靠的

---

1　吕晗 . 国际贸易知识产权数字壁垒研究 [J]. 技术经济与管理研究 ,2021 (10):26–31.

网络空间。可借鉴欧盟成熟的实践案例，构筑一种以"责任追溯制度"为基石，整合多元化便捷路径的跨境数据流通监管框架。一方面，必须明晰且优化跨境数据流动安全审查机制；另一方面，积极探求实施"白名单"认可制度、拓宽标准合同条款的运用范围、推动行业规范与认证标准的升级和完善，并着力增强第三方监督效能。着力加快数据分级分类管理制度的构建进程，立足现有的试点项目，逐渐扩大可通过自主评估或备案管理的常规商业数据边界，以顺应日益增强的跨国数据交流需求。与此同时，对科研数据和中转数据实行更高层级的开放策略，旨在构造数据资源的战略高地，为高质量科研活动提供强有力的数据支撑。

### 五、加强数字基础设施建设

面对全球数字贸易的快速发展及不断演进的国际知识产权保护规则，我国在强化数字知识产权国际贸易规则应对方案的同时，亟须聚焦并强化数字技术设施建设。一方面，应大力投资和引进国际领先的技术设备与标准体系，例如高速光纤网络、5G、大数据中心等，以此夯实数字贸易运行的基础支撑能力，并确保其与国际最高标准接轨，弥补现有商用互联网基础设施建设上的不足。另一方面，应积极推动自主研发创新，特别是在关键核心技术领域，例如人工智能、区块链、大数据分析等前沿技术，以创新驱动数字基础设施建设的升级换代。通过自主创新，不仅能够保障我国在数字贸易领域的独立性和安全性，也有助于我国在全球数字知识产权规则制定中争取更稳固的话语权。

# 本章小结

数字贸易的增长，是新一轮科学技术革新和产业结构转型升级的结果，同时也颠覆了全球价值创造的传统逻辑。在此轮全球价值链重构的过程中，以往发展中国家依赖的出口导向型发展模式遇到来自技术获取、人力资源配置及价值分配模式的多重压力。如今，大量制造业技术密集地融入数字化产品与服务中，生产过程趋于极端的标准化和模块化特征。所以只有从全球价值链整体视野出发，持续强化核心技术研发投入，促成数字知识产权成果无缝对接后续的生产环节，打通全链条，才能确保数字贸易在全产业链条上取得实质性发展，进而有力推动全球经济一体化的进程。

数字贸易、电子商务与数字经济这3个概念组成了紧密相连、相互依存的关系结构。首先，在数字经济这一宏观背景下，随着信息技术的深入发展与广泛应用，数字经济的兴起与壮大直接催生了电子商务这一崭新贸易形式，并随着电子商务实践的不断成熟与技术创新，其所需的技术设施、交易平台等方面的持续优化升级，为数字贸易的兴起与发展创造了有利条件。其次，数字经济作为一种高度信息化的社会经济形态，电子商务和数字贸易作为其重要组成部分和具体表现形式，二者在这一大环境中共生共长，彼此形成了一种有机联系。再者，在很多具体场景中，数字贸易与电子商务两者间的区分并非绝对的，它们在很多方面展现相似甚至重叠的特征和属性。最后，在实践运用层面，电子商务通常被理解为依托互联网技术实现的商品和服务交换活动；而数字贸易则更多地聚焦于数字化内容及服务的跨国界流动，其核心价值在于数据资产的跨国界流通[1]。

在构建我国面向全球的知识产权战略过程中，务必深入理解和精准预见数字化对未来国家经济结构所带来的深刻变革，并预先做好应对挑战的战略规划。特别是在推进"一带一路"倡议实施的实践中，数字化知识产权规则体系与知识密集型企业之间的相互联系将更加紧密且重要。面对数字化对现有国际知识产权规则提出的挑战，应秉持高度重视的态度，深入探究如何在国际层面上妥善应对并有效解决由此产生的知识产权问题。在此基础上，提

---

1　陈维涛，朱柿颖 . 数字贸易理论与规则研究进展 [J]. 经济学动态 ,2019 (9):114-126.

出既符合国情又具备国际视野的切实可行的解决方案，以适应并引领数字时代知识产权保护的新要求[1]。

在当前的国际知识产权保护体系中，高标准的保护要求虽然在某种程度上压缩了发展中国家的利益空间，加剧了其获取先进技术的难度，但从国际知识产权保护规则的本质来看，其旨在保障权利人和企业的合法权益，这一点对于发达国家和发展中国家皆然。特别是在高技术领域，为了实现数字产业更高层次的发展，建立一套高标准的数字知识产权保护体系显得尤为重要。

1　徐红菊.“一带一路”倡议下中国国际知识产权战略的制定 [J]. 法治现代化研究 ,2018 (4):174−182.